湖北省教育厅哲学社会科学研究专项任务项目(思想政治理论课)(22Z009)
湖北省高校人文社会科学重点研究基地——大学生发展与创新教育研究项目(DXS2019020)
中国地质大学马克思主义理论研究与学科建设计划一般项目(MX2210)
湖北省高校人文社会科学研究基地重点项目(DXS202005)
湖北省思想政治理论课专项课题研究项目(20Z005)
中央社会主义学院统一战线项目(ZK20220204)

思想道德与法治辅助教材

张　洁　李蔚然　马洪杰　黄少成　主编

图书在版编目(CIP)数据

思想道德与法治辅助教材/张洁等主编．—武汉：中国地质大学出版社，2023.8
(高校思想政治理论课系列辅助教材)
ISBN 978-7-5625-5652-7

Ⅰ．①思… Ⅱ．①张… Ⅲ．①思想修养-高等学校-教学参考资料 ②法律-中国-高等学校-教学参考资料 Ⅳ．①641.6 ②D920.4

中国版本图书馆CIP数据核字(2023)第149774号

思想道德与法治辅助教材	张　洁　李蔚然　马洪杰　黄少成　主编
责任编辑：郑济飞　　　　　　选题策划：郑济飞	责任校对：徐蕾蕾
出版发行：中国地质大学出版社(武汉市洪山区鲁磨路388号)	邮政编码：430074
电话：(027)67883511　　　传真：67883580	E-mail:cbb@cug.edu.cn
经销：全国新华书店	http://cugp.cug.edu.cn
开本：787mm×1 092mm　1/16	字数：324千字　　印张：12.75
版次：2023年8月第1版	印次：2023年8月第1次印刷
印刷：武汉市籍缘印刷厂	
ISBN 978-7-5625-5652-7	定价：39.80元

如有印装质量问题请与印刷厂联系调换

《高校思想政治理论课系列辅助教材》
编委会

主　编　阮一帆　孙文沛

副主编　郭关玉　陈　炜　张　洁　徐良梅

编　委　汪再奇　陈　军　李海金　朱桂莲
　　　　严世雄　龚静源　王惠林　王明华

使用说明

本书是高等教育出版社出版的全国普通高等学校本科生思想政治理论课统一使用教材《思想道德与法治》(2023年版)配套的辅助教材。

"思想道德与法治"是一门融思想性、政治性、科学性、理论性、实践性于一体的思想政治理论课课程，针对大学生成长过程面临的思想道德与法治问题，开展马克思主义的人生观、价值观、道德观、法治观教育，帮助大学生提升思想道德素质与法治素养，成长为自觉担当民族复兴大任的时代新人。

本书总体结构和内容均与《思想道德与法治》(2023年版)教材保持一致，涵盖了教材的全部重要知识点，同时参考了近十年的全国硕士研究生入学统一考试的政治理论考试大纲及其他资料，对比较重要的知识点进行了补充论述。

根据教材结构和内容，本书分为七章(绪论和正文六章)，每章又分设以下六个专栏。

(1)知识思维导图。简明扼要地展示本章全部知识点及其内在逻辑联系，方便学生对本章内容和前后逻辑有一个全景式了解。

(2)重要概念。对本章的重要概念进行解释说明，帮助学生准确理解相应概念。

(3)重难点解析。对本章的重点、难点问题作了详尽分析，引导学生系统全面地理解本章涉及的知识和理论。

(4)练习题。精心选编各类题目(特别加入历年全国硕士研究生入学统一考试真题)，包括单选题、多选题、简答题、论述题、材料分析题等，方便学生课后自测与练习。

(5)推荐阅读文献。精心选择了可供课外学习的书目，帮助学生拓展视野，从不同角度加深理解教材所涉及的知识和理论。

(6)推荐视频资料。选择了与本章主题相关的视频资料(包括中央电视台大型纪录片、政论专题片、电影、微视频等)，用生活中鲜活的事例将课堂学习与现实生活紧密联系，提升学习知识的趣味性。

目 录

绪　论　担当复兴大任　成就时代新人 …………………………………… (1)

 知识思维导图 ………………………………………………………………… (1)

 重要概念 ……………………………………………………………………… (1)

 重难点解析 …………………………………………………………………… (1)

 练习题 ………………………………………………………………………… (4)

 推荐阅读文献 ………………………………………………………………… (9)

 推荐视频资料 ………………………………………………………………… (9)

第一章　领悟人生真谛　把握人生方向 ……………………………………… (10)

 知识思维导图 ………………………………………………………………… (10)

 重要概念 ……………………………………………………………………… (11)

 重难点解析 …………………………………………………………………… (11)

 练习题 ………………………………………………………………………… (17)

 推荐阅读文献 ………………………………………………………………… (28)

 推荐视频资料 ………………………………………………………………… (28)

第二章　追求远大理想　坚定崇高信念 ……………………………………… (29)

 知识思维导图 ………………………………………………………………… (29)

 重要概念 ……………………………………………………………………… (30)

 重难点解析 …………………………………………………………………… (30)

 练习题 ………………………………………………………………………… (35)

 推荐阅读文献 ………………………………………………………………… (44)

 推荐视频资料 ………………………………………………………………… (44)

第三章　继承优良传统　弘扬中国精神 ……………………………………… (45)

 知识思维导图 ………………………………………………………………… (45)

重要概念 …………………………………………………………………… (45)
　　重难点解析 ………………………………………………………………… (46)
　　练习题 ……………………………………………………………………… (50)
　　推荐阅读文献 ……………………………………………………………… (64)
　　推荐视频资料 ……………………………………………………………… (64)

第四章　明确价值要求　践行价值准则 ……………………………………… (65)
　　知识思维导图 ……………………………………………………………… (65)
　　重要概念 …………………………………………………………………… (65)
　　重难点解析 ………………………………………………………………… (66)
　　练习题 ……………………………………………………………………… (69)
　　推荐阅读文献 ……………………………………………………………… (78)
　　推荐视频资料 ……………………………………………………………… (78)

第五章　遵守道德规范　锤炼道德品格 ……………………………………… (79)
　　知识思维导图 ……………………………………………………………… (79)
　　重要概念 …………………………………………………………………… (81)
　　重难点解析 ………………………………………………………………… (81)
　　练习题 ……………………………………………………………………… (91)
　　推荐阅读文献 ……………………………………………………………… (120)
　　推荐视频资料 ……………………………………………………………… (121)

第六章　学习法治思想　提升法治素养 ……………………………………… (122)
　　知识思维导图 ……………………………………………………………… (122)
　　重要概念 …………………………………………………………………… (125)
　　重难点解析 ………………………………………………………………… (125)
　　练习题 ……………………………………………………………………… (140)
　　推荐阅读文献 ……………………………………………………………… (172)
　　推荐视频资料 ……………………………………………………………… (173)

参考答案 ………………………………………………………………………… (174)

后记 ……………………………………………………………………………… (195)

绪论　担当复兴大任　成就时代新人

```
                            ┌─ 我们处在中国特色社会主义新时代 ─── • 新时代是我们理解当前所处历史方位
担                          │                                    的关键词；
当                          │                                  • 全面理解中国梦与新时代的伟大实践
复
兴                          │                                  • 立大志,有崇高的理想信念；
大                          │                                  • 明大德,锤炼高尚品格；
任                          ├─ 新时代呼唤担当民族复兴大任的时代新人 ─
成                          │                                  • 成大才,有高强的本领才干；
就                          │                                  • 担大任,有担当精神
时
代                          │                                  • 思想道德和法律都是调节人们思想行为、
新                          │                                    协调人际关系、维护社会秩序的重要手段；
人                          └─ 不断提升思想道德素质和法治素养 ──
                                                               • 是否具备良好的思想道德素质和法治素养,
                                                                 是一个人能否被社会接纳并更好实现自身
                                                                 价值和社会价值的关键
```

（1）思想道德素质。思想道德素质是人们的思想观念、政治立场、价值取向、道德情操和行为习惯等方面品质和能力的综合体现,反映着一个人的思想境界和道德风貌,是促进个体健康成长、社会发展进步的重要保障。

（2）法治素养。法治素养是指人们通过学习法律知识、理解法律本质、运用法治思维、依法维护权利与依法履行义务的素质、修养和能力,对于保证人们尊崇法治、遵守法律具有重要的意义。

（一）对新时代的理解

新时代是我们理解当前所处历史方位的关键词。

1. 中国特色社会主义进入新时代的"三个意味着"

（1）意味着近代以来久经磨难的中华民族迎来了从站起来、富起来到强起来的伟大飞跃,

迎来了实现中华民族伟大复兴的光明前景。

(2)意味着科学社会主义在21世纪的中国焕发出强大生机活力,在世界上高高举起了中国特色社会主义伟大旗帜。

(3)意味着中国特色社会主义道路、理论、制度、文化不断发展,拓展了发展中国家走向现代化的途径,给世界上那些既希望加快发展又希望保持自身独立性的国家和民族提供了全新选择,为解决人类问题贡献了中国智慧和中国方案。

2. 新时代的内涵

(1)这个新时代,是承前启后、继往开来、在新的历史条件下继续夺取中国特色社会主义伟大胜利的时代。

(2)这个新时代,是决胜全面建成小康社会、进而全面建设社会主义现代化强国的时代。

(3)这个新时代,是全国各族人民团结奋斗、不断创造美好生活、逐步实现全体人民共同富裕的时代。

(4)这个新时代,是全体中华儿女勠力同心、奋力实现中华民族伟大复兴的中国梦的时代。

(5)这个新时代,是我国不断为人类作出更大贡献的时代。

3. 新时代十年具有重大现实意义和深远历史意义的三件大事

(1)迎来中国共产党成立一百周年。

(2)中国特色社会主义进入新时代。

(3)完成脱贫攻坚、全面建成小康社会的历史任务,实现第一个百年奋斗目标。

4. 新时代两步走战略

全面建成社会主义现代化强国,总的战略安排是分两步走:

(1)第一个阶段,从2020年到2035年基本实现社会主义现代化。

(2)第二个阶段,从2035年到本世纪中叶把我国建成富强民主文明和谐美丽的社会主义现代化强国。

(二)青年是实现中华民族伟大复兴中国梦的先锋力量

1."中国梦"的特色

(1)"中国梦"是历史的、现实的,也是未来的。

(2)"中国梦"是国家的、民族的,也是每一个中国人的。

2. 中国青年不懈追求的梦想始终与振兴中华的责任担当紧密相连

(1)在革命战争年代,青年一代满怀革命理想,为争取民族独立、人民解放冲锋陷阵、抛洒热血。

(2)在社会主义革命和建设时期,青年一代响应党的号召,向困难进军,向荒原进军,保卫祖国,建设祖国,在新中国的广阔天地忘我劳动、艰苦创业。

(3)在改革开放和社会主义现代化建设新时期,青年一代发出团结起来、振兴中华的时代强音,争当改革先锋,为祖国的繁荣富强开拓奋进、锐意创新。

(4)在中国特色社会主义新时代,广大青年接过历史的接力棒,为实现民族复兴的历史宏愿矢志不渝,用臂膀扛起如山的责任,用青春和汗水创造新的奇迹。

(三)时代新人的根本要求

2021年4月19日,在清华大学建校110周年校庆日即将来临之际,习近平总书记来到清华大学考察时,勉励广大青年要肩负历史使命,坚定前进信心,立大志、明大德、成大才、担大任,努力成为堪当民族复兴重任的时代新人,让青春在为祖国、为民族、为人民、为人类的不懈奋斗中绽放绚丽之花。

1. 立大志,有崇高的理想信念

崇高的理想信念是人生和事业的灯塔,决定我们的方向和立场,也决定我们的精神状态和实际行动。青年理想远大、信念坚定,是一个国家、一个民族无坚不摧的前进动力。没有崇高的理想信念,就会导致精神上的"软骨病",人的勇气、意志与毅力都会出现严重问题,从而极易受到各种不良思想行为的诱惑、误导、传染,难以在时代洪流中成为砥柱新人,甚至被时代洪流所淘汰。

2. 明大德,锤炼高尚品格

青年引风气之先,其道德水准和精神风貌直接影响一个民族的文明素养。我们要建成的社会主义现代化强国,不仅要在物质上强,更要在精神上强。持久深沉的道德力量,对于大学生成长成才极为重要。只有把正确的道德认知、自觉的道德养成、积极的道德实践结合贯通,自觉树立和践行社会主义核心价值观,崇德修身,夯基固本,才能让青春的航船劈波斩浪、行稳致远。

3. 成大才,有高强的本领才干

不断增强的本领才干,是青春焕发光彩的重要源泉。大学生素质的高低和本领的强弱,直接影响着民族复兴的进程。身处日新月异的新时代,面对世界百年未有之大变局,知识更新周期大大缩短,大学生要有本领不够的危机感、能力不足的紧迫感,自觉加强学习,勤奋探索,勇于实践,全面发展。

4. 担大任,有担当精神

青春至美是担当,青年的担当是决定人生价值的最大砝码。有担当的青年是影响时代发展进程的重要力量。新时代的中国,更需要使命在肩、奋斗有我的精神。我们越是接近中华民族的伟大复兴,越是需要付出更为艰巨、更为艰苦的努力。大学生的担当精神体现为奉献祖国、服务人民、尽心尽力、勇于担责。

(四)思想道德建设和法治建设的关系

在我国,社会主义思想道德建设和法治建设紧密联系,相互补充、相互促进,为党和国家事业提供坚实的思想基础、精神支撑和制度保障。

(1)思想道德建设为法治建设提供思想指引和价值基础。思想道德为法律的制定、发展和完善提供价值准则,是社会主义法律正当性和合理性的重要基础;思想道德能够促进人们自觉尊法学法守法用法,维护法律权威;思想道德调整社会关系的范围和方式更加广泛灵活,与法治建设共同促进良好社会秩序的形成。

(2)法治建设为思想道德建设提供制度支撑和法律保障。法治建设通过对思想道德的基本原则予以确认,为思想道德建设提供国家强制力保障。科学立法和民主立法,可以将思想道德有机融入法律体系,使法律具有鲜明道德导向,让法治成为良法善治;严格执法和公正司法,有利于维护社会公平正义,弘扬真善美、打击假恶丑,使思想道德要求在实践中得到切实遵循;全民普法和全民守法,有助于提高人们信守法律的思想道德水平,引导人们自觉履行法定义务、家庭责任、社会责任。

(五)学习"思想道德与法治"的意义

"思想道德与法治"是一门融思想性、政治性、科学性、理论性、实践性于一体的思想政治理论课。该课程对大学生成长过程中面临的思想道德与法治问题,开展马克思主义的人生观、价值观、道德观、法治观教育,帮助大学生提升思想道德素质和法治素养,成长为自觉担当民族复兴大任的时代新人。

(1)有助于大学生领悟人生真谛、把握人生方向,追求远大理想、坚定崇高信念,继承优良传统、弘扬中国精神,广泛践行社会主义核心价值观。

(2)有助于大学生遵守道德规范、锤炼道德品格,把正确的道德认知、自觉的道德养成和积极的道德实践紧密结合起来,引领良好的社会风尚。

(3)有助于大学生学习法治思想、养成法治思维,自觉尊法学法守法用法,从而具备优秀的思想道德素质和法治素养。

(一)单项选择题

1. 2022年10月16日,中国共产党第二十次全国代表大会开幕,习近平总书记代表第十九届中央委员会向大会作报告。党的二十大报告的主题是(   )。
A. 高举中国特色社会主义伟大旗帜,全面贯彻新时代中国特色社会主义思想
B. 弘扬伟大建党精神,为全面推进中华民族伟大复兴而团结奋斗
C. 高举中国特色社会主义伟大旗帜,为全面建设社会主义现代化国家而团结奋斗
D. 踔厉奋发、勇毅前行,为全面建设社会主义现代化国家而努力奋斗

2. 2012年11月在北京召开的中国共产党第十八次全国代表大会,是在我国进入全面建成小康社会决定性阶段召开的一次十分重要的大会。从党的十八大开始,中国特色社会主义进入(   ),这是我国发展新的历史方位。
A. 新思想   B. 新举措   C. 新格局   D. 新时代

3. 下列关于新时代的论述,不正确的是(   )
A. 意味着国家富强、民族振兴、人民幸福的美好前景已经实现
B. 意味着近代以来久经磨难的中华民族迎来了站起来、富起来到强起来的伟大飞跃
C. 意味着科学社会主义在二十一世纪的中国焕发出强大生机活力
D. 意味着中国特色社会主义道路、理论、制度、文化不断发展

4. 党的二十大号召,全党全军全国各族人民要紧密团结在党中央周围,牢记空谈误国、实干兴邦,坚定信心、同心同德,埋头苦干、奋勇前进,为全面建设社会主义现代化国家、全面推进中华民族(   )而团结奋斗!

A. 国家富强　　　　B. 伟大复兴　　　　C. 社会和谐　　　　D. 人民幸福

5."功崇惟志,业广惟勤。"这句话主要告诉我们(　　)。
A. 大学生要立大志,要有崇高的理想信念
B. 大学生要自觉树立和践行社会主义核心价值观
C. 大学生要有本领不够的危机感、能力不足的紧迫感
D. 大学生要始终保持昂扬向上的精神状态

6."重莫如国,栋莫如德。"这句话主要告诉我们(　　)。
A. 崇高的理想信念是人生和事业的灯塔
B. 大学生要明大德,要锤炼高尚品格,关注国家大事
C. 大学生素质和本领的强弱,直接影响着民族复兴的进程
D. 大学生要坚持实践第一、知行合一、求真务实、有为善为

7."青春虚度无所成,白首衔悲亦何及。"这句话主要告诉我们(　　)。
A. 大学生要不断增强做中国人的志气、骨气、底气
B. 持久深沉的道德力量,对于大学生成长成才极为重要
C. 大学生要成大才,就要珍惜时间,练就高强的本领才干
D. 大学生要始终保持昂扬向上的精神状态

8.树立梦想从学习开始、事业靠本领成就。大学生在大学阶段的首要任务应当是(　　)。
A. 学习　　　　B. 笃行　　　　C. 求实　　　　D. 立志

9."世上没有从天而降的英雄,只有挺身而出的凡人。青年一代不怕苦、不畏难、不惧牺牲,用臂膀扛起如山的责任,展现出青春激昂的风采,展现出中华民族的希望!"这句话主要告诉我们(　　)。
A. 大学生要自觉树立和践行社会主义核心价值观
B. 大学生素质和本领的强弱,直接影响着民族复兴的进程
C. 大学生既要打牢扎实基础,又要及时更新知识
D. 大学生要担大任,要有担当精神

10.思想道德和法律都是调节人们思想行为、协调人际关系、维护社会秩序的重要手段。是否具备良好的(　　)和法治素养,是一个人能否被社会接纳并更好实现自身价值和社会价值的关键。
A. 思想政治素质　　　　　　　B. 思想道德素质
C. 道德素质　　　　　　　　　D. 个人修养

11.教育是民族振兴、社会进步的重要基石,是功在当代、利在千秋的德政工程。其中,(　　)课是落实立德树人根本任务的关键课程。
A. 思想政治理论　　　　　　　B. 思想政治教育
C. 马克思主义理论　　　　　　D. 思想道德与法治

12.下列哪一项,是人们的思想观念、政治立场、价值取向、道德情操和行为习惯等方面品质和能力的综合体现,反映着一个人的思想境界和道德风貌,是促进个体健康成长、社会发展进步的重要保障。(　　)
A. 科学文化素养　　　　　　　B. 政治素养
C. 法治素养　　　　　　　　　D. 思想道德素质

5

13.下列哪一项,是指人们学习法律知识、理解法律本质、运用法治思维、依法维护权利与依法履行义务的品质和能力,对于保证人们尊崇法治、遵守法律具有重要的意义。(   )
   A.政治素养   B.法治素养   C.法治意识   D.法治思维

(二)多项选择题
1.2022年10月,中国共产党第二十次全国代表大会在北京召开。大会的主题是(   )。
   A.高举中国特色社会主义伟大旗帜
   B.全面贯彻新时代中国特色社会主义思想
   C.弘扬伟大建党精神,自信自强、守正创新,踔厉奋发、勇毅前行
   D.为全面建设社会主义现代化国家、全面推进中华民族伟大复兴而团结奋斗

2.新时代意味着中国特色社会主义(   )不断发展,拓展了发展中国家走向现代化的途径。
   A.道路   B.理论   C.制度   D.文化

3.大学阶段,是人生发展的重要时期,是(   )形成的关键时期。
   A.世界观   B.人生观   C.价值观   D.消费观

4.党的二十大报告指出,十年来,我们经历了对党和人民事业具有重大现实意义和深远历史意义的三件大事。这三件大事是指(   )。
   A.迎来中国共产党成立一百周年
   B.开展抗击疫情人民战争、总体战、阻击战
   C.中国特色社会主义进入新时代
   D.完成脱贫攻坚、全面建成小康社会的历史任务,实现第一个百年奋斗目标

5.当代青年是同新时代共同前进的一代,既拥有广阔发展空间,也承载着伟大时代使命。当代大学生要成为担当民族复兴大任的时代新人,必须(   ),不断提升思想道德素质和法治素养,不负时代,不负韶华,努力为新时代贡献青春力量。
   A.有理想   B.敢担当   C.能吃苦   D.肯奋斗

6.思想道德和法律都是上层建筑的重要组成部分,两者发挥作用的不同点体现在(   )。
   A.经济基础   B.调节领域   C.调节方式   D.调节目标

7.社会主义思想道德建设和法治建设紧密联系,相互补充、相互促进,为党和国家事业提供坚实的(   )。
   A.思想基础   B.精神支撑   C.制度保障   D.物质基础

8.思想道德建设与法治建设的相互关系表现为(   )。
   A.思想道德建设为法治建设提供思想指引和价值基础
   B.思想道德建设是法治建设的基础
   C.法治建设为思想道德建设提供制度支撑和法律保障
   D.法治建设为思想道德建设提供指引

9.思想道德素质反映着一个人的思想境界和道德风貌,是促进个体健康成长、社会发展进步的重要保障。能体现思想道德素质的品质和能力的有(   )。
   A.思想观念   B.政治立场   C.价值取向   D.道德情操

10.思想政治理论课承担着对大学生进行系统的马克思主义理论教育的任务。"思想道德与法治"是一门融(   )、实践性于一体的思想政治理论课。

A. 思想性　　　B. 政治性　　　C. 科学性　　　D. 理论性

11. "思想道德与法治"课程是针对大学生成长过程中面临的思想道德与法治问题,开展马克思主义的人生观、价值观、道德观、法治观教育的课程。学习"思想道德与法治"的作用包括(　　)。

　　A. 有助于大学生领悟人生真谛、把握人生方向

　　B. 有助于挣大钱、当大官

　　C. 有助于大学生遵守道德规范、锤炼道德品格

　　D. 有助于大学生学习法治思想、养成法治思维,自觉尊法学法守法用法

12. "思想道德与法治"针对大学生成长过程中面临的思想道德与法治问题,开展的马克思主义教育,重在塑造大学生的(　　)。

　　A. 人生观　　　B. 价值观　　　C. 道德观　　　D. 法治观

(三)简答题

1. 如何理解中国特色社会主义进入新时代。

2. 简述思想道德建设与法治建设的关系。

3. 简述思想道德素质与法治素养的含义。

4. 简述大学生学习"思想道德与法治"课的意义。

(四)论述题

1. 论述大学生提升思想道德素质与法治素养的重要性。

2. 论述成为中国特色社会主义时代新人的要求。

(五)材料分析题

材料分析题 1

【材料1】 2012年11月29日,党的十八大闭幕不久,习近平总书记率中央政治局常委和中央书记处的同志来到国家博物馆,参观《复兴之路》展览。习近平总书记深情指出:"现在,大家都在讨论中国梦,我以为,实现中华民族伟大复兴,就是中华民族近代以来最伟大的梦想。"……经过鸦片战争以来170多年的持续奋斗,中华民族伟大复兴展现出光明的前景。深藏于中国人民心中的民族复兴梦想,就要梦想成真。正如习近平总书记指出的:"现在,我们比历史上任何时期都更接近中华民族伟大复兴的目标,比历史上任何时期都更有信心、有能力实现这个目标。"

——摘自《人民日报》《中华民族近代以来最伟大的梦想》(2016年4月20日)

【材料2】 要教育引导学生正确认识世界和中国发展大势,从我们党探索中国特色社会主义历史发展和伟大实践中,认识和把握人类社会发展的历史必然性,认识和把握中国特色社会主义的历史必然性,不断树立为共产主义远大理想和中国特色社会主义共同理想而奋斗

的信念和信心;正确认识中国特色和国际比较,全面客观认识当代中国、看待外部世界;正确认识时代责任和历史使命,用中国梦激扬青春梦,为学生点亮理想的灯、照亮前行的路,激励学生自觉把个人的理想追求融入国家和民族的事业中,勇做走在时代前列的奋进者、开拓者;正确认识远大抱负和脚踏实地,珍惜韶华、脚踏实地,把远大抱负落实到实际行动中,让勤奋学习成为青春飞扬的动力,让增长本领成为青春搏击的能量。

——摘自央视网《习近平在出席全国高校思想政治工作会议上强调　把思想政治工作贯穿教育教学全过程　开创我国高等教育事业发展新局面》(2016年12月8日)

【材料3】　习近平强调,百年大计,教育为本。今年是中国共产党成立100周年,我国开启了全面建设社会主义现代化国家新征程。党和国家事业发展对高等教育的需要,对科学知识和优秀人才的需要,比以往任何时候都更为迫切。我们要建设的世界一流大学是中国特色社会主义的一流大学,我国社会主义教育就是要培养德智体美劳全面发展的社会主义建设者和接班人。我国高等教育要立足中华民族伟大复兴战略全局和世界百年未有之大变局,心怀"国之大者",把握大势,敢于担当,善于作为,为服务国家富强、民族复兴、人民幸福贡献力量。广大青年要肩负历史使命,坚定前进信心,立大志、明大德、成大才、担大任,努力成为堪当民族复兴重任的时代新人,让青春在为祖国、为民族、为人民、为人类的不懈奋斗中绽放绚丽之花。

——摘自新华网《习近平在清华大学考察时强调　坚持中国特色世界一流大学建设目标方向　为服务国家富强民族复兴人民幸福贡献力量》(2021年4月19日)

结合材料回答问题:

1.为什么说"实现中华民族伟大复兴,就是中华民族近代以来最伟大的梦想"?

2.作为大学生,我们应该如何"努力成为堪当民族复兴重任的时代新人"?

材料分析题 2

【材料1】　中国特色社会主义进入新时代,意味着近代以来久经磨难的中华民族迎来了从站起来、富起来到强起来的伟大飞跃,迎来了实现中华民族伟大复兴的光明前景;意味着科学社会主义在21世纪的中国焕发出强大生机活力,在世界上高高举起了中国特色社会主义伟大旗帜;意味着中国特色社会主义道路、理论、制度、文化不断发展,拓展了发展中国家走向现代化的途径,给世界上那些既希望加快发展又希望保持自身独立性的国家和民族提供了全新选择,为解决人类问题贡献了中国智慧和中国方案。这"三个意味着"深刻揭示了我们从哪里来、现在在哪里、将到哪里去,彰显了新时代的伟大意义。中国特色社会主义进入新时代的重大政治论断,建立在对世情国情党情的科学分析和准确判断之上,建立在我国发展的国际环境面临新的形势、中国特色社会主义进入新的发展阶段、我国社会主要矛盾发生新变化、我们党的奋斗目标有了新内涵、我们党的自身建设有了新要求基础之上,有着充分的历史依据、现实依据和理论依据。

——摘自《人民日报》《在新时代书写不忘初心牢记使命新篇章》(2018年2月14日)

【材料2】　党的十八大以来,以习近平同志为核心的党中央迎难而上,开拓进取,以党和国家事业发展的历史性成就和变革,推动中国特色社会主义进入新时代,迎来中华民族从站起来、富起来到强起来的伟大飞跃,迎来实现中华民族伟大复兴的光明前景。今天,中国这个古老而又现代的东方大国朝气蓬勃、气象万千,中国特色社会主义道路、理论、制度、文化焕发出强大生机活力,奇迹正在中华大地上不断涌现。

——摘自《人民日报》《牢记初心使命　奋进复兴征程》(2019年7月1日)

【材料3】　青年强,则国家强。当代中国青年生逢其时,施展才干的舞台无比广阔,实现梦想的前景无比光明。全党要把青年工作作为战略性工作来抓,用党的科学理论武装青年,用党的初心使命感召青年,做青年朋友的知心人、青年工作的热心人、青年群众的引路人。广大青年要坚定不移听党话、跟党走,怀抱梦想又脚踏实地,敢想敢为又善作善成,立志做有理想、敢担当、能吃苦、肯奋斗的新时代好青年,让青春在全面建设社会主义现代化国家的火热实践中绽放绚丽之花。

——摘自新华社《高举中国特色社会主义伟大旗帜　为全面建设社会主义现代化国家而团结奋斗——在中国共产党第二十次全国代表大会上的报告》(2022年10月16日)

结合材料回答问题:

1. 如何理解"中国特色社会主义进入了新时代"?

2. 作为新时代的青年,如何"让青春在全面建设社会主义现代化国家的火热实践中绽放绚丽之花"?

推荐阅读文献

[1]习近平.高举中国特色社会主义伟大旗帜　为全面建设社会主义现代化国家而团结奋斗——在中国共产党第二十次全国代表大会上的报告[M].北京:人民出版社,2022.

[2]习近平.论党的青年工作[M].北京:中央文献出版社,2022.

推荐视频资料

1. 求是网《全面把握新时代十年伟大变革的重大意义》,2022年12月17日。
2. 央视网《辉煌中国》第一集《圆梦工程》,2017年9月21日。
3. 国家广播电视总局《我和我的新时代》第一集《把成绩写在大地上》,2022年10月16日。
4. 中央广播电视总台《新时代》第一集《时代之问》,2022年10月6日。

全面把握新时代十年
伟大变革的重大意义

辉煌中国

我和我的新时代

新时代

第一章 领悟人生真谛 把握人生方向

 知识思维导图

- 领悟人生真谛 把握人生方向
  - 人生观是对人生的总看法
    - 正确认识人的本质
      - 人的本质属性：社会属性是人的本质属性
      - 个人与社会的辩证关系：对立统一、相互依存、相互制约、相互促进
    - 人生观的主要内容
      - 人生目的（回答人为什么活着）
      - 人生态度（回答人应当如何活着）
      - 人生价值（回答什么样的人生才有价值）
    - 人生观与世界观、价值观
      - 世界观（世界观决定人生观）
      - 人生观（人生观对世界观的巩固、发展和变化起着重要作用）
      - 价值观（一个人的价值观会影响他对人生目的的选择和他的人生态度）
  - 正确的人生观
    - 高尚的人生追求
      - "服务人民 奉献社会"代表了人类社会迄今最先进的人生追求
    - 积极进取的人生态度
      - 人生须认真
      - 人生当务实
      - 人生应乐观
      - 人生要进取
    - 正确评价与实现人生价值
      - 正确评价人生价值
      - 人生价值的实现条件
  - 创造有意义的人生
    - 辩证对待人生矛盾
      - 正确看待得与失
      - 正确看待苦与乐
      - 正确看待顺与逆
      - 正确看待生与死
      - 正确看待荣与辱
    - 反对错误的人生观
      - 反对拜金主义
      - 反对享乐主义
      - 反对极端个人主义
    - 成就出彩人生
      - 与历史同向
      - 与祖国同行
      - 与人民同在
      - 在实践中创造有价值的人生
      - 在奋斗中创造幸福人生

(1)世界观。世界观是人们对生活在其中的世界以及人与世界的关系的总体看法和根本观点。

(2)人生观。人生观是人们在实践中形成的关于人生目的、人生态度、人生价值等问题的总观点和总看法。

(3)价值观。价值观是人们判断某种事物好坏或有无价值的基本态度和立场。它是人们基于主体需要这一尺度,对于什么是价值、怎样评判价值、如何创造价值等问题的根本观点。

(4)拜金主义。拜金主义是一种认为金钱可以主宰一切,把追求金钱作为人生至高目的的思想观念。

(5)享乐主义。享乐主义是一种把享乐作为人生目的,主张人生就在于满足感官的需求与快乐的思想观念。

(6)个人主义。个人主义是以个人利益为出发点和归宿的一种思想体系和道德原则,它主张个人需求就是目的,具有最高价值,社会和他人只是达到个人目的的手段。

(7)极端个人主义。极端个人主义是个人主义的一种表现形式,它突出强调以个人为中心,在个人与他人、个人与社会的关系上表现为极端利己主义和狭隘功利主义。

(一)马克思主义关于人的本质的认识

1. 马克思认为社会属性是人的本质属性

马克思运用辩证唯物主义和历史唯物主义的立场、观点、方法,揭开了人的本质之谜。他指出:"人的本质不是单个人所固有的抽象物,在其现实性上,它是一切社会关系的总和。"任何人都是处在一定的社会关系中从事社会实践活动的人,社会属性是人的本质属性。

2. 为什么说社会属性是人的本质属性

每一个人都从属于一定的社会群体,都同周围的人发生各种各样的社会关系,如家庭关系、地缘关系、业缘关系、经济关系、政治关系、法律关系、道德关系等。人的社会关系的总和决定了人的本质。人们正是在这种客观的、不断变化的社会关系中塑造自我,成为真正现实的、具有个性特征的人。

(二)个人与社会的辩证关系

人是社会的人,社会是人们相互交往的产物,是人类生活的共同体,人生的内容与社会活动密不可分。个人与社会的关系问题是认识和处理人生问题的重要着眼点和出发点。

1. 个人与社会是对立统一的关系

个人与社会是对立统一的关系,两者相互依存、相互制约、相互促进。社会是由一个个具体的人组成的,离开了人就没有社会。同时,人是社会的人,离开了社会,人也无法生活,社会是人的存在形式。社会犹如一个有生命、有活力的有机体,个人犹如这个有机体中的细胞。只有有机体的

11

所有细胞都充满活力,这个有机体才能是生气蓬勃的;细胞如果脱离了有机体,也将失去赖以存在的必要条件。社会成员素质的不断提高是社会发展的重要基础,推动和实现人的全面发展是社会发展的根本目标。

2. 个人与社会的关系,最根本的是个人利益与社会利益的关系

社会需要是个人需要的集中体现,是社会全体成员带有根本性、全局性、长远性需要的反映。个人利益的满足只能在一定的社会条件下、通过一定的社会方式来实现。在社会主义社会中,个人利益与社会利益在根本上是一致的。社会利益离不开个人利益,个人利益也离不开社会利益。社会利益不是个人利益的简单相加,而是所有人利益的有机统一。社会利益体现了作为社会成员的个人的根本利益和长远利益,是个人利益得以实现的前提和基础,同时它也保障着个人利益的实现。

3. 人的社会性决定了人只有在推动社会进步的过程中,才能实现自我的发展

如果人人都只关心自己的利益,甚至以损害他人利益、社会利益的方式满足一己之私,人赖以生存的社会不仅难以发展进步,最终还将因个人私欲的膨胀而走向崩溃。大学生思考人生问题,应该正确认识和处理个人与社会的关系,把自己的人生追求同社会的发展进步紧密结合起来,在为社会作贡献的过程中成长进步,实现自己的人生价值。

(三)人生观的主要内容

人生观的主要内容包括人生目的、人生态度和人生价值。人生目的回答人为了什么活着,人生态度回答人应当如何活着,人生价值回答什么样的人生才有价值。这三个方面相互联系、相辅相成,统一为一个有机整体。其中人生目的是人生观的核心,有什么样的人生目的就会有什么样的人生态度,就会追求什么样的人生价值。

1. 人生目的

人生目的是人们在社会实践中关于自身行为的根本指向和人生追求。人生目的是对人为什么活着这一人生根本问题的认识和回答,是人生观的核心,在人生实践中具有重要的作用:①人生目的决定人生道路。人生目的规定了人生的方向,对人们所从事的具体活动起着定向的作用。②人生目的决定人生态度。人生道路上有时会一帆风顺,有时会崎岖不平,面对各种各样的矛盾和斗争,不同的人生目的会使人持有不同的人生态度。正确的人生目的可以使人无所畏惧、顽强拼搏、积极进取、乐观向上;错误的人生目的则会使人或是虚度光阴、放纵人生,或是悲观消沉、厌世轻生,或是投机钻营、违法犯罪。③人生目的决定人生价值选择。正确的人生目的会使人懂得人生的价值首先在于奉献,从而在工作中尽心、尽力、尽责;错误的人生目的则会使人把人生价值理解为向社会或他人进行索取,只把个人私利视为人生的价值追求,而漠视对国家、社会、集体和他人的义务与责任。

2. 人生态度

人生态度是指人们通过生活实践形成的对人生问题的一种相对稳定的心理倾向和精神状态。它与人生观有如下关系:①一个人有什么样的人生观就会有什么样的人生态度。一个人如果确立了高尚的人生观,往往会满怀希望和激情,热爱生活,珍视生命,勇敢坚强地战胜困难并不断开拓人生新境界。一个人如果持有碌碌无为的人生观,就不会认真思考人的生命应有的意义,对什么事都显得无所谓,当一天和尚撞一天钟。②一个人对人生的态度,往往又制约着他对整个世界和人生的看法,从而对个人的世界观、人生观产生重要的影响。

3. 人生价值

人生价值是指人的生命及其实践活动对于社会和个人所具有的作用和意义。人生价值内在地包含了人生的自我价值和社会价值两个方面。人生的自我价值，是个体的人生活动对自己的生存和发展所具有的价值，主要表现为对自身物质和精神需要的满足程度。人生的社会价值，是个体的实践活动对社会、他人所具有的价值。

人生的自我价值和社会价值的关系：①人生的自我价值是个体生存和发展的必要条件，人生的自我价值的实现是个体为社会创造更大价值的前提。②人生的社会价值是社会存在和发展的重要条件，人生社会价值的实现是个体自我完善、全面发展的保障。没有社会价值，人生的自我价值就无法存在。人是社会的人，这不仅意味着个体物质和精神的需要必须在社会中才能得到满足，还意味着以怎样的方式和在多大程度上得到满足也是由社会决定的。

人生目的、人生态度、人生价值三者相互影响、紧密关联。其中，人生目的决定着人们对待实际生活的态度和对人生价值的评判，人生态度影响着人们对人生目的的持守和人生价值的实现，人生价值制约着人们对人生目的和人生态度的选择。大学生只有深刻认识人生目的、人生态度、人生价值的内涵与意义，科学理解三者的辩证统一关系，才能准确把握人生方向，树立正确的人生观。

（四）人生观与世界观、价值观的关系

1. 人生观与世界观的关系

世界观是人们对生活在其中的世界以及人与世界的关系的总体看法和根本观点。一个人思考生活的意义，树立追求的理想目标，确定以怎样的方式对待生活，探讨协调身与心、自我与他人、个人与社会、人与自然的关系，总是以其世界观为根据，受到其世界观的制约和影响。

人生观与世界观有密切的关系：①世界观决定人生观，有什么样的世界观，就会有什么样的人生观。树立正确的人生观，思考人生为了什么、该如何对待人生、怎样的人生才有意义等问题，离不开马克思主义科学世界观的指导。②人生观又对世界观的巩固、发展和变化起着重要作用。

2. 人生观与价值观的关系

价值观是人们关于价值的根本观点，对于人生观的形成和发展有重要的引导作用。价值观为人们在社会生活中判断善恶、美丑、福祸、荣辱、利害提供基本准则，人们对于人生诸多问题的认识和思考，都包含着价值判断，离不开对价值问题的探索。

人生观与价值观也有密切的关系：一个人树立什么样的价值观，会直接影响他对人生目的、人生意义等问题的思考，左右他对人生道路的选择，影响他的人生态度。

（五）正确的人生观

1. 高尚的人生追求

服务人民、奉献社会的思想以其科学而高尚的品质，代表了人类社会迄今最先进的人生追求。人民群众是社会历史的主体，是社会物质财富和精神财富的创造者，是社会变革的决定力量。"服务人民、奉献社会"的人生追求，以历史唯物主义关于人民群众是历史的创造者的基本观点为理论基础，指明了人在成长和发展过程中应确立的人生目标和方向。

（1）一个人确立了服务人民、奉献社会的人生追求，才能清楚地把握人生的奋斗目标，深刻理解人为了什么而活、应走什么样的人生之路等道理。

(2) 一个人确立了服务人民、奉献社会的人生追求，才能以正确的人生态度对待人生、解决实际生活中的各种问题，以人民利益为重，始终对祖国和人民怀有高度的责任感，在服务人民、奉献社会中实现自己的人生价值。

(3) 一个人确立了服务人民、奉献社会的人生追求，才能掌握正确的人生价值标准，才能懂得人生的价值首先在于奉献，自觉用真善美来塑造自己，不断培养高洁的操行和纯朴的情感，努力使自己成为一个高尚的人。

2. 积极进取的人生态度

走好人生之路，需要大学生正确认识、处理生活中各种各样的困难和问题，保持认真务实、乐观向上、积极进取的人生态度。

(1) 人生须认真。以认真的态度对待人生，就是要严肃思考人的生命应有的意义，明确生活目标和肩负的责任，既要清醒地看待生活，又要积极认真地面对生活。

(2) 人生当务实。古往今来，成功的人生既需要认真负责，也需要求真务实。务实，就是要遵循客观规律，一切从实际出发，不图虚名，不务虚功，以科学的态度看待人生，以务实的精神创造人生。

(3) 人生应乐观。只有热爱生活的人，才能真正拥有生活。乐观豁达、热爱生活、对人生充满自信，体现了对自己、对生活、对社会的积极态度，这种态度是人们承受困难和挫折的心理基础。

(4) 人生要进取。人生实践是一个创造的过程。适应历史发展的趋势，以开拓进取的态度迎接人生的各种挑战，才能不断领悟美好人生的真谛，体验生活的快乐和幸福。

3. 正确评价与实现人生价值

(1) 正确评价人生价值。①根本尺度：评价人生价值的根本尺度，是看一个人的实践活动是否符合社会发展的客观规律，是否促进了历史的进步。②评价标准：衡量人生价值的标准，最重要的就是看一个人是否用自己的劳动和聪明才智为国家和社会真诚奉献，为人民群众尽心尽力服务。③评价方法：既要看贡献的大小，也要看尽力的程度；既要尊重物质贡献，也要尊重精神贡献；既要注重社会贡献，也要注重自身完善。

(2) 人生价值的实现条件。人们在实践中努力实现自己的人生价值。但是，人们的实践活动从来都不是随心所欲的，任何人都只能在一定的主客观条件下去实现自己的人生价值。因此，正确把握人生价值实现的条件至关重要：①实现人生价值要从社会客观条件出发。人生价值是在社会实践中实现的，人的创造力的形成、发展和发挥都要依赖于一定的社会客观条件。大学生要珍惜难得的历史机遇，把自己的人生追求及人生价值的实现建立在正确把握当今中国社会发展实际的基础上。②实现人生价值要从个体自身条件出发。人的自身条件会有一定的差异，某一个具体的价值目标，对这个人来说是恰当的、比较容易实现的，而对另一个人来说却未必如此。大学生正处在自己一生中最美好的时期，长身体、长知识、长才干，风华正茂，每天都有新收获，每天都有新期待。但在这样一个特殊阶段，大学生也往往会受自身社会经验偏少、知识储备不够等方面的限制，容易把对自身条件的主观想象当作"真实"的存在，导致价值选择、行为倾向出现偏差。因此，大学生要客观认识自己，准确把握影响人生价值实现的自身条件。③不断增强实现人生价值的能力和本领。人的能力具有累积效应，能够通过学习、锻炼而得以提升。大学生要通过各种方式和途径，增长才干、增强本领，提高自身各方面的能力，为实现人生价值做好充分准备，奠定扎实的基础。

(六) 辩证对待人生矛盾

丰富而复杂的人生,是一个充满矛盾的过程。大学生要科学认识实际生活中的各种问题,勇敢面对和正确处理各种人生矛盾。

1. 正确看待得与失

如何认识和对待人生发展过程中的得与失这对矛盾,对一个人走好人生之路、实现人生价值有重要影响。大学生要以积极进取的态度去面对生活中的成败得失,使一时的挫折或失败成为人生的财富而不是人生的包袱。

(1)不要过于看重一时的"得"。一个人如果总是满足于一时的"得",往往会停步在小小的成功和已有的成绩之上,放弃接下来的努力,造成最后的失败。

(2)不要惧怕或斤斤计较一时的"失"。得到了不一定是好事,失去了也不一定是坏事,一定意义上有舍才有得。在失意之际坚持不懈,在坎坷之时不断努力,方能有所收获,实现人生目标。

(3)要跳出对个人得失的计较。个人利益的得失只能部分地衡量人生价值的大小,每个个体只有在奉献社会中才能实现更大的人生价值。只有跳出对狭隘个人利益的计较,关爱他人,热爱集体,真诚奉献,才能赢得他人和社会的尊重,创造有意义的人生。

2. 正确看待苦与乐

(1)苦与乐既对立又统一,在一定条件下还可以相互转化。

(2)真正的快乐往往由奋斗的艰苦转化而来。

(3)要准确把握苦与乐的辩证关系,努力做迎难而上、艰苦奋斗的开拓者。

3. 正确看待顺与逆

无论是顺境还是逆境,对人生的作用都可能是双面的,关键是怎样去认识和对待它们。

(1)在顺境中前进,天时、地利、人和等有利因素,使人们更容易接近和实现目标。但是,顺境中的宽松气氛、优越条件,又容易使人滋生骄娇二气,自满自足,意志衰退。

(2)在逆境中奋斗,需要付出更大的努力和更多的艰辛才可能成功,但也会有顺境中难以得到的获得感和成就感。逆境的恶劣环境,对于挑战者而言,可以磨炼意志、陶冶品格、积累战胜困难的经验、丰富人生阅历。

(3)顺势而快上,乘风而勇进,这是身处顺境的学问,是善于抓住机遇不断丰富与完善自己的途径;处低谷而力争,受磨难而奋进,这是身处逆境的学问,是将压力变成动力之所为。只有善于利用顺境,勇于正视逆境、战胜逆境,人生价值才能够实现。

4. 正确看待生与死

(1)生与死是贯穿人生始终的一对基本矛盾。从一定意义上说,正是因为生命短促,每个人只有一次生命,才更显示了人生的弥足珍贵。

(2)人的生命只有投入到实现社会价值的过程之中,才能开发出生命所蕴藏的巨大潜能。

(3)大学生应珍爱生命、珍惜韶华,在服务人民、投身民族复兴伟大事业中发掘出生命所蕴藏的巨大潜能,努力给有限的个体生命赋予更大的意义。

5. 正确看待荣与辱

(1)荣辱观是人们对荣辱问题的根本看法和态度,是一定社会思想道德原则、规范的体现和表达。

(2)荣辱观对个人的思想行为具有鲜明的导向和调节作用。大学生只有具备正确的荣辱观,明确是非、对错、善恶、美丑的界限,才会在纷繁复杂的社会生活中明确应当坚持和提倡什么,应当反对和抵制什么,从容走好人生之路。

(七)反对错误的人生观

在我们国家,尽管社会主流价值观念积极健康,但现实中还存在拜金主义、享乐主义和极端个人主义等种种错误观念和看法。这些错误思想观念容易侵蚀大学生的心灵,不利于大学生树立科学高尚的人生观。大学生要学会思考、善于分析、正确抉择,认清这些错误思想观念的实质,警惕和自觉抵制它们的侵蚀。

1. 反对拜金主义

(1)拜金主义。拜金主义是一种认为金钱可以主宰一切,把追求金钱作为人生至高目的的思想观念。拜金主义将金钱神秘化、神圣化,视金钱为圣物,往往把追逐和获取金钱作为人生的唯一目的和生活的全部意义,金钱成为衡量人生价值的唯一标准。

(2)拜金主义的危害。①金钱成为人的存在和全部实践活动的目的,人与人之间除了赤裸裸的利害关系、冷酷无情的金钱交易,再没有其他的关系,人的尊严和情感被淹没在金钱的铜臭之中。②拜金主义是引发钱权交易、行贿受贿、贪赃枉法等丑恶现象的重要思想根源。

(3)同学们需要理性对待金钱与财富,避免陷入拜金主义的误区。

2. 反对享乐主义

(1)享乐主义。享乐主义是一种把享乐作为人生目的,主张人生就在于满足感官的需求与快乐的思想观念。

(2)享乐主义的危害。①把享乐尤其是感官的享乐变成人生的唯一目的,作为一种"主义"去诠释人生的根本意义,是对人的需要的一种错误理解。②享乐主义的观念和行为,不仅影响大学生的健康成长,而且败坏社会风气。

(3)同学们要自觉抵御享乐主义的冲击,树立正确的消费观念,培育积极健康的兴趣爱好,在努力奋斗中去获得成功与快乐。

3. 反对极端个人主义

(1)极端个人主义。个人主义是以个人利益为出发点和归宿的一种思想体系和道德原则,它主张个人需求就是目的,具有最高价值,社会和他人只是达到个人目的的手段。极端个人主义是个人主义的一种表现形式,它突出强调以个人为中心,在个人与他人、个人与社会的关系上表现为极端利己主义和狭隘功利主义。

(2)极端个人主义的危害。个人主义是生产资料私有制的产物,是资产阶级人生观的核心。资产阶级革命早期,在争取个人权利和自由、反对封建专制方面,个人主义具有一定的积极意义,但是一些敏锐的资产阶级思想家很早也意识到它还具有侵蚀社会的一面。随着资本主义的发展还产生了极端个人主义,它突出强调以个人为中心,否认社会和他人的价值,甚至不惜采用损人利己的方法来追求自己的人生目标。极端个人主义者损人利己、损公肥私、唯利是图,侵蚀健康的人际关系,具有较大的社会危害性。

(3)同学们要正确处理好个人与他人、个人与集体、个人与社会的关系,在团结合作中共同成长、共同进步、共同发展。

(八)成就出彩人生

要把自己的小我融入祖国的大我和人民的大我之中,与历史同向、与祖国同行、与人民同在,在实践中创造有价值的人生。

1. 与历史同向

要正确认识世界和中国的发展大势,尊重并顺应历史的选择和人民的选择,增强历史自觉,坚定历史自信,与历史同步伐,与时代共命运。

2. 与祖国同行

要正确认识国家和民族赋予的历史使命和时代责任,坚定信心,锐意进取,奋进新征程,建功新时代。

3. 与人民同在

大学生要在为人民群众服务、实现人民群众利益的过程中实现人生价值。

4. 在实践中创造有价值的人生

社会实践是实现人生价值的必由之路。崇高的人生价值目标要靠社会实践才能转化为现实,辉煌的人生价值只有在创造性的社会实践中才能实现。

5. 在奋斗中创造幸福人生

一代人有一代人的责任和担当,青春的底色永远离不开"奋斗"两字。我们现在享受的幸福生活,是一代又一代前辈接力奋斗创造的。人世间的一切幸福都需要靠辛勤的劳动来创造,追求幸福的过程就是不满足于现状、不断追求和创造更美好生活的奋斗的过程。我们要享受眼前的幸福,更要不断奋斗,创造未来的幸福,在奋斗中创造幸福人生。

(一)单项选择题

1."人的本质不是单个人所固有的抽象物,在其现实性上,它是一切社会关系的总和。"这一论断说明( )。
   A. 社会属性是人的本质属性
   B. 自然属性是人的本质属性
   C. 自然属性和社会属性都是人的本质属性
   D. 自然属性和社会属性都不是人的本质属性

2. 认识和处理人生问题的重要着眼点和出发点是( )。
   A. 个人与朋友的关系问题
   B. 个人与社会的关系问题
   C. 个人与家庭的关系问题
   D. 个人与同学的关系问题

3. 每个人都从属于一定的社会群体,都同周围的人发生各种各样的社会关系,下列选项中,对个人与社会的关系表述错误的是( )。
   A. 个人是构成社会的前提,离开了人就没有社会
   B. 个人可以不依赖于社会而独立存在
   C. 社会是人的存在形式
   D. 人是社会的人,离开了社会,人无法生活

4.【2021年考研真题】人是社会的人,每一个人都存在和活动于具体的、基于特定历史的现实

社会当中。个人与社会是对立统一的关系,两者相互依存、相互制约、相互促进。个人与社会的关系最根本的是( )。

    A. 个人价值与社会价值　　　　　　B. 个人利益与社会利益

    C. 个人理想与社会理想　　　　　　D. 个人存在与社会存在

5. 人在现实生活中不可避免地会遇到各种各样的问题,引发对人生的思考,这种思考最后集中到"人为什么活着""人应该怎样活着"等根本问题。对这些根本问题的回答,体现了一个人的( )。

    A. 价值观　　　　B. 人生观　　　　C. 世界观　　　　D. 道德观

6. 人生观就是人们关于人生目的、人生态度、人生价值等问题的总观点和总看法。其核心内容是( )。

    A. 人生价值　　　B. 人生态度　　　C. 人生目的　　　D. 人生信仰

7. 人生目的是人在人生实践中关于自身行为的根本指向和人生追求,它所认识和回答的根本问题是( )。

    A. 人如何对待生活　　　　　　　　B. 怎样选择人生道路

    C. 人为什么活着　　　　　　　　　D. 怎样对待人生境遇

8. 有的人身处逆境而百折不挠,有的人在顺境中却长吁短叹,有的人笑对人生,有的人看破红尘,这些都是( )的表现。

    A. 人生目的　　　B. 人生态度　　　C. 人生理想　　　D. 人生信念

9. 人生态度是指人们通过生活实践形成的对人生问题的一种稳定的心理倾向和精神状态,它回答的是( )。

    A. 什么样的人生才有价值　　　　　B. 人应当如何活着

    C. 人为什么活着　　　　　　　　　D. 世界的本源是什么

10. 马克思说:"在选择职业时,我们应该遵循的主要指针是人类的幸福和我们自身的完美。"在这里,马克思所说的以"我们自身的完美"为主要指针,就是追求我们自身的人格高尚、才智发展、生活幸福,这是( )。

    A. 人生的存在状态　　　　　　　　B. 人生的社会价值

    C. 人生的自我价值　　　　　　　　D. 人生的现实境遇

11. 人生价值内在地包括了人生的自我价值和社会价值两个方面。下列选项中,对自我价值与社会价值的关系表述错误的是( )。

    A. 人生自我价值的实现是个体为社会创造更大价值的前提

    B. 没有社会价值,人生的自我价值就无法存在

    C. 一个人实现自我价值越大,他创造的社会价值也越大

    D. 人生自我价值实现的过程也是为社会创造价值的过程

12. 人是社会的人,这不仅意味着个体物质和精神的需要必须在社会中才能得到满足,还意味着以怎样的方式和在多大程度上得到满足也是由社会决定的。这句话说明了( )。

    A. 人生的自我价值是个体生存和发展的必要条件

    B. 人的全面发展和素质提升离不开人的自我完善

    C. 人生社会价值的实现是个体自我完善、全面发展的保障

    D. 人生的自我价值是社会存在和发展的重要条件

13. 【2019年考研真题】马克思说:"人们只有为同时代人的完美、为他们的幸福而工作,自己才

能达到完美。如果一个人只为自己劳动,他也许能够成为著名的学者、伟大的哲人、卓越的诗人,然而他永远不能成为完美的、真正伟大的人物。"这表明( )。

A. 实现自我价值是创造社会价值的原因
B. 人生价值是自我价值和社会价值的统一
C. 人生社会价值可以替代自我价值
D. 人生价值的实现取决于他人的认可

14. 人们对生活在其中的世界以及人与世界的关系的总体看法和根本观点,是( )。
A. 历史观　　　B. 人生观　　　C. 世界观　　　D. 自然观

15. 关于人生观与世界观的关系,以下说法错误的是( )。
A. 世界观决定人生观,有什么样的世界观,就会有什么样的人生观
B. 人生观对世界观的巩固、发展和变化起着重要作用
C. 正确的人生观是正确世界观的基础
D. 人生观是世界观在对待人生问题上的具体体现

16. 古往今来,人们对人生目的的探索从未停止过,思想家们孜孜以求留下难以计数的答案。在各式各样关于人生目的的思想中,( )的思想以其科学而高尚的品质,代表了人类社会迄今为止最先进的人生追求。
A. 格物、致知、诚意、正心　　　B. 服务人民、奉献社会
C. 仁、义、礼、智、信　　　　　D. 穷则独善其身,达则兼济天下

17. 人们常说不要好高骛远、空谈理想、浅尝辄止等,所反映出的人生态度是( )。
A. 人生须认真　　B. 人生应乐观　　C. 人生要进取　　D. 人生当务实

18. 发扬自强不息、敢为人先、百折不挠、坚忍不拔的精神,始终保持蓬勃朝气、昂扬锐气,充分发挥生命创造力,体现的人生态度是( )。
A. 人生须认真　　B. 人生应乐观　　C. 人生要进取　　D. 人生当务实

19. 要正确认识和处理人生中遇到的各种问题,不得过且过、放纵生活、游戏人生,体现的人生态度是( )。
A. 人生须认真　　B. 人生应乐观　　C. 人生要进取　　D. 人生当务实

20. 2021年6月29日,习近平总书记在"七一勋章"颁授仪式上发表讲话指出,今天受到表彰的"七一勋章"获得者,就是各条战线党员中的杰出代表。他们都来自人民、植根人民,是立足本职、默默奉献的平凡英雄,他们的事迹可学可做,他们的精神可追可及。对这些人人生价值的评价,主要是看( )
A. 他们是否为国家和社会真诚奉献,为人民群众尽心尽力服务
B. 他们是否诚实劳动,以正当合法手段实现个人利益
C. 他们的人际关系是否和谐,家庭是否幸福美满
D. 他们的生活是否称心如意,幸福快乐

21. 爱因斯坦说:"人只有献身于社会,才能找出那短暂而有风险的生命的意义。"这句名言体现了( )。
A. 价值观和价值取向对人生道路具有正确的导向作用
B. 衡量人生价值最重要的标准是看一个人是否为国家和社会作奉献
C. 实现人生价值必须自尊、自爱、自信、自强
D. 实现人生价值要正确处理个人与他人的关系

22. "塞翁失马,焉知非福"对我们辩证对待人生矛盾的启示是(   )。
    A. 不要满足于一时的得   B. 要树立正确的得失观
    C. 得到了不一定是好事   D. 要树立正确的幸福观

23. 司马迁认为"人固有一死,或重于泰山,或轻于鸿毛",这一千古名句启示我们,人应该树立正确的(   )。
    A. 得失观   B. 荣辱观   C. 苦乐观   D. 生死观

24. "人与人之间除了赤裸裸的利害关系、冷酷无情的金钱交易,再没有其他关系",这句话体现的是(   )的思想观念。
    A. 拜金主义   B. 享乐主义   C. 功利主义   D. 个人主义

25. 一些大学生用父母辛苦劳作挣来的钱追逐名牌和奢侈品,比阔气、讲排场,在消费上超出自己及家庭的承受能力,有的甚至因此负债累累。这种观念和行为体现了(   )的人生观。
    A. 精致利己主义   B. 享乐主义   C. 名利主义   D. 个人主义

(二)多项选择题

1. 人是社会的人,每一个人都存在和活动于具体的、基于特定历史的现实社会当中,个人与社会的关系问题是认识和处理人生问题的重要着眼点和出发点。下列关于个人与社会的关系,表述正确的是(   )。
    A. 人是社会的人,离开了社会,人无法生活   B. 个人由社会决定,对社会不具有能动作用
    C. 社会是人的存在形式   D. 社会由具体的人组成,离开了人就没有社会

2. 近年来,一些地方政府出于社会利益考虑,准备在某些地点设立垃圾场、核电厂、殡仪馆等设施,这往往引起该地居民或当地单位的不满,滋生"不要建在我家后院"的心理。"邻避效应"涉及个人与社会的关系问题。个人与社会的关系,最根本的是个人利益与社会利益的关系。社会利益是(   )。
    A. 所有人利益的有机统一
    B. 作为社会成员的个人的根本利益和长远利益的体现
    C. 个人利益得以实现的前提和基础
    D. 社会发展的根本目标

3. 在社会主义社会中,关于个人利益与社会利益的关系,下列理解正确的是(   )。
    A. 社会利益离不开个人利益,个人利益也离不开社会利益
    B. 个人利益与社会利益在根本上是一致的
    C. 社会利益体现了作为社会成员的个人的根本利益和长远利益
    D. 社会利益是个人利益的简单相加,保障着个人利益的实现

4. 人生观就是人们关于人生目的、人生态度、人生价值等问题的总观点和总看法。下列关于人生观的说法正确的有(   )。
    A. 人生观是价值观的一部分   B. 人生观是人们在实践中形成的
    C. 人生观决定着人生道路的方向
    D. 人生观主要通过人生目的、人生态度、人生价值体现出来

5. 以下关于人生目的的表述,正确的是(   )。
    A. 人生目的是对"人为什么活着"这一人生根本问题的认识和回答
    B. 人生目的规定了人生的方向,对人们所从事的具体活动起着定向的作用
    C. 正确的人生目的可以使人无所畏惧、顽强拼搏、积极进取、乐观向上

D. 正确的人生目的会使人懂得人生的价值首先在于奉献

6. 2020年9月17日,习近平总书记来到湖南大学岳麓书院考察调研。他表示,新时代是一个英雄辈出的时代,青年人正逢其时。习近平总书记希望同学们不负青春、不负韶华、不负时代,珍惜时光好好学习,掌握知识本领,树立正确的世界观、人生观、价值观,系好人生第一粒扣子,走好人生道路,为实现中华民族伟大复兴贡献聪明才智。世界观和人生观的关系是(   )。

A. 世界观决定人生观　　　　　B. 人生观决定世界观
C. 世界观从属于人生观　　　　D. 人生观对世界观的巩固、发展和变化起着重要的作用

7. 来自广西百色一个贫困家庭的女孩黄文秀,从石头村里一路考入北京师范大学。2016年硕士研究生毕业后,她回到家乡工作,响应号召到贫困村担任驻村第一书记,勇敢地挑起重担,带领88户418名贫困群众脱贫,全村贫困发生率下降20%以上。2019年6月17日凌晨,一场突如其来的山洪,让她30岁的年轻生命永远定格在扶贫路上。高尚的人生目的总是与奋斗、奉献联系在一起。黄文秀的一生体现了"服务人民、奉献社会"的高尚品质。确立服务人民、奉献社会的高尚的人生追求,才能(   )。

A. 清楚地把握人生的奋斗目标,走为人民服务的人生道路
B. 以正确的人生态度对待人生,始终对祖国和人民怀有高度的责任感
C. 掌握正确的人生价值标准,懂得人生的价值首先在于奉献
D. 一路顺风顺水,按部就班,顺利抵达成功的彼岸

8. 人生目的、人生态度、人生价值三者是辩证统一的关系。下列说法正确的是(   )。

A. 人生价值制约着人生目的和人生态度的选择
B. 人生态度影响着人们对人生目的的持守和对人生价值的评判
C. 人生目的决定着人们对待实际生活的基本态度和对人生价值的评判标准
D. 人生价值决定着人生目的和人生态度

9. 大学时期是世界观、人生观、价值观形成的关键时期。走好人生之路,需要大学生正确认识、处理生活中各种各样的困难和问题,保持积极进取的人生态度,具体要求如下(   )。

A. 人生须认真　　B. 人生当务实　　C. 人生应乐观　　D. 人生要进取

10. 没有积极进取的人生态度,再崇高的人生追求也难以真正实现。下列选项中,属于积极进取人生态度的是(   )。

A. 热爱生活,对人生充满自信　　　　B. 得过且过,享受当下
C. 遇事想得开,做人心胸豁达　　　　D. 经受得起人生道路上的困难和考验

11. 马克思指出:"人是最名副其实的政治动物,不仅是一种合群的动物,而且是只有在社会中才能独立的动物。"就人生价值而言,这说明人生价值应包括社会价值和自我价值两个方面。下列有关人生的自我价值和社会价值的说法中,正确的是(   )。

A. 评价人生价值应看社会价值大小,不考虑自我价值实现程度
B. 社会价值的创造过程和自我价值的实现过程是统一的
C. 实现自我价值是因,创造社会价值是果
D. 人生活动同时具有满足自我需要和社会需要的价值属性

12. 德国文豪歌德在一首诗中写到:"你若要喜爱你自己的价值,你就得给世界创造价值。"以下关于人生价值的说法正确的是(   )。

A. 人生价值内在地包含了人生的自我价值和社会价值两个方面
B. 不实现个人抱负,就不能创造社会价值

C.能力大的人人生价值就大,能力小的人人生价值就小
D.社会对一个人的价值评判,主要以他对社会所作的贡献为标准

13.要客观、公正、准确地评价社会成员人生价值的大小,除了要掌握科学的标准外,还需要掌握恰当的评价方法。以下对人生价值的评价恰当的是(   )。
A.能力越强,职业地位越高,人生价值就越大
B.一个人在平凡岗位上尽职尽责,应肯定其人生价值
C.评价人生价值主要看一个人对社会作出的物质贡献
D.评价人生价值大小主要看社会贡献,并不否认人生的自我价值

14.宋学文来自内蒙古赤峰市,1998年,他从内蒙古老家来到了北京,干过工地,看过鱼塘,做过保安,当过物业主管。2010年,他成了一名快递小哥,配送30万件包裹零差评。宋学文始终坚持为客户服务,使命必达,无论刮风、下雨,他从不缺席,坚持送到、送完最后一个件。2020年11月24日,宋文学当选"全国劳动模范",这是一线配送员获得的最高荣誉,体现了全社会对配送员以及他们所创造的劳动价值的肯定与重视。这一案例体现了(   )的人生价值评价方法。
A.既要看贡献的大小,也要看尽力的程度   B.既要尊重物质贡献,也要尊重精神贡献
C.既要看客观效果,也要看主观动机   D.既要注重社会贡献,也要注重自身完善

15.人们的实践活动从来都不是随心所欲的,任何人都只能在一定的主客观条件下去实现自己的人生价值。因此,正确把握人生价值实现的条件至关重要,这些条件包括(   )。
A.要从社会客观条件出发   B.要从个体利益出发
C.要不断增强实现人生价值的能力和本领   D.要从个体自身条件出发

16.面对生活中的成败得失,大学生应该做到(   )。
A.不要满足于一时的得   B.不要惧怕一时的失
C.要认识到得与失是相对的   D.要跳出对个人得失的计较

17.下列选项中,对苦与乐关系理解恰当的是(   )。
A.宝剑锋从磨砺出,梅花香自苦寒来   B.快乐是辛苦的回味
C.助人为快乐之本   D.不经历风雨怎能见彩虹

18.顺境与逆境在每个人的一生中都是不可避免的,在漫长的人生道路上,处在大千世界中的我们,无法选择顺境或逆境,但是我们可以选择正确的态度来对待它们。下列关于顺境与逆境的观点正确的有(   )。
A.无论顺境还是逆境,若正确对待,都能促进人的成长
B.顺境对人生的作用是双重的,逆境只有消极作用
C.受磨难而奋进,这是身处逆境的学问
D.唯有逆境才能使自己不断完善

19.荣辱观是人们对荣辱问题的根本看法和态度,是一定社会思想道德原则和规范的体现和表达。中国古人向来注重荣与辱,并通过"知耻"来进行道德评价和判断。下列名言中,体现中国古人荣辱观的是(   )。
A."无羞耻之心,非人也"   B."舍生取义,杀身成仁"
C."知耻近乎勇"   D."士可杀,不可辱"

20.生命的历程是一个从生到死的过程,有生必有死,这是恒常不变的自然现象。生与死是贯穿人生始终的一对基本矛盾。从一定意义上说,正是因为生命短促,每个人只有一次生命,才更显示了人生的弥足珍贵。如何认识、对待生与死,体现了一个人人生境界的高低,更直接影响着他的

实际生活。下列观点中,符合正确生死观的是(　　)。

A.人生自古谁无死,留取丹心照汗青　　B.祸兮福所倚,福兮祸所伏

C.人固有一死,或重于泰山,或轻于鸿毛　D.志士仁人,无求生以害仁,有杀身以成仁

21.金钱作为物质财富,为人所创造并为人服务。大学生对待金钱的正确态度是(　　)。

A.人应当是金钱的主人,而不是金钱的奴隶

B.应当依靠自己的劳动创造财富,合理合法获取金钱

C.金钱不是万能的,生活中有许多有意义的东西值得我们去追寻

D.财富是衡量一个人成功与否的主要标准

22.极端个人主义、拜金主义和享乐主义的共同特征有(　　)。

A.对人的需要的理解是狭隘和片面的

B.出发点和落脚点都是一己之私利

C.没有正确把握个人与社会的辩证关系

D.忽视或否认社会性是人的存在和活动的本质属性

23.马克思说:"历史承认那些为共同目标劳动因而自己变得高尚的人是伟大人物;经验赞美那些为大多数人带来幸福的人是最幸福的人。"以下对于幸福的理解,恰当的是(　　)。

A.享乐可以给人带来持久的幸福感

B.奋斗本身也是一种幸福

C.幸福体现在物质与精神两方面,精神生活充实带来的幸福感更持久

D.只有服务人民,奉献社会,才能实现个人幸福与社会进步的相互促进

(三)简答题

1.简述马克思主义关于人的本质的认识。

2.如何正确认识和处理个人与社会的关系?

3.简述人生观的主要内容及其相互间的关系。

4.简述人生目的的含义及其在人生实践中的重要作用。

5.人生态度与人生观是什么关系?大学生应该树立怎样的人生态度?

6.简述人生观与世界观的关系。

7.大学生应该确立怎样的人生目的?

8.社会主义市场经济讲究按劳分配、等价交换,在这种背景下,"服务人民、奉献社会"的人生追求是否过时了?为什么?

9.简述正确评价人生价值的标准与方法。

10. 简述实现人生价值的条件。

(四) 论述题

1. 为什么要树立正确的人生观？

2. 青年处于人生道路的起步阶段，在学习、工作、生活方面往往会遇到不少困难和挫折。请你结合自身实际，谈谈如何正确认识和处理人生矛盾。

3. 联系现实，分析拜金主义、享乐主义和极端个人主义的表现及危害。

4. 马克思主义认为，个人与社会是辩证统一的，请你据此谈谈人生的自我价值与社会价值的关系。

5. 新时代是奋斗者的时代，只有奋斗的人生才称得上幸福的人生。新时代大学生如何成就出彩人生？

(五) 材料分析题

材料分析题 1

【材料1】 2013年8月，24岁的黄俊加入了上海的公安队伍，他被派到位于上海南京东路与中山东一路交叉口的"外滩第一岗"指挥交通。

"遇到最多的就是问路"，黄俊说，外滩是承载上海历史记忆的特殊区域，是上海的一张旅游名片，如织的人流中，总有人不熟悉路线，第一反应就是向交警求助。为更好地服务群众，黄俊将上海的主要道路、文化古迹、地标建筑，以及将自己管辖的近一平方千米的近百个外滩道路弄堂、70多个政府机关和企事业单位熟记于心，成了问不倒、一口清的"活地图"。

2018年12月31日晚，4位游客向正在执行安保任务的黄俊求助。"警察同志，我朋友晕倒了，能不能帮忙送到医院？"原来，他们的朋友突发呼吸困难，而拨打120呼叫的救护车一时难以赶到。

"走，我们用警车送他去医院。"和同事简单交代几句，黄俊就和另一名辅警开上警车，警笛长鸣、风驰电掣，短短几分钟就将病人和家属安全送到了最近的医院。到医院后，黄俊又帮助家属一起办理就诊手续。看到病人脱离危险后，黄俊和同事才离开医院，回到岗位。

黄俊说，要做一名好交警，就要像电影《今天我休息》中主人公——民警马天民一样，有热心助人的良好品德和对工作认真负责的作风。

在外滩执勤的近7年时间，这位黄浦交警支队最年轻的警长保持着骄人的纪录：连续3年交通违法纠处平均每天保持纪录30余起，有责投诉为零。

新冠肺炎疫情期间，对重点地区车辆进行盘查、临检；复工复产后，及时疏导交通、引导通行……黄俊和同事们不断调整工作方式方法，应对形势变化。在黄浦区的一处"潮汐式"停车场，由于很多居民居家办公，本来应只在晚上停的车白天也留在了车位上，造成停车场原单位员工与居民产生矛盾，黄俊和同事们第一时间在周边道路寻找临时停车点，便利群众、纾解矛盾。"对于人民群众的难处，必须第一时间想办法解决"，黄俊说。

最近,黄俊执行了一次特殊的任务,以交警的最高礼遇护送上海援助湖北医疗队队员们回医院。在驾驶摩托车行驶时,他想起了2003年非典暴发时老师、医护人员、民警、社区工作者们忙碌的身影。"那时我是被保护的人,如今,我是保护别人的人,必须全力以赴,守护社会秩序与城市平安。"黄俊说。

——摘自《人民日报》《努力做新时代的"马天民"》(2020年5月14日)

【材料2】 香菇、木耳、笋干、灵芝都是苗寨的特产,原来由于销售困难,很多村民都不愿意继续种植。2016年,杨宁决定通过网络渠道推广、销售村子里的农副产品,分享大苗山的美食和文化。很快,杨宁和6名大学生村官成立了融水县大学生村官创业联盟,共同建立起"苗村倌"农产品电商服务中心和微信公众号,并通过大学生村官们的微信朋友圈,做起了"微商"。为拓宽销售渠道,她还建设了"苗村倌"食堂,把生态农产品加工成便捷的盒饭,让生态农产品走进千家万户。"苗村倌"吸引着返乡青年加入,在脱贫攻坚的战场贡献智慧和力量。

"我从小生长在大苗山,在云端的梯田上、茂林深处、沟壑清泉里,苗家人经营出自己的食材花园……我叫杨宁,是一名在基层工作的村委会干部,我看到了家乡人的勤劳和无奈,大苗山农产品品质很好……"杨宁为"苗村倌"代言,打动了很多人。

杨宁扎根基层实干担当,用青春书写花样年华,她带领江门村村民成功脱贫,贫困发生率从20%降到0。江门村的各项产业如火如荼,村容村貌发生了巨大的变化,村民们住上了安全牢固的房子,喝上了干净的自来水,基础设施也得到很大完善。如今的江门村很美也很富饶,一条弯弯曲曲的小河碧波荡漾,后山的毛竹林四季常青,一根根笔直挺拔的竹子上长出竹叶,似一道翠绿的屏障,遮住了夏日的燥热。江门村的竹荪产业基地在毛竹林下,阳光洒在漫山遍野的竹荪上,竹荪更显得婀娜多姿。

被授予"全国优秀党务工作者""全国三八红旗手标兵""全国三八红旗手""全国农村青年创业致富带头人"称号,荣获"全国脱贫攻坚奖奋进奖""中国青年五四奖章",光荣当选中国妇女十二大代表……面对荣誉,杨宁说:"在农村踏踏实实为村民做事,是我追求的目标,也体现了自己的人生价值。"她希望更多有理想、有抱负、有才华的青年,能够积极投身到乡村振兴中去,贡献自己的青春与力量。"

——摘自《中国女性》(海外版)《杨宁:让青春之花在最需要的地方绽放》(2022年7月7日)

结合材料回答问题:

1."那时我是被保护的人,如今,我是保护别人的人",请从个人与社会关系的角度谈谈你对这句话的理解。

2.黄俊、杨宁等人的事迹对我们实现人生价值提供了哪些启示?

材料分析题 2

【材料】 "躺平"一词的流行,并不是空穴来风。当今社会在高科技、信息化、网络化的同时,变得愈发高速发展、竞争激烈,如同一辆飞驰的列车,奔腾呼啸着前进。这无疑给置身时代潮流中各行各业的青年人带来了平台、机会和发展,却也带来了巨大的压力、焦虑和困境。随着后者的不断累积,越来越多年轻人选择了"躺平"。如果怎么努力都难以成功,那还不如放弃、放手,就这样吧——其中不乏无奈与无力的感觉。

伴随着"躺平"流行的,是另一个意思截然相反的词语——"内卷"。在社会发展水平不断提升的同时,非理性的内部竞争愈演愈烈,形成了众多行业领域的"内卷"现象。人们为了完成某个任务或实现某个目标,需要付出远高于以往的时间和精力,变得更加"努力奋斗"。

那是不是"躺平"就是错误的,"内卷"就是正确的;"躺平"就是阿Q精神,"内卷"就是英雄主义?答案必然是否定的。青春可以有短暂的"躺平"来缓解焦虑的压迫,也可以有片刻的"内卷"来争取梦想的实现;但青春绝不能在遇到困难挫折时便轻易放弃,长久躺平,也绝不应陷入消耗大量时间、精力却并没有提高整体水平的"陀螺式恶性循环"般的内卷之中。

——摘自人民网《奋进的青春拒绝"躺平"与"内卷"》(2022年11月05日)

结合材料回答问题:

1. 面对当今社会一些行业或领域的"内卷",当代大学生能否选择"躺平"?为什么?

2. 结合社会现实和自身情况,谈谈当代大学生应该树立怎样的人生态度?

材料分析题 3

【材料】 韩磊来自内蒙古,从小就对科技创新表现出极大兴趣,刚进入大学就有了明确的人生规划,并积极为之探索实践。"工作狂""科研能手"……这些都是老师和同学们眼中的韩磊,正因为他对科学始终保持刻苦钻研和务实严谨的学术态度,多年来,他在学术论文、科研项目、发明专利等方面均有建树。

2010年,刚踏入中国地质大学(武汉)校门,韩磊便进入了机械与电子信息学院文国军教授的实验室学习,跟着师兄师姐参与一些科研项目。二年级时,他便组队参加湖北省第七届"挑战杯·青春在沃"大学生创业计划竞赛,并获得银奖。紧接着,他又作为第一负责人带领团队积极备战第十三届"挑战杯"全国大学生课外学术竞赛,克服时间紧张、团队协作问题等各种困难,最终斩获二等奖。凭借优异的成绩,他被保送到本校攻读硕士研究生,并通过硕博连读的申请,师从丁华锋教授,从事现代工程机械装备和并联机器人的研究。他早出晚归,大部分时间均在实验室中度过,潜心于学术研究,先后获得84校友奖学金、爱贝尔72911奖学金和全国研究生石油装备创新竞赛三等奖,发表SCI论文15篇,授权发明专利10项。

在韩磊潜心科研,一心想要将自己的所学所获更多地服务于社会经济发展之时,命运跟他开了一个很大的玩笑。2016年的某天,韩磊因为长时间的头痛前往医院就诊,进而被诊断为脑瘤,从此踏上了边学习边抗病的艰难之路。

面对医学的诊断,韩磊和大多数人一样感到绝望与无奈。但阳光乐观的他没有被病魔吓倒,经过一段时间的思想调整后,韩磊做好了抗脑瘤的准备,积极主动地配合医生治疗。在与疾病斗争的征途中,他一直没有忘记自己参与的我国首台自主产权正铲液压挖掘机的研制任务。治疗期间,他的病床边堆满专业书籍。只要病情稍有好转,他就立刻投入到学习与科研之中,每天都工作6个小时以上。"在攻克技术难题时,我不觉得自己是个病人,身体状态很好,要是让我停下来了,那才会胡思乱想。"经过半年的治疗,身体有所好转之后的韩磊立刻返回学校,全身心投入到项目的研究之中,在团队成员顽强拼搏和共同努力之下,我国首台自主知识产权大型正铲液压挖掘机研究取得重大突破,并顺利下线投入使用。

2018年10月,韩磊身体状况再次面临"风险"。这次他显得更加从容,积极配合治疗,在身体允许的基础上,继续投身到大型挖掘机创新设计和并联机器人的研究之中。

前两年,身体条件还不错的韩磊,是学校足球队的主力,是球队取胜的重要队员,曾带领球队取得了武汉高校冠军联赛冠军等优异成绩,常常被称为"地大门神"。正是科研和足球带给了韩磊坚韧、阳光的品格,让韩磊在两次对抗病魔的阶段里自强不息、顽强拼搏,战胜病魔的同时,在科学研究上也取得重大突破。

在第二次患病休养期间,韩磊发表了4篇高水平论文。他在病房中撰写论文、自强不息的精神,受到媒体广泛报道,激励了无数的人,同时荣获2018年度"中国大学生自强之星标兵",全国仅10人。

——摘自地大新闻网《"全国向上向善好青年"韩磊:潜心学术　勇攀高峰》(2020年9月25日)

结合材料回答问题:

1. "在攻克技术难题时,我不觉得自己是个病人,身体状态很好,要是让我停下来了,那才会胡思乱想",这句话对你思考苦与乐的关系有什么启发?

2. 韩磊的事迹对你对待人生历程中的顺境与逆境有何启发?

材料分析题4

【材料1】　近年来,很多年轻人受超前消费观念影响,养成了透支消费的习惯。市场为了迎合年轻人,越来越多的借贷产品出炉,信用卡、花呗、借呗等产品层出不穷,但也带来一系列社会问题。高利贷陷阱、裸照抵押、暴力催收……违规"校园贷"乱象触目惊心。

部分大学生养成了"超前消费"的习惯,但金融知识的匮乏让他们成为容易被"收割"的对象。

值得警惕的是,央行数据显示,截至2020年9月30日,全国信用卡逾期半年未偿信贷总额已上升至906.63亿元,环比增长6.13%,是10年前的10倍多,而这仅仅是正规银行渠道发出的信用卡相关数据。央行在《2020年第四季度中国货币政策执行报告》中表示,不宜靠发展消费金融来扩大消费。2020年年末,银保监会发布风险提示,提示消费者要坚持从实际需求出发,树立量入为出的理性消费观,远离过度借贷消费营销陷阱。

——摘自《北京日报》《遏制超前消费　五部委出手禁止小贷公司对大学生放贷　校园网贷急踩刹车》(2021年3月18日)

【材料2】　近日,银保监会等部门联合印发了《关于进一步规范大学生互联网消费贷款监督管理工作的通知》(以下简称《通知》),规范大学生互联网消费贷款,禁止小额贷款公司、非持牌机构对大学生发放贷款。

尽管大学生还在象牙塔内,并不代表他们没有信贷需求,但校园贷款应以求学、培训、创业为指向,适当满足必要的学习生活消费需求。然而,近些年来,部分小额贷款公司以大学校园为目标,通过与科技公司合作等方式进行诱导性营销,发放针对在校大学生的互联网消费贷款,引诱大学生过度超前消费。

从新闻报道来看,一些学生贷款花费在了美容、追星及超高消费上,这不仅导致部分大学生陷入高额贷款陷阱,而且极大影响了学生的消费观,助长了校园内爱慕虚荣、过度消费的不良风气,还引发了一些极端事件,造成了恶劣社会影响。

针对存在的问题,《通知》强调,小额贷款公司要加强贷款客户身份的实质性核验,不得将大学生设定为互联网消费贷款的目标客户群体,不得针对大学生群体精准营销,不得向大学生发放互联网消费贷款。同时,要求银行业、金融机构加强大学生互联网消费贷款风险管理,加强个人信息保护。不难看出,《通知》具有很强的针对性和可操作性。

新发展阶段提倡全面促进消费,并不是鼓励人们超出承受能力进行消费。金融机构在创新业务时,要在促进经济发展、提高消费能力上多做文章,不能只是盯着大学生,更不能眼里只有经济效益,没有社会效益。监管部门要积极开展违规业务排查整改,加强日常监管。高校要主动配合公安部门、金融监管部门等依法打击不良校园网络贷款,维护广大学生合法权益。

——摘自《法治日报》《让网络消费贷款远离大学生》(2021年3月19日)

结合材料回答问题:

1.结合材料,谈谈你对"消费越多,人生越幸福"这种观点的看法。

2.结合个人实际,谈谈应树立怎样的金钱观和消费观?

[1]毛泽东.为人民服务[M]//《毛泽东选集》(第三卷).北京:人民出版社,1991.

[2]中央党校采访实录编辑室.习近平的七年知青岁月[M].北京:中共中央党校出版社,2017.

[3]本书编写组.习近平与大学生朋友们[M].北京:中国青年出版社,2020.

[4]中华人民共和国国务院新闻办公室.新时代的中国青年[M].北京:人民出版社,2022.

1.央视网纪录片《人生第一次》,2020年1月15日。

2.央视网纪录片《无奋斗不青春》,2020年3月13日。

人生第一次

无奋斗不青春

第二章　追求远大理想　坚定崇高信念

知识思维导图

追求远大理想 坚定崇高信念
- 理想信念的内涵及重要性
  - 理想的内涵与特征
    - 内涵
    - 特征　超越性、实践性、时代性
  - 信念的内涵与特征
    - 内涵
    - 特征　执着性、支撑性、多样性
  - 理想信念的重要意义
    - 昭示奋斗目标
    - 催生前进动力
    - 提供精神支柱
    - 提高精神境界
- 坚定信仰信念信心
  - 增强对马克思主义、共产主义的信仰
    - 为什么要信仰马克思主义
      - 它是科学的理论
      - 它是人民的理论
      - 它是实践的理论
      - 它是不断发展的开放的理论
    - 胸怀共产主义远大理想
      - 共产主义是现实运动和长远目标相统一的过程
      - 共产主义的实现是一个漫长、艰辛的历史过程
  - 增强对中国特色社会主义的信念
    - 中国特色社会主义坚持了科学社会主义的基本原则
    - 中国特色社会主义是实现中国梦的正确道路
    - 中国共产党的领导是中国特色社会主义最本质的特征
  - 增强对实现中华民族伟大复兴的信心
    - 实现中华民族伟大复兴是中华民族近代以来最伟大的梦想
    - 实现中华民族伟大复兴是光荣而艰巨的事业
    - 实现中华民族伟大复兴是指引和支撑中国人民站起来、富起来、强起来的强大精神力量
- 在实现中国梦的实践中放飞青春梦想
  - 科学把握理想与现实的辩证统一
    - 理想和现实是对立统一的
    - 实现理想具有长期性、艰苦性和曲折性
    - 艰苦奋斗是实现理想的重要条件
  - 坚持个人理想和社会理想的有机结合
    - 个人理想与社会理想的关系实质上是个人与社会关系在理想层面的反映
    - 个人理想以社会理想为指引
    - 社会理想是个人理想的凝聚和升华
  - 为实现中国梦注入青春能量
    - 立鸿鹄志，做奋斗者
    - 心怀"国之大者"，敢于担当
    - 自学躬身实践，知行合一

重要概念

(1)理想。理想是人们在实践中形成的、有实现可能性的、对未来社会和自身发展目标的向往与追求,是人们的世界观、人生观和价值观在奋斗目标上的集中体现。

(2)信念。信念是人们在一定的认识基础上确立的对某种思想或事物坚信不疑并身体力行的精神状态。信仰是最高层次的信念,具有最大的统摄力。

(3)个人理想。个人理想是指处于一定历史条件和社会关系中的个体对于自己未来的物质生活、精神生活所产生的向往和追求。

(4)社会理想。社会理想是指社会集体乃至社会全体成员的共同理想,即在全社会占主导地位的共同奋斗目标。

重难点解析

(一)理想和信念的特征及相互关系

1. 理想的特征

(1)超越性。①理想之所以能够成为一种推动人们创造美好生活的巨大力量,就在于它不仅源于现实,而且超越现实。理想在现实中产生,但它不是对现状的简单描绘,而是与奋斗目标相联系的未来的现实,是人们对未来美好生活的憧憬和期待。②科学的理想是人的主观能动性与社会发展客观趋势的一致性的反映,是在正确把握社会历史发展客观规律的基础上形成的合乎社会发展要求、合乎人民利益的价值追求。

(2)实践性。①作为一定的社会实践的产物,理想是处在特定历史条件下的人们对社会实践活动理性认识的结晶。离开了实践,任何理想的产生都是不可思议的。②理想的实现,同样也离不开实践。人们只有在改造客观世界和主观世界的实践过程中才能化理想为现实。③理想在实践中产生,在实践中发展,而且也只有在实践中才能得以实现。

(3)时代性。①理想同任何一种社会意识形式一样,都是一定时代的产物,都带着特定历史时代的烙印。不同时代的生产力发展水平不同,社会历史条件和政治经济关系不同,人们对社会现实状况、社会实践活动及其发展规律认识的深度和广度不同,形成的理想也就会有所不同。②理想的时代性,不仅体现为它受时代条件的制约,而且体现为它随着时代的发展而发展。随着社会的发展进步,随着对社会发展规律和人的发展规律认识的逐步深化,人们也会不断地调整、丰富和发展自己的理想。

2. 信念的特征

(1)执着性。信念一旦形成,就不会轻易改变。坚定的信念使得人们具有强大的精神定力,不为利益所动,不为诱惑所扰,不为困难所惧。

(2)支撑性。信念是一个人经受实践考验而始终坚守理想的精神力量。人必须有坚定不移的决心和坚忍不拔的意志,才能不断战胜困难,把理想变为现实。

(3)多样性。①不同的人由于社会环境、思想观念、利益需要、人生经历和性格特征等方面的差异,会形成不同的信念。②同一个人在社会实践中会形成不同类型和层次的信念,并由此构成其信念体系。③在信念体系中,高层次的信念决定低层次的信念,低层次的信念服从高层次的信念。信仰是最高层次的信念,具有最大的统摄力。

3. 理想与信念的关系

理想和信念总是相互依存。理想是信念所指的对象,信念则是理想实现的保障。离开理想这个人们确信和追求的目标,信念无从产生;离开信念这种对奋斗目标的执着向往和追求,理想寸步难行。在此意义上,理想和信念难以分割地紧密联系在一起。也正因如此,人们常将理想与信念合称为理想信念。

(二)理想信念的重要意义

理想指引方向,信念决定成败。没有理想信念的人生,就像失去了方向和动力的小船,在生活的波浪中随处漂泊,甚至会沉没于急流之中。理想信念是人生发展的内在动力。在大学期间,大学生不仅要提高知识水平,增强实践才干,更要树立崇高的理想信念。

1. 理想信念昭示奋斗目标

(1)人生是一个在实践中奋斗的过程,要使生命富有意义,就必须在科学的理想信念指引下,沿着正确的人生道路前进。理想信念是人的思想和行为的定向器,一旦确立就可以使人方向明确、精神振奋,即使前进的道路曲折、人生的境遇复杂,也能使人看到未来的希望和曙光,永不迷失前进的方向。

(2)人的理想信念反映的是对社会和人自身发展的期望。因此,有什么样的理想信念,就意味着以什么样的期望和方式去改造自然和社会,塑造和成就自身。只有树立起崇高的理想信念,才能够解答好人生的意义、奋斗的价值以及做什么样的人等重要的人生课题。

2. 理想信念催生前进动力

(1)一个人有了崇高坚定的理想信念,才会以惊人的毅力和不懈的努力成就事业。

(2)大学时期确立的理想信念,对今后的人生之路将产生重大影响,甚至会影响终身。

(3)大学生应当重视理想信念的选择和确立,努力树立科学崇高的理想信念,使人生道路越走越宽广,使宝贵的人生富有价值。

3. 理想信念提供精神支柱

理想信念是一个人在精神生活领域"安身立命"的根本。没有理想信念的支撑,人的精神世界就如同无根之木、无基之塔。理想信念能够使人们在遭遇挫折、经受考验的时候,做到知难而进、迎难而上,顽强奋斗直至战胜艰难险阻。

4. 理想信念提高精神境界

理想信念是衡量一个人精神境界高下的重要标尺。理想信念作为人的精神世界的核心,一方面能使人的精神生活的各个方面统一起来,使人的精神世界成为一个健康有序的系统,避免精神空虚和迷茫;另一方面又能引导人们不断地追求更高的人生目标,并在追求和实现理想目标的过程中提升精神境界、塑造高尚人格。

大学生只有树立崇高的理想信念,才能激发起为民族复兴和人民幸福而发奋学习的强烈责任感与使命感,掌握建设祖国、服务人民的本领。不论今后从事什么职业,大学生都要把个人的奋斗志向同国家和民族的前途命运紧紧联系在一起,把个人的学习进步同祖国的繁荣昌盛紧紧联系在一起,使理想信念之花结出丰硕的成长成才之果。

(三)信仰马克思主义的原因

马克思主义是我们认识世界、改造世界的强大思想武器。马克思主义为我们提供了科学的思想方法,正确运用马克思主义,我们在观察事物时就能正确地提出问题、分析问题和解决问题。

1. 马克思主义是科学的理论,创造性地揭示了人类社会发展规律

(1)马克思主义深刻揭示了自然界、人类社会、人类思维发展的普遍规律,为人类社会发展进步指明了方向。

(2)马克思主义揭示了事物的本质、内在联系及发展规律,是"伟大的认识工具"。

2. 马克思主义是人民的理论,第一次创立了人民实现自身解放的思想体系

(1)人民性是马克思主义的本质属性。马克思主义博大精深,归根到底就是一句话,为人类求解放。

(2)在马克思之前,社会上占统治地位的理论都是为统治阶级服务的。马克思主义第一次站在人民的立场探求人类自由解放的道路,以科学的理论为最终建立一个没有压迫、没有剥削、人人平等、人人自由的理想社会指明了方向。

3. 马克思主义是实践的理论,指引着人民改造世界的行动

(1)马克思主义不仅致力于科学解释世界,而且致力于积极改变世界。正是在马克思主义的指导下,社会主义由空想变成科学,由科学理论转变为社会实践。

(2)社会主义国家的出现和社会主义制度的建立,深刻改变着人类历史的走向。特别是中国特色社会主义的成功实践,无可辩驳地证明了马克思主义具有鲜活的实践性和创造性,证明了马克思主义在中国的实践伟力。

(3)在人类思想史上,还没有一种理论像马克思主义那样对人类文明进步产生如此广泛而巨大的影响。

4. 马克思主义是不断发展的开放的理论,始终站在时代前沿

(1)一部马克思主义发展史就是马克思、恩格斯以及他们的后继者们不断根据时代、实践、认识发展而发展的历史,是不断吸收人类历史上一切优秀思想文化成果丰富自己的历史。因此,马克思主义能够永葆其美妙之青春,不断探索时代发展提出的新课题,回应人类社会面临的新挑战。

(2)马克思主义进入中国,既引发了中华文明的深刻变革,也走过了一个逐步中国化的过程。马克思主义只有同中国具体实际相结合、同中华优秀传统文化相结合,才能焕发出强大的生命力、创造力和感召力。

(四)胸怀共产主义远大理想

共产主义社会是物质财富极大丰富、实现按需分配、人的精神境界极大提高、每个人自由而全面发展的社会。中国共产党从成立之日起,就确立了共产主义的远大理想,始终团结带领中国人民朝着这个伟大理想前行。

1. 共产主义是现实运动和长远目标相统一的过程

共产主义是崇高的社会理想,是关于无产阶级解放的学说,同时也是一种现实运动。共产主义远大理想既是面向未来的,又是指向现实的,不仅反映了人们对未来社会的美好向往,更是一个从现实的人出发,不断满足人的现实利益需求、推进人的全面发展、推动社会发展进步的历史过程与现实运动。

2. 共产主义的思想和实践早已存在于我们的现实生活中

有人认为,共产主义理想离现实太遥远,是无法实现的,这实际上割裂了共产主义远大理想与现实的辩证统一关系。事实上,共产主义的思想和实践早已存在于我们的现实生活中,那种认为"共产主义是渺茫的幻想""共产主义没有经过实践检验"的观点,是完全错误的。

3. 共产主义远大理想的最终实现是一个漫长、艰辛的历史过程

理想实现的路途是艰难曲折的,共产主义远大理想的实现更是需要一代又一代人的不懈奋斗和接续努力。必须认识到,我们现在的努力以及将来多少代人的持续努力,都是朝着最终实现共产主义这个大目标前进的。同时,也必须认识到,实现共产主义是一个非常漫长的历史过程,我们必须立足党在现阶段的奋斗目标,脚踏实地推进我们的事业。

(五)增强对中国特色社会主义的信念

在中国共产党领导下,坚持和发展中国特色社会主义,实现中华民族伟大复兴,要求我们必须增强对中国特色社会主义的坚定信念。

1. 中国特色社会主义是科学社会主义,而不是其他什么主义

(1)历史和现实都告诉我们,只有社会主义才能救中国,只有中国特色社会主义才能发展中国。

(2)新时代坚持和发展中国特色社会主义,总任务是实现社会主义现代化和中华民族伟大复兴,在全面建成小康社会的基础上,分两步走,到本世纪中叶建成富强民主文明和谐美丽的社会主义现代化强国,以中国式现代化推进中华民族伟大复兴。

(3)在当代中国,坚持中国特色社会主义,就是真正坚持科学社会主义。

2. 中国特色社会主义由道路、理论体系、制度和文化构成

(1)中国特色社会主义道路是实现社会主义现代化、指引中国人民创造自己美好生活的必由之路。

(2)中国特色社会主义理论体系是指导党和人民沿着中国特色社会主义道路实现中华民族伟大复兴的正确理论,是立于时代前沿、与时俱进的科学理论。

(3)中国特色社会主义制度是当代中国发展进步的根本制度保障,是具有鲜明中国特色、明显制度优势、强大自我完善能力的先进制度。

(4)中国特色社会主义文化源自中华民族5000多年文明历史所孕育的中华优秀传统文化,熔铸于党领导人民在革命、建设、改革中创造的革命文化和社会主义先进文化,植根于中国特色社会主义伟大实践,是中国人民胜利前行的强大精神力量。

(5)中国特色社会主义,既是我们必须不断推进的伟大事业,又是我们开辟未来的根本保证。

3. 中国共产党领导是中国特色社会主义最本质的特征

（1）中国共产党是中国工人阶级的先锋队，同时是中国人民和中华民族的先锋队，是中国特色社会主义事业的领导核心。

（2）当今中国，只有中国共产党才能领导中国人民坚持和发展中国特色社会主义，才能担当起带领中国人民创造幸福生活、实现中华民族伟大复兴的历史使命。

（六）科学把握理想与现实的辩证统一

1. 辩证看待理想与现实的矛盾

（1）理想与现实是对立的。理想和现实存在着对立的一面，二者的矛盾与冲突，属于"应然"和"实然"的矛盾。

（2）理想与现实又是统一的。理想受现实的规定和制约，是在对现实认识的基础上发展起来的。①现实中包含着理想的因素，孕育着理想的发展。②理想中也包含着现实，既包含着现实中必然发展的因素，又包含着由理想转化为现实的条件，在一定的条件下，理想就可以转化为未来的现实。

2. 实现理想的长期性、艰巨性和曲折性

（1）理想的实现是一个过程。一般来说，理想越是远大，它的实现过程就越复杂，需要的时间也就越漫长。

（2）理想变为现实不是一帆风顺的，往往会遭遇波澜和坎坷。

3. 艰苦奋斗是实现理想的重要条件

（1）对于当代青年来说，理想的实现必须通过实践才能转变为现实。凡有成就者，其渊博的知识、卓越的才能、闪光的智慧、不朽的业绩，都是从艰苦奋斗中得来的。艰苦奋斗是成就人生事业不可或缺的条件。在通向理想的道路上，在实现理想的过程中，没有艰苦奋斗的精神，理想是不会自动转化为现实的。

（2）那种认为"艰苦奋斗是老一辈的事，当代青年不需要艰苦奋斗"的观点，在理论上是错误的，在实践中是有害的。①物质生活条件的改善，社会观念的变化，只是赋予艰苦奋斗以新的时代内涵和实践要求，但艰苦奋斗的精神是永远不会过时的；②讲艰苦奋斗，也并不是不讲物质利益，而是为了实现既定的理想，不怕吃大苦、耐大劳。

（七）个人理想与社会理想的关系

个人理想与社会理想的关系实质上是个人与社会关系在理想层面的反映。个人与社会有机地联系在一起，二者相互依存、相互制约、共同发展。同样，社会理想与个人理想也不是彼此孤立的，它们之间相互联系、相互影响、相互制约。

1. 个人理想以社会理想为指引

（1）追求个人理想的实践活动都是在社会中进行的，个人理想的确立不能只凭个人的主观愿望，而要顺应社会发展的客观规律和趋势要求。

（2）个人理想的实现不仅仅是个人奋斗的事情，而是要担当时代赋予的社会责任和历史使命。从根本上说，个人理想是由社会理想规定的。在整个理想体系中，社会理想是最根本、最重要的,个人理想则从属于社会理想。

(3)个人理想的确立要以社会理想为导向,个人理想的实现依赖于社会理想的指引。个人理想只有同国家的前途、民族的命运相结合,个人的向往和追求只有同社会的需要和人民的利益相一致,才可能变为现实。

2. 社会理想是个人理想的汇聚和升华

(1)社会理想不是凭空产生的,也不是由外在力量强加的,而是建立在广大社会成员的个人理想基础之上的。

(2)社会理想归根到底要靠全体社会成员的共同努力来实现,并具体体现在每个社会成员为实现个人理想而进行的活生生的实践中。

(3)当社会理想同个人理想有矛盾冲突的时候,有志气、有抱负的人可以作出最大的自我牺牲,使个人的理想服从于全社会的共同理想。

(八)为实现中国梦注入青春能量

大学生肩负实现中华民族伟大复兴的中国梦的历史重任,只有把实现理想的道路建立在脚踏实地的奋斗上,才能放飞青春梦想,实现人生理想。

1. 立鸿鹄志,做奋斗者

这里的"志"具有双重含义:一是对未来目标的向往,二是实现奋斗目标的顽强意志。志向,就是理想信念;立志,就是确立理想信念。有志者,事竟成;有大志者,人生事业才能辉煌。志向高远,就是要放开眼界,不满足于现状,也不屈服于一时一地的困难与挫折,更不要斤斤计较个人利益的多少与得失。

2. 心怀"国之大者",敢于担当

青年要以国家民族的命运为己任,而不要以个人的荣华富贵为人生的理想。在今天,做大事就是投身于新时代中国特色社会主义伟大事业。新时代的大学生应该肩负历史使命,把个人的命运与国家和人民的命运联系在一起,立为国奉献之志,立为民服务之志,让青春在为祖国和人民利益的不懈奋斗中熠熠生辉。

3. 自觉躬身实践,知行合一

漫长征途需要一步一步地走,崇高理想的实现需要一点一滴地奋斗。通往理想的路是遥远的,但起点就在脚下,就在一切平凡的岗位上,就在扎扎实实的学习和工作中。

练习题

(一)单项选择题

1. 理想是人们在实践中形成的、具有实现可能性的、对未来社会和自身发展的向往和追求,是( )。

A. 人们在一定认识基础上确立的对某种思想或事物坚信不疑并身体力行的态度

B. 人们对客观事物发展规律的正确认识

C. 人们对人生目的和人生意义的根本看法和态度

D. 人们的世界观、人生观和价值观在奋斗目标上的集中体现

2. 理想不同于幻想和空想,具有变为现实的可能性,是经过长期努力可以实现的。这是因为(　　)。

A. 理想是认识、情感、意志的统一体,体现着一种坚信不疑并身体力行的态度

B. 理想总是指向未来的,是人们能够轻易实现的想象

C. 理想本身包含着现实因素,一定程度上反映着现实发展的客观规律和趋势

D. 理想总是不完满、有局限的,是对现实生活的承认和接受

3. 理想是多方面和多类型的。从主体上划分,理想有(　　)。

A. 崇高理想和一般理想　　　　　B. 个人理想和社会理想

C. 长远理想和近期理想　　　　　D. 科学理想和非科学理想

4. 理想是多方面和多类型的。从时序上划分,理想有(　　)。

A. 崇高理想和一般理想　　　　　B. 个人理想和社会理想

C. 长远理想和近期理想　　　　　D. 科学理想和非科学理想

5. 理想作为一种精神现象,是人类社会实践的产物。理想源于现实,又超越现实,在现实中有多种类型。从层次上划分,理想有(　　)。

A. 个人理想和社会理想　　　　　B. 道德理想和政治理想

C. 生活理想和职业理想　　　　　D. 崇高理想和一般理想

6. 对衣食住行的构想以及爱情、婚姻方面追求的目标是人们的(　　)。

A. 道德理想　　B. 生活理想　　C. 社会理想　　D. 职业理想

7. 下列有关人们对未来的向往和追求中,属于社会理想的是(　　)。

A. 希望自己在职业活动中取得理想的成就

B. 锤炼高尚品格,使自己富有人格魅力

C. 追求健康、文明、科学的生活方式

D. 把我国建设成为富强民主文明和谐美丽的社会主义现代化强国

8. 下列有关人们对未来的向往和追求中,属于道德理想的是(　　)。

A. 三十亩地一头牛,老婆孩子热炕头

B. 富贵不能淫,贫贱不能移,威武不能屈

C. 谋一个适合自己的职位,取得事业的成功

D. 实现中华民族伟大复兴的中国梦

9. 某同学在大学期间刻苦学习,努力掌握专业知识和技能,希望将来做一个工程师。他的这个理想是(　　)。

A. 社会理想　　B. 生活理想　　C. 道德理想　　D. 职业理想

10. 处在不同社会发展阶段的人们,对社会发展规律认识和把握的深度与广度不同,所形成的理想也必然不同。这体现了理想具有(　　)。

A. 阶级性　　B. 时代性　　C. 预见性　　D. 主观性

11. 理想不是对现状的简单描绘,而是与奋斗目标相联系的未来的现实,是人们对未来美好生活的憧憬和期待。这体现了理想的(　　)。

A. 超越性　　B. 时代性　　C. 实践性　　D. 主观性

12. 人们只有在改造客观世界和主观世界的过程中才能化理想为现实。这体现了理想的

( )。

A. 超越性　　　　B. 时代性　　　　C. 可行性　　　　D. 实践性

13. "理想信念"是由理想和信念两个概念结合而成,包含了理想和信念各自的含义。其中,信念是( )。

A. 人们在实践中形成的具有实现可能性的对未来的向往和追求
B. 人们在一定的认识基础上确立的对某种思想或事物坚信不疑并身体力行的态度
C. 人们对现实未来发展状况的合理的想象
D. 人们在实践中形成的对于人生目的和意义的根本看法和态度

14. 信念有不同的层次和类型,其中( )。

A. 信念是最高层次的信仰
B. 高层次的信念决定低层次的信念
C. 相同社会环境中生活的人们的信念始终一致
D. 各种信念没有科学与非科学之分

15. 下列关于信念的表述,错误的是( )。

A. 信念同理想一样,也是人类特有的一种精神现象
B. 信念一旦形成就不会轻易改变
C. 信念是一个人经受实践考验而始终坚守理想的精神力量
D. 信念是对自身未来发展的设计和想象

16. 走向绞刑架的李大钊,发出了"共产主义在中国必然得到光辉的胜利"的坚贞誓言。面对敌人屠刀的夏明翰,写下"砍头不要紧,只要主义真。杀了夏明翰,还有后来人"的雄壮诗篇。面对敌人6天内9次劝降,瞿秋白作出了"人爱自己的历史,比鸟爱自己的翅膀更厉害,请勿撕破我的历史"的铿锵回答。上述内容反映出信念具有( )。

A. 超越性　　　　B. 执着性　　　　C. 时代性　　　　D. 真实性

17. 信念是一个人经受实践考验而始终坚守理想的精神力量。这反映了信念的( )。

A. 支撑性　　　　B. 执着性　　　　C. 共同性　　　　D. 多样性

18. 不同的人由于社会环境、思想观念、利益需要、人生经历和性格特征等方面的差异,会形成不同的信念,同时一个人在社会实践中会形成不同类型和层次的信念,并由此构成其信念体系。这说明,信念具有( )。

A. 支撑性　　　　B. 执着性　　　　C. 共同性　　　　D. 多样性

19. 邓小平同志曾经指出:"为什么我们过去能在非常困难的情况下奋斗出来,战胜千难万险使革命胜利呢?就是因为我们有理想,有马克思主义信念,有共产主义信念。"由此可见,理想信念能够( )。

A. 昭示奋斗目标　　B. 催生前进动力　　C. 提高精神境界　　D. 揭示发展趋势

20. 习近平总书记强调指出:没有理想信念,理想信念不坚定,精神上就会得"软骨病",就会在风雨面前东摇西摆。这句话表明,理想信念能够( )。

A. 昭示奋斗目标　　B. 催生前进动力　　C. 提供精神支柱　　D. 提高精神境界

21. "志不强者智不达""志当存高远"。大量事实告诉人们,那些在事业上取得伟大成就、对人类作出卓越贡献的人,都是在青年时期就立下了鸿鹄之志,并为之坚持不懈、努力奋斗。以下与此含义一致的是( )。

A. "己欲立而立人,己欲达而达人"　　　B. "业精于勤荒于嬉,行成于思毁于随"
C. "士不可以不弘毅,任重而道远"　　　D. "天行健,君子以自强不息"

22. 在伦敦海格特公墓的马克思墓碑上,镌刻着马克思的一句名言:"哲学家们只是用不同的方式解释世界,而问题在于改变世界。"这表明(　　)。
A. 马克思主义是人民的理论　　　B. 马克思主义是实践的理论
C. 马克思主义是不断发展的开放的理论　D. 马克思主义具有持久的生命力

23. 理想与现实是一对矛盾,它们是对立统一的关系。二者的对立性表现在(　　)。
A. 理想的内容是主观的,现实的内容是客观的
B. 理想总是美好的,而现实是有缺陷的
C. 现实包含着理想的因素,理想也包含着实现的可能
D. 理想属于"应然",现实属于"实然"

24. 在日常生活中,人们在处理理想与现实的关系时,往往只看到二者对立的一面,经常会感受到理想和现实之间的矛盾。对待这种矛盾的正确态度是(　　)。
A. 以理想来否定现实　　　　　　B. 以现实来否定理想
C. 在实践中化理想为现实　　　　D. 一旦树立了理想,就要不惜一切代价去实现

25. 下列名言中,体现了理想和现实的关系的是(　　)。
A. "纸上得来终觉浅,绝知此事要躬行"
B. "有志者,事竟成,破釜沉舟,百二秦关终属楚"
C. "心不清则无以见道,志不确则无以立功"
D. "行百里者半九十,此言末路之难也"

26. "理想变为现实,不是一蹴而就,一帆风顺的,往往会遭遇波澜和坎坷。"这句话表明了(　　)。
A. 理想实现的概率非常低　　　　B. 理想是一定可以实现的
C. 理想的实现是长期的、艰巨的、曲折的　　D. 理想的实现取决于社会环境

27. 中国古代先哲老子说"合抱之木,生于毫末;九层之台,起于垒土;千里之行,始于足下。"这说明(　　)。
A. 立志当高远　　B. 立志做大事　　C. 立志须躬行　　D. 立志须果断

(二)多项选择题

1. 以下选项中,对理想的含义和特征描述正确的是(　　)。
A. 理想是一种精神现象
B. 理想是人们对未来社会和自身发展目标的向往和追求
C. 理想是人们的世界观、人生观和价值观在奋斗目标上的集中体现
D. 理想源于现实,又超越现实

2. 理想作为一种精神现象,是人类社会实践的产物。理想是多方面和多类型的。从内容上划分,理想有(　　)。
A. 个人理想和社会理想　　　　B. 道德理想和政治理想
C. 生活理想和职业理想　　　　D. 崇高理想和一般理想

3. 以下关于理想和空想的表述正确的是(　　)。
A. 理想和空想都体现了人的主观性

B. 理想源于实践,具有实现可能,是对未来的向往和追求

C. 空想是缺乏根据的想象,没有实现的可能性

D. 知识渊博的人具有崇高的理想,而空想幻想则源于无知

4. 理想是人们在实践中形成的、有实现可能性的、对未来社会和自身发展目标的向往与追求,是人们的世界观、人生观和价值观在奋斗目标上的集中体现。以下关于理想的说法正确的是(   )。

    A. 理想源于现实,又超越现实   B. 理想受时代条件的制约

    C. 理想具有实践性   D. 理想具有时代性

5. 信念同理想一样,也是人类特有的一种精神现象,是人们在一定的认识基础上确立的对某种思想或事物坚信不疑并身体力行的精神状态。以下关于信念的表述正确的有(   )。

    A. 信念是对理想的支持,是人们追求理想目标的强大动力

    B. 信念是最高层次的信仰

    C. 信念是认知、情感和意志的有机统一体

    D. 信念具有不同的层次和类型

6. "理想信念"由理想和信念两个概念结合而成,包含了理想和信念各自的含义,并使二者有机融合在一起。下列关于理想和信念关系的表述正确的是(   )。

    A. 理想和信念总是相互依存

    B. 理想是信念所指的对象,信念则是理想实现的保障

    C. 离开理想这个人们确信和追求的目标,信念无从产生

    D. 离开信念这种对奋斗目标的执着向往和追求,理想寸步难行。

7. 俄国著名作家尼古拉·车尔尼雪夫斯曾说:"人的活动如果没有理想的鼓舞,就会变得空虚渺小。"这句名言启示我们,理想信念能够(   )。

    A. 昭示奋斗目标   B. 催生前进动力   C. 提高精神境界   D. 保证人生成功

8. 没有坚定的理想信念,就会在乱云飞渡的复杂环境中迷失方向、在泰山压顶的巨大压力下退缩逃避、在糖衣炮弹的轮番轰炸下缴械投降。只有铸牢理想信念之魂,才能使一个人的精神世界从狭隘走向高远、从空虚走向充实、从犹疑走向执着。这句话表明,理想信念能够(   )。

    A. 昭示奋斗目标   B. 催生前进动力   C. 提供精神支柱   D. 提高精神境界

9. 诗人流沙河讲到:"理想是罗盘,给船舶导引方向;理想是船舶,载着你出海远行。但理想有时候又是海天相吻的弧线,可望而不可及,折磨着你那进取的心。"这段话体现了理想的(   )。

    A. 昭示奋斗目标的作用   B. 时代性

    C. 实现过程具有艰巨性与曲折性   D. 阶级性和实践性

10. 我们之所以要确立马克思主义的科学信仰,是因为马克思主义是(   )。

    A. 科学的理论,创造性地揭示了人类社会发展规律

    B. 人民的理论,第一次创立了人民实现自身解放的思想体系

    C. 实践的理论,指引着人民改造世界的行动

    D. 不断发展的开放的理论,始终站在时代前沿

11. 我们党和国家把马克思主义作为根本指导思想,原因在于(   )。

    A. 这是近代以来中国历史发展的必然结果

B. 这是中国人民长期探索的历史选择

C. 这是由马克思主义严密的科学体系、鲜明的阶级立场和巨大的实践指导作用决定的

D. 马克思主义为中国革命和建设提供了现实的发展模式

12. 马克思主义最崇高的社会理想是实现共产主义。关于共产主义社会的理解,正确的说法是( )。

A. 它是一种理想、一种学说、一种制度,更是一种实践

B. 它是物质财富极大丰富,人的精神境界极大提高,每个人自由而全面发展的社会

C. 它只有在社会主义社会充分发展和高度发达的基础上才能实现

D. 它的最终实现需要一代又一代人付出艰苦的努力

13. 正确认识理想与现实的关系是实现理想的思想基础。关于理想与现实的关系,正确的表述有( )。

A. 理想与现实是对立统一的关系

B. 理想和现实是"应然"和"实然"的一对矛盾

C. 现实中包含着理想的因素,孕育着理想的发展

D. 理想可以顺利转化为未来的现实

14. 理想与现实是对立统一的关系。其中,理想与现实的统一性表现在( )。

A. 理想受现实的规定和制约,是在对现实认识的基础上发展起来的

B. 理想可以轻松实现

C. 理想中包含着现实,既包含现实中必然发展的因素,也包含由理想转化为现实的条件

D. 现实中包含着理想的因素,孕育着理想的发展

15. 下列关于理想与现实关系的表述,正确的有( )。

A. 理想受现实的规定和制约,不能脱离现实而幻想未来

B. 今天的理想必然成为未来的现实

C. 现实中包含着理想的因素,孕育着理想的发展

D. 理想中包含着现实中必然发展的因素

16. 下列关于理想和现实关系的表述错误的是( )。

A. 现实中包含着理想的因素,理想中也包含着现实

B. 有了坚定的信念,理想就能自动变为现实

C. 理想在一定条件下可以转化为未来的现实

D. 现实既有美好的一面,也有丑陋的一面,而理想总是美好的

17. "现实是此岸,理想是彼岸。中间隔着湍急的河流,行动则是架在川上的桥梁。"对这句话的理解正确的是( )。

A. 现实是现实,理想是理想,二者没有统一性

B. 理想会自然地成为现实

C. 理想的实现是一个过程,具有长期性、艰巨性、复杂性

D. 艰苦奋斗是实现理想的重要条件

18. 20世纪80年代末90年代初,东欧剧变、苏联解体,世界社会主义运动遭受重大挫折,西方某些别有用心的人预言,社会主义将在20世纪末进入历史博物馆。然而,中国特色社会主义的成功实践,使社会主义运动展现了光明的前景。由此可见( )。

A. 任何一种社会政治理想都不会轻而易举地实现

B. 理想的实现必须通过实践才能转变为现实

C. 理想的实现是一个过程

D. 理想的实现是具有长期性、艰巨性和曲折性的

19. 关于个人理想与社会理想的关系，下列说法正确的是（　　）。

A. 个人理想以社会理想为指引

B. 社会理想是个人理想的凝聚和升华

C. 社会理想建立在广大社会成员的个人理想基础之上

D. 社会理想体现在每个社会成员为实现个人理想而进行的实践中

20. 2019年4月30日，习近平总书记在纪念五四运动100周年大会上发表讲话指出，青年的人生目标会有不同，职业选择也有差异，但只有把自己的小我融入祖国的大我、人民的大我之中，与时代同步伐、与人民共命运，才能更好实现人生价值、升华人生境界。下列对这句话的理解中，正确的是（　　）。

A. 个人理想的确立要顺应社会发展的客观规律和趋势要求

B. 个人理想的确立要以社会理想为导向

C. 实现社会理想要排斥和抹杀个人理想

D. 个人理想的实现依赖于社会理想的指引

21. 张桂梅是云南省丽江华坪女子高级中学党支部书记、校长，华坪县儿童福利院（华坪儿童之家）院长，扎根贫困地区40余年，创办全国第一所全免费女子高中，帮助1800多名贫困山区女孩圆梦大学，是为教育事业奉献一切的"张妈妈"。她拖着病体忘我工作，持续12年家访超过1600户，行程11万余公里。荣获"全国脱贫攻坚楷模"荣誉称号和"全国优秀共产党员""全国先进工作者""时代楷模"等称号。张桂梅的事迹对于我们正确认识个人理想与社会理想关系的启示是（　　）。

A. 个人理想以社会理想为指引

B. 从根本上说，社会理想是由个人理想规定的

C. 社会理想建立在广大社会成员的个人理想基础之上

D. 社会理想具体体现在每个社会成员为实现个人理想而进行的实践中

22. 在实现中国梦的实践中放飞青春梦想，大学生要做到（　　）。

A. 立鸿鹄志，做奋斗者　　　　　　B. 立志赚大钱、做大官

C. 心怀"国之大者"，敢于担当　　　D. 自觉躬身实践，知行合一

23. 孙中山先生曾激励广大青年："要立志做大事，不要立志做大官。"周恩来中学时期就立下了"为中华崛起而读书"的志向；李四光、钱学森、邓稼先等老一辈知识分子，青年时期就立志用自己的聪明才智报效祖国。这些鲜活的实例给我们的教益有（　　）。

A. 立鸿鹄志，做奋斗者

B. 青年时期是理想形成的重要时期，也是立志的关键阶段

C. 心怀"国之大者"，敢于担当

D. 青年要以国家民族的命运为己任，而不要以个人的荣华富贵为人生的最高理想

(三)简答题

1. 简述理想和信念的特征。

2. 李大钊说:"以青春之我,创建青春之家庭,青春之国家,青春之民族。"谈谈理想信念对大学生成长成才的重要意义。

3. 当代大学生为什么要信仰马克思主义?

4. 简述当代大学生需要胸怀共产主义远大理想的原因。

5. 当代大学生为什么要坚定对中国特色社会主义的信念?

6. 简述理想与现实的关系。

7. 有种观点认为"艰苦奋斗是老一辈的事,当代青年不需要艰苦奋斗",请从理想与现实关系的角度,谈谈你对这种观点的理解。

8. 简述个人理想与社会理想的关系。

(四)论述题

1. 2021年4月25日至27日,习近平总书记赴广西壮族自治区考察,第一站就到桂林市全州县的红军长征湘江战役纪念园,强调理想信念之火一经点燃就会产生巨大的精神力量。结合自身实际,谈谈当代大学生为什么要坚定对马克思主义和共产主义的信仰、对中国特色社会主义的信念和对实现中华民族伟大复兴的信心。

2. 从个人理想与社会理想辩证关系的角度,谈谈实现中华民族伟大复兴青年一代应当肩负的责任。

3. 结合自身实际,谈谈如何在实践中化理想为现实。

(五)材料分析题

材料分析题1

【材料1】 志存高远方能登高望远,胸怀天下才可大展宏图。火热的青春,需要坚定的理想信念。我们党用"共产主义"为团命名,就是希望党的青年组织永远站在理想信念的高地上,用党的科学理论武装青年,用党的初心使命感召青年,用党的光辉旗帜指引青年,用党的优良作风塑造青年。新时代的中国青年,更加自信自强、富于思辨精神,同时也面临各种社会思潮的现实影响,不可避免会在理想和现实、主义和问题、利己和利他、小我和大我、民族和世界等方面遇到思想困惑,更加需要深入细致的教育和引导,用敏锐的眼光观察社会,用清醒的头脑思考人生,用智慧的力量创造未来。

——摘自习近平 2022 年 5 月 10 日在庆祝中国共产主义青年团成立 100 周年大会上的讲话

【材料 2】 新时代中国青年要树立远大理想。青年的理想信念关乎国家未来。青年理想远大、信念坚定,是一个国家、一个民族无坚不摧的前进动力。青年志存高远,就能激发奋进潜力,青春岁月就不会像无舵之舟漂泊不定。正所谓"立志而圣则圣矣,立志而贤则贤矣"。青年的人生目标会有不同,职业选择也有差异,但只有把自己的小我融入祖国的大我、人民的大我之中,与时代同步伐、与人民共命运,才能更好实现人生价值、升华人生境界。离开了祖国需要、人民利益,任何孤芳自赏都会陷入越走越窄的狭小天地。

新时代中国青年要树立对马克思主义的信仰、对中国特色社会主义的信念、对中华民族伟大复兴中国梦的信心,到人民群众中去,到新时代新天地中去,让理想信念在创业奋斗中升华,让青春在创新创造中闪光!

——摘自习近平 2019 年 4 月 30 日在纪念五四运动 100 周年大会上的讲话

结合材料回答问题:

1. 为什么说"火热的青春,需要坚定的理想信念"?

2. 从个人理想与社会理想的关系角度,谈谈你对"离开了祖国需要、人民利益,任何孤芳自赏都会陷入越走越窄的狭小天地"这句话的理解。

材料分析题 2

【材料 1】 这场抗击新冠肺炎疫情的严峻斗争,让你们这届高校毕业生经受了磨练、收获了成长,也使你们切身体会到了"志不求易者成,事不避难者进"的道理。前进的道路从不会一帆风顺,实现中华民族伟大复兴的中国梦需要一代一代青年矢志奋斗。同学们生逢其时、肩负重任。希望全国广大高校毕业生志存高远、脚踏实地,不畏艰难险阻,勇担时代使命,把个人的理想追求融入党和国家事业之中,为党、为祖国、为人民多作贡献。

——摘自习近平 2020 年 7 月 7 日给中国石油大学(北京)克拉玛依校区毕业生的回信

【材料 2】 翁新强是我校经济管理学院 2012 届毕业生,湖北省第十三届人大代表,党的二十大代表,现任郧西县湖北口回族乡小新川村党支部书记,共青团郧西县委兼职副书记,郧西县优品五味果专业合作社理事长。2014 年底,翁新强放弃大城市的稳定工作返回家乡,带领大家种植中药材,摸索出"蔬菜+"和"林果+"等绿色低碳的套种模式,既保护了生态,又提高了收益。

1988 年,翁新强出生于湖北省十堰市郧西县湖北口回族乡小新川村,这里三面环山,交通不便,村民们祖祖辈辈靠种地为生,非常贫穷,村里百姓最大的愿望,就是把孩子培养成才,创造机会走出大山。

2008 年,翁新强考入我校,刻苦学习工程管理专业知识,注重提升综合素质,力求全面发展。2012 年,他放弃保研的机会,从我校毕业,先后到中建三局和一家知名酒企工作了两年,职业发展态势良好,年收入高达 27 万元。

2014 年 8 月,翁新强回家陪父母过中秋节,汽车一路颠簸起伏,看到公路两侧的撂荒地、破败不堪的土房子以及返乡待业的村民们,家乡的贫穷落后和大城市武汉的繁华,在他的心里形成了强烈的反差,他当时就萌生了辞职返乡创业、带领父老乡亲发展产业脱贫致富的念头。

回到家乡,翁新强就开始查阅党和政府针对农村发展的相关政策。经过深思熟虑,他下定了决心,带着同事们的疑惑不解和父母的坚决反对,毅然辞去了大城市的高薪工作,报考了湖北省大学生村官,2015年初如愿成为小新川村村主任助理,投入到乡村振兴的洪流中,他决意用学到的知识、积累的经验,建设自己的家乡。

回乡建设以来,翁新强先后荣获2017年全国扶贫先进个人、2017年全国农村青年致富带头人、2017年湖北省"荆楚楷模"年度人物、2018年全国首届"脱贫攻坚·青春榜样"典型人物、2018年中国好人、2018年十堰市优秀共产党员、2019年十堰市劳动模范、2019年湖北省青年五四奖章、2019年第十届"中国青年创业奖"、2020年"全国向上向善好青年"扶贫助困好青年等荣誉称号。

——摘自中国地质大学(武汉)新闻网《党的二十大代表翁新强校友:在乡村振兴征程上奉献青春》(2022年12月6日)

结合材料回答问题:

1."志不求易者成,事不避难者进",请从理想与现实辩证关系的角度谈谈你对这句话的理解。

2.翁新强的事迹,对你放飞青春梦想实现人生理想有什么启发?

推荐阅读文献

[1]中共中央文献研究室.习近平关于实现中华民族伟大复兴的中国梦论述摘编[M].北京:中央文献出版社,2013.

[2]习近平.在纪念马克思诞辰200周年大会上的讲话[M].北京:人民出版社,2018.

[3]习近平.在庆祝中国共产主义青年团成立100周年大会上的讲话[M].北京:人民出版社,2022.

推荐视频资料

1.优酷视频《追光者2:奋斗的青春》,2022年9月29日。
2.央视网《理想答案 仅供参考》,2020年9月9日。

追光者2:奋斗的青春

理想答案 仅供参考

第三章　继承优良传统　弘扬中国精神

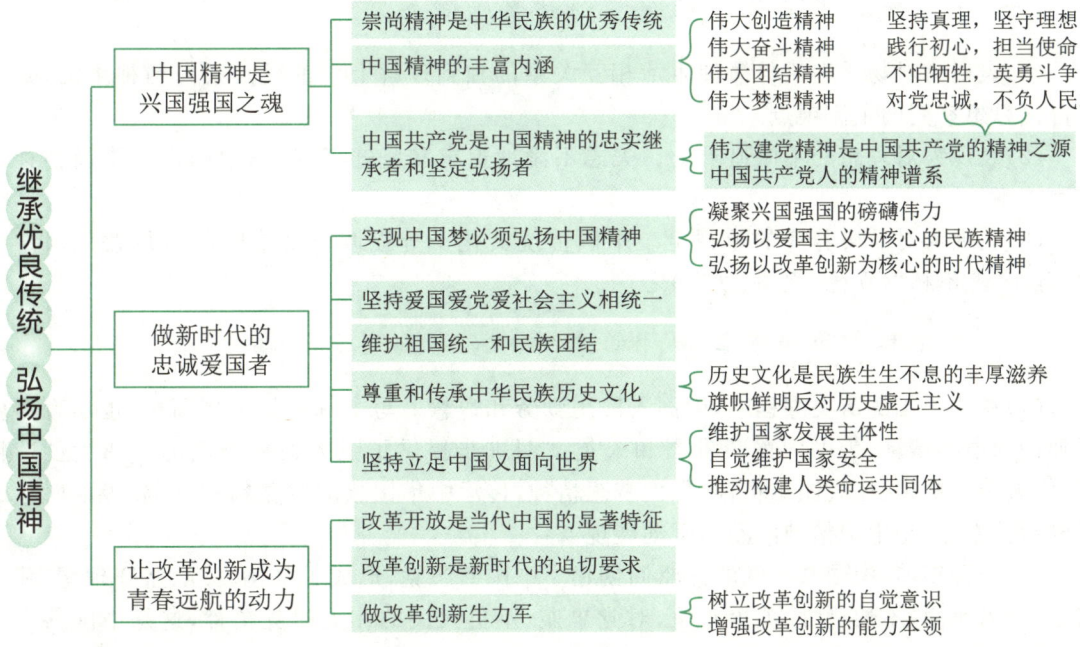

(1)民族精神。是一个民族在长期共同生活和社会实践中形成的,为本民族大多数成员所认同的价值取向、思维方式、道德规范、精神气质的总和,是一个民族赖以生存和发展的精神支柱。在5000多年的历史发展进程中,中华民族形成了以爱国主义为核心的伟大民族精神。

(2)时代精神。是一个国家和民族在新的历史条件下形成和发展的,体现民族特质并顺应时代潮流的思想观念、价值取向、精神风貌和社会风尚的总和。改革开放以来,党带领人民在继承和弘扬伟大民族精神的基础上,立足新的时代条件,形成了以改革创新为核心的时代精神。

(3)伟大建党精神。是中国共产党的精神之源,即坚持真理、坚守理想,践行初心、担当使命,不怕牺牲、英勇斗争,对党忠诚、不负人民。伟大建党精神在中国共产党人寻求救国救民真理的不懈探索中生根发芽,在马克思列宁主义同中国工人运动相结合的历史进程中茁壮成长,在中国共产党领导中国人民进行革命、建设、改革的伟大实践中发展成熟,在中国特色社会主义进入新时代的伟大进程中焕发时代光芒。

(4)中国精神。民族精神和时代精神共同构成了我们当今时代的中国精神。中国精神是兴国强国之魂,是凝聚中国力量的精神纽带,是激发创新创造的精神动力,是推进复兴伟业的精神支柱。伟大创造精神、伟大奋斗精神、伟大团结精神、伟大梦想精神,传承中华民族的宝贵精神基因,汲取时代的丰厚精神滋养,是中国精神内涵的生动展现。

重难点解析

(一)中华民族崇尚精神的优秀传统的主要表现

(1)表现为对物质生活与精神生活相互关系的独到理解上。重视并崇尚精神生活,是中国古代思想家们的主流观点。

(2)表现为对理想的不懈追求上。矢志不渝地追求和坚守理想,是中国古人崇尚精神的典型体现。

(3)表现为对品格养成的重视上。中国传统文化十分强调道德修养和道德教化,将"立德"置于"三不朽"(立德、立功、立言)之首。

(二)中国共产党是中国精神的忠实继承者和坚定弘扬者

(1)在几千年的历史进程中,中国人民用勤劳和智慧书写了辉煌的中华历史,也培育铸就了独特的中国精神,为中国繁荣发展和人类文明进步提供了强大的精神动力。伟大创造精神、伟大奋斗精神、伟大团结精神、伟大梦想精神,传承中华民族的宝贵精神基因,汲取时代的丰厚精神滋养,是中国精神内涵的生动展现。

(2)一百年前,中国共产党的先驱们创建了中国共产党,形成了坚持真理、坚守理想,践行初心、担当使命,不怕牺牲、英勇斗争,对党忠诚、不负人民的伟大建党精神,这是中国共产党的精神之源。

(3)在百余年的非凡奋斗历程中,一代又一代中国共产党人顽强拼搏、不懈奋斗,涌现了一大批视死如归的革命烈士、一大批顽强奋斗的英雄人物、一大批忘我奉献的先进模范,形成了井冈山精神、长征精神、遵义会议精神、延安精神、西柏坡精神、红岩精神、抗美援朝精神、"两弹一星"精神、特区精神、抗洪精神、抗震救灾精神、抗疫精神、脱贫攻坚精神等伟大精神,构筑起了中国共产党人的精神谱系。

(4)中国共产党人的精神谱系,是中国共产党领导人民在团结奋斗中共同创造的,集中体现了党的坚定信念、根本宗旨、优良作风,凝聚着中国共产党人艰苦奋斗、牺牲奉献、开拓进取的伟大品格,深深融入党、国家、民族、人民的血脉之中,极大丰富了中国精神的内涵,鼓舞和激励中国人民攻坚克难,不断从胜利走向新的胜利。

(三)伟大建党精神

(1)坚持真理、坚守理想。中国共产党一经成立,就把马克思主义写在自己的旗帜上。马克思主义深刻揭示了自然界、人类社会、人类思维发展的普遍规律,是指引人类探索历史规律和寻求自身解放道路的科学真理。中国共产党人一旦选择了马克思主义,就一以贯之、坚定不移地坚持它、发展它、维护它,从来没有动摇过、改变过、放弃过。

(2)践行初心、担当使命。作为马克思主义政党,中国共产党摆脱了以往一切政治力量追求自身特殊利益的局限,一经诞生就把为中国人民谋幸福、为中华民族谋复兴确立为自己的初心使命。

(3)不怕牺牲、英勇斗争。中国共产党在内忧外患中诞生、在历经磨难中成长、在攻坚克难中壮大,为了人民、国家、民族,为了理想信念,无论敌人如何强大、道路如何艰险、挑战如何严峻,中国共产党总是绝不畏惧、绝不退缩,不怕牺牲、百折不挠。

(4)对党忠诚、不负人民。对党忠诚、永不叛党,这是党章对党员的基本要求。来自人民、依靠人民、为了人民,是百余年来中国共产党的发展逻辑和胜利密码。中国共产党始终代表最广大人民根本利益,与人民有福同享、有难同当,紧紧依靠人民战胜一个又一个困难、取得一个又一个胜利。

(四)实现中国梦必须弘扬中国精神

1. 中国精神凝聚兴国强国的磅礴伟力

中国精神是以爱国主义为核心的民族精神和以改革创新为核心的时代精神的统一。全面建设社会主义现代化国家、全面推进中华民族伟大复兴,必须大力弘扬中国精神,弘扬以爱国主义为核心的民族精神和以改革创新为核心的时代精神,振奋起全民族的"精气神"。中国精神凝聚中国力量的精神纽带,激发创新创造的精神动力,推进复兴伟业的精神支柱。

2. 弘扬以爱国主义为核心的民族精神

(1)民族精神的含义。民族精神是一个民族在长期共同生活和社会实践中形成的,为本民族大多数成员所认同的价值取向、思维方式、道德规范、精神气质的总和,是一个民族赖以生存和发展的精神支柱。

(2)传承以爱国主义为核心的伟大民族精神。在五千多年的历史发展进程中,中华民族形成了以爱国主义为核心的伟大民族精神。一部中华民族的发展史,就是一部中华儿女的爱国奋斗史。中国人很早就有以天下兴亡、人民安康为己任的家国情怀,形成了追求进步、维护民族尊严和国家主权的光荣传统,形成了对外来侵略者无比痛恨、对卖国求荣的民族败类无比鄙视、对爱国志士无比崇敬的宝贵民族性格。以爱国主义为核心的民族精神,为中国人民克服艰难险阻、实现中华民族伟大复兴提供了不竭精神力量。

3. 弘扬以改革创新为核心的时代精神

(1)时代精神的含义。时代精神是一个国家和民族在新的历史条件下形成和发展的,体现民族特质并顺应时代潮流的思想观念、价值取向、精神风貌和社会风尚的总和。改革开放以来,党带领人民在继承和弘扬伟大民族精神的基础上,立足新的时代条件,形成了以改革创新为核心的时代精神。

(2)弘扬时代精神的基本路径。弘扬以改革创新为核心的时代精神,就是要树立突破陈规、大胆探索、敢于创造的思想观念,从不合实际、不合规律的观念和体制的束缚中解放出来,从错误和教条式的思想观念中解放出来。弘扬以改革创新为核心的时代精神,就是要培养不甘落后、奋勇争先、追求进步的责任感和使命感,以"落后就会挨打"的危机感和忧患意识自我警醒,以只争朝夕的奋发精神和竞争意识自我激励。弘扬以改革创新为核心的时代精神,就是要保持坚忍不拔、自强不息、锐意进取的精神状态,有"敢啃硬骨头""敢涉险滩"的闯劲,有"咬定青山不放松"的韧劲,有"生命不息,奋斗不止"的拼劲。

(五)爱国主义的基本内涵及表现

1. 爱国主义的基本内涵

爱国主义体现了人们对自己祖国的深厚感情,揭示了个人对祖国的依存关系,是人们对自己家园以及民族和文化的归属感、认同感、尊严感与荣誉感的统一,是调节个人与祖国之间关系的道德要求、政治原则和法律规范。爱国主义是中华民族的民族心、民族魂,是中华民族最重要的精神财富,深深植根于中华民族心中,维系着中华大地上各个民族的团结统一,激励着一代又一代中华儿女为祖国发展繁荣而自强不息、不懈奋斗。

2. 爱国主义基本内涵的表现

(1)爱祖国的大好河山。祖国的大好河山,不只是自然风光,还是主权、财富、民族发展和进步的基本载体。维护祖国领土的完整和统一,是每个人的神圣使命和义不容辞的责任。

(2)爱自己的骨肉同胞。骨肉同胞之爱反映了对民族利益共同体的自觉认同,是检验一个人对祖国忠诚程度的试金石。

(3)爱祖国的灿烂文化。文化是一个国家、一个民族的灵魂,是一个国家民族得以延续的精神基因,是涵养民族心理、民族个性、民族精神的摇篮,是民族凝聚力的重要基础。爱祖国的灿烂文化,体现为对祖国优秀历史文化传统的认同和尊重、传承和发扬。

(4)爱自己的国家。国家是个体成长发展的基本屏障和坚实依托,个体与国家之间相互依存、密不可分,这也是最深刻的爱国理由。祖国的大好河山,自己的骨肉同胞,民族的灿烂文化,都是同我们的国家联系在一起的,我们每个人的发展也都时刻同国家的发展进步紧密关联。

(六)做新时代的忠诚爱国者

中国特色社会主义进入新时代,实现中华民族伟大复兴的中国梦是新时代爱国主义的鲜明主题。新时代的爱国主义基本要求如下。

1. 坚持爱国爱党爱社会主义相统一

新中国是中国共产党领导的社会主义国家,祖国的命运和党的命运、社会主义的命运密不可分。当代中国,爱国主义的本质就是坚持爱国和爱党、爱社会主义高度统一。在现阶段,爱国主义主要表现为在中国共产党领导下,献身于建设新时代中国特色社会主义伟大事业,献身于实现中华民族伟大复兴的中国梦的实践,献身于促进祖国统一大业。

2. 维护祖国统一和民族团结

国家统一和民族团结是中华民族根本利益所在。弘扬新时代爱国主义,要坚持以维护祖国统一和民族团结为着力点,维护全国各族人民大团结的政治局面,巩固和发展最广泛的爱国统一战线,不断增强对伟大祖国、中华民族、中华文化、中国共产党、中国特色社会主义的认同,坚决维护国家主权、安全、发展利益,旗帜鲜明反对分裂国家的图谋、破坏民族团结的言行,筑牢国家统一、民族团结、社会稳定的铜墙铁壁。

3. 尊重和传承中华民族历史文化

对祖国悠久历史、深厚文化的理解和接受,是培育和发展爱国主义情感的重要条件。作为中华儿女,我们要了解中华民族历史,传承中华文化基因,提升民族自豪感和文化自信心,增强做中国人的志气、骨气、底气。一方面,我们必须尊重和传承中华民族历史文化,以时代精神激活中华优秀传统文化的生命力,不断推进中华优秀传统文化创造性转化和创新性发展。另一方面,必须旗帜鲜明反对历史虚无主义。

4. 坚持立足中国又面向世界

中国的命运与世界的命运紧密相关。经过新中国成立70多年特别是改革开放40多年的发展,中国的综合国力日益增强,国际影响力不断扩大。当今世界越来越成为你中有我、我中有你的命运共同体。弘扬新时代的爱国主义,要求我们正确处理立足中国与面向世界的辩证统一关系。

(1)维护国家发展主体性。在新形势下,我们一定要保持清醒的认识,坚持独立自主、自力更生,既虚心学习借鉴国外的有益经验,又坚定民族自尊心和自信心,不信邪、不怕压,坚决维护国家的主权和尊严,按照本国国情坚持、发展自己的政治制度和民族文化,把中国发展进步的命运始终牢牢掌握在自己手中。

(2)自觉维护国家安全。在国家安全形势越来越复杂的今天,大学生要增强国家安全意识,对境内外敌对势力的渗透、颠覆、破坏活动保持高度警惕,切实履行维护国家安全的义务。

(3)推动构建人类命运共同体。只有各国行天下之大道,和睦相处、合作共赢,繁荣才能持久,安全才有保障。构建人类命运共同体的理念,源于中国,属于世界,是中国与世界的交响协奏。

(七)让改革创新成为青春远航的动力

1. 改革开放是当代中国的显著特征

(1)改革开放是当代中国最鲜明的特色。改革开放是党在新的历史条件下领导人民进行的新的伟大革命,是决定当代中国命运的关键抉择。一个国家、一个民族要振兴,就必须在历史前进的逻辑中前进、在时代发展的潮流中发展。中国特色社会主义之所以具有蓬勃生命力,就在于实行的是改革开放的社会主义。

(2)创新是改革开放的生命。改革开放创造的奇迹不是天上掉下来的,而是来自中国共产党和中国人民的理论创新、实践创新、制度创新、文化创新以及各方面创新。改革开放40多年来,我们坚持理论联系实际,及时回答时代之问、人民之问,廓清困扰和束缚实践发展的思想迷雾,不断开辟马克思主义发展新境界。

2. 改革创新是新时代的迫切要求

创新决胜未来,改革关乎国运。在当代中国,经济社会发展离不开改革创新。

(1)创新是推动人类社会发展的重要力量。每一次科技和产业革命都深刻改变了世界发展面貌和力量格局。一些国家抓住了机遇,经济社会发展驶入快车道,经济实力、科技实力、军事实力迅速增强,甚至一跃成为世界强国。

(2)创新能力是当今国际竞争新优势的集中体现。面对科技创新和产业革命新趋势,世界主要国家都在积极调整应对,努力寻找创新的突破口,抢占发展的先机,纷纷出台新的创新战略,加大投入,加强人才、专利、标准等战略性创新资源的争夺,创新战略竞争在综合国力竞争中的地位日益重要。

(3)改革创新是赢得未来的必然要求。抓创新就是抓发展,谋创新就是谋未来。在新一轮科技革命和产业变革中,我国能否在未来发展中后来居上、弯道超车,主要就看能否在创新驱动发展上迈出实实在在的步伐。要坚持科技是第一生产力、人才是第一资源、创新是第一动力,深入实施科教兴国战略、人才强国战略、创新驱动发展战略,开辟发展新领域新赛道,不断塑造发展新动能新优势。

只有全面深化改革,坚持创新在我国现代化建设全局中的核心地位,在全社会积极营造鼓励大胆创新、勇于创新、包容创新的良好氛围,才能把创新驱动的新引擎全速发动起来,为我国经济社会发展提供前所未有的强劲动力。

3. 做改革创新生力军

(1)树立改革创新的自觉意识。①增强改革创新的责任感。改革创新充满艰辛、奉献,甚至牺牲,没有强烈的责任感,很难克服和战胜改革创新过程中的艰难曲折。大学生要以时不我待、只争朝夕的紧迫感投身改革创新的实践,服务人民,奉献社会,实现人生价值。②树立敢于突破陈规的意识。敢于质疑现有定论,勇于开拓新的方向,攻坚克难,追求卓越。敢于大胆突破陈规甚至常规,敢于大胆探索尝试,善于观察发现、思考批判,不唯书、不唯上、只唯实,这是大学生在学习与实践中创新创造的重要前提。③树立大胆探索未知领域的信心。要创新,就要有强烈的创新自信。青年应是常为新、敢创造的,理当锐意创新创造,不等待、不观望、不懈怠,勇做改革创新的生力军。

(2)增强改革创新的能力本领。①夯实创新基础。改革创新者都具有扎实的专业知识基础。大学生作为改革创新的生力军,应从扎实系统的专业知识学习起步和入手,不能好高骛远,空谈改革创新。②培养创新思维。大学生在专业学习与社会实践中应自觉培养创新思维,勤于思考,善于发现,勇于创新。③投身改革实践。当代大学生既置身于世界新一轮科技革命和产业变革同我国转变发展方式的历史性交汇期,又置身于我国全面建设社会主义现代化国家的新征程,应当在全面深化改革的伟大实践中发扬改革创新精神,增强改革创新的意识,锤炼改革创新的意志,提高改革创新的能力,勇做改革创新的实践者和生力军。

(一)单项选择题

1. (　　)作为兴国强国之魂,是推进复兴伟业不可或缺的精神支柱。
   A. 中华优秀传统文化　　　　　B. 中国共产党
   C. 中国精神　　　　　　　　　D. 中国人民

2. 中华民族在五千多年的历史进程中不仅创造出光辉灿烂、享誉世界的中华文明,也塑造出中华民族独特的精神气质和精神品格,形成了崇尚精神的优秀传统。中国古人所说的"不义而富且贵,于我如浮云""一箪食,一瓢饮,在陋巷,人不堪其忧,回也不改其乐"。这两句话表现出中华民族崇尚精神的优秀传统是(　　)。

A. 对理想的不懈追求

B. 对道德修养和道德教化的重视

C. 对物质生活与精神生活相互关系的独到理解

D. 对人生境界和理想人格的提升

3. 中国古人认为"自天子以至于庶人,壹是皆以修身为本",教化的目的是"明人伦",是培养有道德的人。这说明中华民族自古就有(　　)。

A. 勤劳勇敢的精神　　　　　　　B. 爱国主义的情感

C. 重视品格养成的传统　　　　　D. 大同社会的情怀

4. 重精神是中华民族的优秀传统。中华民族崇尚精神的优秀传统,首先表现在对物质生活与精神生活相互关系的独到理解上。在下列名言中,与"一箪食,一瓢饮,在陋巷,人不堪其忧,回也不改其乐"含义近似的有(　　)。

A. 不义而富且贵,于我如浮云　　B. 见贤思齐焉,见不贤而内自省也

C. 为天地立心,为生民立命　　　D. 自天子以至于庶人,壹是皆以修身为本

5. 以下(　　)不是表现对理想矢志不渝的坚守。

A. "志士仁人,无求生以害仁,有杀身以成仁"

B. "墨子兼爱,摩顶放踵,利天下为之"

C. "自天子以至于庶人,壹是皆以修身为本"

D. "为天地立心,为生民立命,为往圣继绝学,为万世开太平"

6. 都江堰设计巧妙,成效卓著,是闻名世界的水利工程,在两千多年中持续使用,体现的中国精神内涵是(　　)。

A. 伟大创造精神　　　　　　　　B. 伟大奋斗精神

C. 伟大团结精神　　　　　　　　D. 伟大梦想精神

7. 习近平总书记曾经指出:"中国人民自古就明白,世界上没有坐享其成的好事……今天,中国人民拥有的一切,凝聚着中国人的聪明才智,浸透着中国人的辛勤汗水,蕴涵着中国人的巨大牺牲。"这句话所强调的是中国精神内涵中的(　　)。

A. 伟大创造精神　　　　　　　　B. 伟大奋斗精神

C. 伟大团结精神　　　　　　　　D. 伟大梦想精神

8. 中华民族精神源远流长,包含着丰富的内容。其中,夸父追日、嫦娥奔月、女娲补天等动人的神话传说,体现的是中国精神内涵中的(　　)。

A. 伟大创造精神　　　　　　　　B. 伟大奋斗精神

C. 伟大团结精神　　　　　　　　D. 伟大梦想精神

9. 民族精神是一个民族在长期共同生活和社会实践中形成的,为本民族大多数成员所认同的价值取向、思维方式、道德规范、精神气质的总和,是一个民族赖以生存和发展的精神支柱。在五千多年的历史发展进程中,中华民族形成了以(　　)为核心的伟大民族精神。

A. 爱国主义　　B. 改革创新　　C. 党的领导　　D. 时代精神

10. 改革开放进程中涌现的一系列时代楷模和榜样群体,生动展示了当代中国的时代精神。时代精神的核心是(　　)。

A. 爱国主义　　B. 改革创新　　C. 党的领导　　D. 民族精神

11. 爱国主义始终是把中华民族坚强团结在一起的精神纽带,改革创新始终是推进改革

开放和社会主义现代化建设的精神力量。中华民族的民族精神和时代精神构成了（　　）。

A. 爱国主义　　　B. 中国精神　　　C. 民族素质　　　D. 共同理想

12. 伟大事业孕育伟大精神，伟大精神引领伟大事业。中国共产党在百余年的非凡奋斗历程中，形成了一系列伟大精神。以下哪一种精神是中国共产党的精神之源（　　）。

A. 红船精神　　　B. 长征精神　　　C. 伟大建党精神　　　D. 抗疫精神

13. 在百余年的非凡奋斗历程中，一代又一代中国共产党人顽强拼搏、不懈奋斗，涌现了一大批视死如归的革命烈士、一大批顽强奋斗的英雄人物、一大批忘我奉献的先进模范，形成了一系列伟大精神，构筑起了中国共产党人的精神谱系。下列不属于中国共产党人精神谱系的是（　　）。

A. 伟大建党精神　　　B. 抗洪精神　　　C. 航天精神　　　D. 民族精神

14.【2020年考研真题】习近平总书记在纪念五四运动100周年大会上的讲话中指出："爱国主义是我们民族精神的核心，是中华民族团结奋斗、自强不息的精神纽带。"对每一个中国人来说，爱国是本分，也是职责，是心之所系、情之所归。对新时代中国青年来说，热爱祖国是立身之本、成才之基。当代中国爱国主义的本质就是（　　）。

A. 坚持爱国和爱党、爱社会主义高度统一　　　B. 维护社会和谐和民族平等的统一
C. 对民族和文化的归属感、认同感的统一　　　D. 坚持立足民族和面向世界的统

15. 下列哪一项体现了人们对自己祖国的深厚感情，揭示了个人对祖国的依存关系，是人们对自己家园以及民族和文化的归属感、认同感、尊严感与荣誉感的统一。（　　）

A. 爱国主义　　　B. 集体主义　　　C. 文化传统　　　D. 民族精神

16. 中国人民的梦想同各国人民的梦想息息相通，实现中国梦离不开和平的国际环境和稳定的国际秩序。下列关于人类命运共同体的说法正确是（　　）。

A. 实践证明和平、发展、合作、共赢并非当今社会的历史潮流

B. 构建人类命运共同体是世界各国人民前途所在

C. 爱国主义是世界少数国家人民共有的情感

D. 推动构建人类命运共同体，主要在于维护自身利益

17.【2019年考研真题】解决台湾问题，实现祖国完全统一，是全体中华儿女的共同愿望，是中华民族的根本利益所在。党的十八大以来，在以习近平同志为核心的党中央坚强领导下，在两岸同胞共同努力下，两岸关系取得重要积极成果，两岸关系和平发展的政治基础是（　　）。

A. 相互尊重，求同存异　　　B. 坚持"九二共识"，反对"台独"

C. 增强两岸同胞的民族认同、文化认同、国家认同

D. 深化两岸利益融合，共创两岸互利共赢

18. 时代精神是一个国家和民族在新的历史条件下形成和发展的，体现民族特质并顺应时代潮流的思想观念、价值取向、精神风貌和社会风尚的总和。时代精神内涵十分丰富，其核心是（　　）。

A. 国际主义　　　B. 集体主义　　　C. 改革创新　　　D. 开拓进取

19.【2020年考研真题】2019年11月，中共中央、国务院印发的《新时代爱国主义教育实施纲要》指出，爱国主义是中华民族的民族心、民族魂，是中华民族最重要的精神财富，是中国人民和中华民族维护民族尊严的强大精神动力。青少年进行爱国主义教育的主阵地是（　　）。

A. 手机和互联网　　B. 精品读物　　　　C. 思想政治理论课　　D. 传统节日纪念活动

20.【2021年考研真题】中国特色社会主义进入新时代。为了大力弘扬爱国主义精神,中共中央、国务院印发了《新时代爱国主义教育实施纲要》,明确规定新时代爱国主义教育的着力点是(　　)。

A. 坚持维护祖国统一和民族团结　　　　B. 坚持依法治国和以德治国相结合
C. 坚持实现中华民族伟大复兴的中国梦　D. 坚持立足中国又面向世界

21. 爱国主义体现了人们对自己祖国的深厚感情,揭示了个人对祖国的依存关系,是人们对自己家园以及民族和文化的归属感、(　　)、尊严感与荣誉感的统一。

A. 自豪感　　　B. 认同感　　　C. 自信心　　　D. 自尊心

22. 作为中华儿女,我们要了解中华民族历史,传承中华文化基因,提升民族自豪感和文化自信心。因为(　　)是民族生生不息的丰厚滋养。

A. 人类文明　　B. 历史文化　　C. 社会发展　　D. 政治进步

23. 国家安全是国家政权稳定和公民依法行使权利与自由的根本保障。国家安全的根本是(　　)。

A. 人民安全　　B. 政治安全　　C. 经济安全　　D. 军事安全

24.【2023年考研真题】坚持总体国家安全观,必须坚持国家利益至上,以人民安全为宗旨,以政治安全为根本,以经济安全为基础,以军事、科技、文化、社会安全为保障,以促进国际安全为依托,统筹外部安全和内部安全、国土安全和国民安全、传统安全和非传统安全、自身安全和共同安全,统筹、维护国家安全和塑造国家安全,坚持总体国家安全观。归根到底是为了(　　)。

A. 顺应世界变化发展的新趋势　　　　B. 增强全民国家安全意识
C. 破解我国国家安全面临的难题　　　D. 确保中华民族伟大复兴进程不被迟滞甚至中断

25.【2021年考研真题】创新是引领发展的第一动力,必须把创新摆在我国现代化建设全局的核心地位。2020年9月11日,习近平总书记在《在科学家座谈会上的讲话》中指出,我国经济社会发展和民生改善比过去任何时候都更加需要增强创新这个第一动力,努力实现更多"从0到1"的突破。实现这一突破需要摆在更加突出位置的是(　　)。

A. 强化企业创新主体地位　　　B. 加快推进引进消化吸收再创新
C. 提升原始创新能力　　　　　D. 改善科技创新生态

26.【2021年考研真题】习近平强调,"历史是最好的教科书","历史的经验值得注意,历史的教训更应引以为戒","中国革命历史是最好的营养剂"。人们能够从历史中汲取经验教训,是因为(　　)。

A. 历史总是在循环往复中不断向前发展
B. 历史规律和自然规律存在着惊人的相似性
C. 人类历史发展存在着不以人的意志为转移的规律
D. 人类已经完全掌握了历史发展的内在规律

(二)多项选择题

1. 在漫漫的历史进程中,中华民族不仅创造出光辉灿烂、享誉世界的中华文明,也塑造出独特的精神气质和精神品格,形成了崇尚精神的优秀传统。中华民族崇尚精神的优秀传统表现在(　　)。

53

A. 对物质生活与精神生活相互关系的独到理解上

B. 中国古人对理想的不懈追求上

C. 对道德修养和道德教化的重视上

D. 对儒释道传统的推崇上

2. 下列语句和典故体现"自强不息"的民族精神的是（　　）。

A. 富贵不能淫，贫贱不能移，威武不能屈

B. 亲仁善邻　　　　C. 大禹治水　　　　D. 愚公移山

3. 在几千年的历史进程中，中国人民用勤劳和智慧书写了辉煌的中华历史，也培育铸就了独特的中国精神，为中国繁荣发展和人类文明进步提供了强大的精神动力。中国精神内涵的生动展现有（　　）。

A. 伟大创造精神　　　　　　　　B. 伟大奋斗精神

C. 伟大团结精神　　　　　　　　D. 伟大梦想精神

4. 关于"中国共产党人的精神谱系"说法正确的有（　　）。

A. 是中国共产党领导人民在团结奋斗中共同创造的

B. 集中体现了党的坚定信念、根本宗旨、优良作风

C. 凝聚着中国共产党人艰苦奋斗、牺牲奉献、开拓进取的伟大品格

D. 深深融入党、国家、民族、人民的血脉之中

5. 在中国共产党百余年的非凡奋斗历程中，一代又一代中国共产党人顽强拼搏、不懈奋斗，涌现了一大批视死如归的革命烈士、一大批顽强奋斗的英雄人物、一大批忘我奉献的先进模范，形成一系列伟大精神，构筑起了中国共产党人的精神谱系。下列属于"中国共产党人的精神谱系"的有（　　）。

A. 长征精神　　　B. 抗震救灾精神　　　C. 抗疫精神　　　D. 脱贫攻坚精神

6. 在庆祝中国共产党成立100周年大会上，习近平总书记精辟概括伟大建党精神的深刻内涵。伟大建党精神的内涵包括（　　）。

A. 坚持真理、坚守理想　　　　　　B. 践行初心、担当使命

C. 不怕牺牲、英勇斗争　　　　　　D. 对党忠诚、不负人民

7. 鲁迅曾说："惟有民魂是值得宝贵的，惟有他发扬起来，中国才有真进步。"中国精神是兴国强国之魂，弘扬中国精神是（　　）。

A. 凝聚中国力量的精神纽带　　　　B. 激发创新创造的精神动力

C. 推进复兴伟业的精神支柱　　　　D. 政治文明建设的重要内容

8. 爱国主义是一个古老而又现实的话题。在处理个人与祖国的关系问题上，爱国主义是重要的道德要求。古人描绘爱国主义优良传统的诗句有（　　）。

A. 臣心一片磁针石，不指南方不肯休　　B. 一片丹心图报国，两行清泪为忠家

C. 一身报国有万死，双鬓向人无再青　　D. 愿得此身长报国，何须生入玉门关

9. 爱国主义是人们对自己家园以及民族和文化的归属感、认同感、尊严感与荣誉感的统一。爱国主义的基本内涵表现在（　　）。

A. 爱祖国的大好河山　　　　　　B. 爱自己的骨肉同胞

C. 爱祖国的灿烂文化　　　　　　D. 爱自己的国家

10. 爱国主义的基本要求之一是爱祖国的灿烂文化。下列相关表述正确的有（　　）。

A. 文化是一个国家、一个民族的灵魂,是一个国家民族得以延续的精神基因
B. 文化是涵养民族心理、民族个性、民族精神的摇篮,是民族凝聚力的重要基础
C. 爱祖国的灿烂文化,体现为对祖国优秀历史文化传统的认同和尊重、传承和发扬
D. 文化是主权、财富、民族发展和进步的基本载体

11. 习近平总书记在纪念孙中山先生诞辰150周年大会上指出,爱国主义是具体的、现实的。在当代中国,弘扬爱国主义就必须深刻认识到,中国共产党领导和中国社会主义制度必须长期坚持,不可动摇;中国共产党领导中国人民开辟的中国特色社会主义必须长期坚持,不可动摇;中国共产党和中国人民扎根中国大地、借鉴人类文明优秀成果、独立自主实现国家发展的大政方针必须长期坚持,不可动摇。这充分说明(   )。
    A. 爱国主义就是爱国和爱党、爱社会主义的高度统一
    B. 爱国爱党爱社会主义统一于实现中华民族伟大复兴的历史进程
    C. 在不同历史条件下所形成的爱国主义具有不同的内涵和特点
    D. 新时代大学生要以实际行动体现对祖国的热爱、对党的热爱、对社会主义的热爱

12. 中国特色社会主义进入新时代,实现中华民族伟大复兴的中国梦是新时代爱国主义的鲜明主题。大力弘扬新时代爱国主义,必须(   )。
    A. 坚持爱国爱党 爱社会主义相统一   B. 维护祖国统一和民族团结
    C. 尊重和传承中华民族历史文化   D. 坚持立足中国又面向世界

13. 我们爱的"国"是中国共产党领导的社会主义中国。爱国主义的基本要求是(   )。
    A. 拥护国家的基本制度   B. 遵守国家的宪法法律
    C. 维护国家安全和统一   D. 捍卫国家的利益,为国家繁荣发展贡献自己的力量

14. 作家陆幼青说过:"有没有一个伟大的祖国去让你爱,对你可能就意义非常。就看看犹太人这几千年的历史吧,看看他们惶惶不可终日的奔走吧,直到今天,这种奔走已经成为一种根深蒂固的恐惧感,为什么?因为他们的祖国没有山一样的根基,能够屹立在地球之上。"这段话对当代大学生在新时期弘扬爱国主义精神的启示是(   )。
    A. 没有祖国作为坚强后盾,就不可能有国民在世界上的地位
    B. 个人的发展与国家命运、民族命运是息息相关的
    C. 国家强大与民族复兴具有高度一致性
    D. 祖国承载着国民的归属感、认同感、尊严感与荣誉感

15. 爱国主义是历史的、具体的,在不同的历史时期有不同的内涵。在现阶段,爱国主义主要表现为在中国共产党领导下(   )。
    A. 推翻帝国主义、封建主义和官僚资本主义的统治
    B. 献身于建设新时代中国特色社会主义伟大事业
    C. 献身于实现中华民族伟大复兴的中国梦的实践
    D. 献身于促进祖国统一

16. 中华民族的爱国主义优良传统源远流长,内涵极为丰富。下列诗句中反映爱国主义优良传统的有(   )。
    A. 位卑未敢忘忧国,事定犹须待阖棺   B. 四万万人齐下泪,天涯何处是神州
    C. 寄意寒星荃不察,我以我血荐轩辕   D. 苟利国家生死以,岂因祸福避趋之

17.【2021年考研真题】党的十八大以来,习近平总书记多次强调,要"促进各民族像石榴

籽一样紧紧抱在一起",这句话还被郑重写入党的十九大报告。"促进各民族像石榴籽一样紧紧抱在一起"旨在( )。

A. 巩固和发展平等团结互助和谐的社会主义民族关系
B. 建设各民族共有精神家园
C. 铸牢中华民族共同体意识
D. 使各民族在中华民族大家庭中手足相亲、守望相助

18. 中国特色社会主义进入新时代,实现中华民族伟大复兴的中国梦是新时代爱国主义的鲜明主题。新时代的爱国主义的基本要求是( )。

A. 坚持爱国爱党爱社会主义相统一　　B. 维护祖国统一和民族团结
C. 尊重和传承中华民族历史文化　　　D. 坚持立足中国又面向世界

19. 解决台湾问题、实现祖国完全统一,是中国共产党矢志不渝的历史任务,是全体中华儿女的共同愿望,是实现中华民族伟大复兴的必然要求。维护国家主权和领土完整、实现祖国统一要做到( )。

A. 坚持一个中国原则和"九二共识"　　B. 推进两岸交流合作
C. 促进两岸同胞团结奋斗　　　　　　D. 投身中国特色社会主义伟大实践

20. 爱国主义是人民对自己故土家园、民族和文化的( )的统一。

A. 归属感　　　B. 认同感　　　C. 尊严感　　　D. 荣誉感

21. 爱国主义体现了人民群众对自己祖国的深厚感情,揭示了个人对祖国的依存关系。下列关于爱国主义的表述正确的是( )。

A. 爱国主义体现了人们对自己祖国的深厚感情
B. 爱国主义揭示了个人对祖国的依存关系
C. 爱国主义是时代精神的核心
D. 爱国主义是民族精神的核心

22. 民族精神是一个民族在长期共同生活和社会实践中形成的,为本民族大多数成员所认同的( )的总和。

A. 价值取向　　B. 思维方式　　C. 道德规范　　D. 精神气质

23. 【2020年考研真题】"一国两制"是实现祖国和平统一的一项重要制度,是中国特色社会主义的一个伟大创举。2019年11月,国家主席习近平在巴西利亚出席金砖国家领导人第十一次会晤时,针对香港出现的街头暴力犯罪行为发表重要讲话。习近平指出,香港持续发生的激进暴力犯罪行为,严重践踏法治和社会秩序,严重破坏香港繁荣稳定,严重挑战"一国两制"原则底线。止暴制乱、恢复秩序是香港当前最紧迫的任务。贯彻落实"一国两制"方针,绝不能允许触碰的原则底线是( )。

A. 危害国家主权安全　　　　　　　　B. 干扰内地与香港的民间交流
C. 挑战中央权力和香港特别行政区基本法权威　　D. 利用香港对内地进行渗透破坏

24. 我们要旗帜鲜明反对历史虚无主义。历史虚无主义的表现有( )。

A. 否定近现代中国革命历史、中国共产党历史和中华人民共和国历史
B. 抹黑英雄,诋毁革命领袖,企图混淆视听、扰乱人心
C. 从根本上否定马克思主义的指导地位和中国走向社会主义的历史必然性
D. 否定中国共产党的领导

25. 国家安全是民族复兴的根基,社会稳定是国家强盛的前提。国家安全是指一个国家不受内部和外部的威胁、破坏而保持稳定有序的状态。下列关于国家安全的描述正确的是( )。

　　A. 必须坚持总体国家安全观,坚持国家利益至上
　　B. 以人民安全为宗旨,以政治安全为根本
　　C. 以经济安全为基础,以军事科技文化社会安全为保障
　　D. 以促进国际安全为依托,走出一条中国特色国家安全道路

26. 当前,我国国家安全内涵和外延比历史上任何时候都要丰富,时空领域比历史上任何时候都要宽广,内外因素比历史上任何时候都要复杂,必须坚持总体国家安全观。确立总体国家安全观,必须( )。

　　A. 既重视外部安全,又重视内部安全　　B. 既重视国土安全,又重视国民安全
　　C. 既重视传统安全,又重视非传统安全　D. 既重视发展问题,又重视安全问题

27. 【2022年考研真题】2021年是中国加入世界贸易组织20周年。20年来,中国经济总量从世界第六位上升到第二位,货物贸易从世界第六位上升到第一位,服务贸易从世界第十一位上升到第二位,利用外资稳居发展中国家首位,对外直接投资从世界第二十六位上升到第一位。目前,中国已成为50多个国家和地区的最大贸易伙伴、120多个国家和地区的前三大贸易伙伴。中国入世20年的历史充分说明( )。

　　A. 我国经济已经实现了由高速增长向高质量发展转变
　　B. 以开放促改革、促发展是我国现代化建设的重要法宝
　　C. 坚持开放合作才能获得更多发展机遇和更大发展空间
　　D. 我国是多边贸易体制的坚定支持者、积极参与者和重要贡献者

28. 【2022年考研真题】十八届三中全会通过《中共中央关于全面深化改革若干重大问题的决定》,对全面深化改革作出顶层设计和总体规划。《中共中央关于党的百年奋斗重大成就和历史经验的决议》指出十一届三中全会是划时代的,十八届三中全会也是划时代的。十八届三中全会是划时代的,是因为( )。

　　A. 实现改革由局部探索、破冰突围到系统集成,全面深化的转变
　　B. 开启了改革开放和建设社会主义现代化的新时期
　　C. 开创了我国改革开放新局面
　　D. 确定建立社会主义市场经济体制

29. 在当代中国,经济社会发展离不开改革创新。下列关于"改革创新是新时代的迫切要求"的表述正确的有( )。

　　A. 创新是推动人类社会发展的重要力量
　　B. 创新能力是当今国际竞争新优势的集中体现
　　C. 改革创新是赢得未来的必然要求
　　D. 改革创新是提高国人素质的主要途径

30. 改革创新,要求自觉增强改革创新的责任感,树立敢于突破陈规、大胆探索未知、勇于创新创造的思想观念。关于树立改革创新的自觉意识,下列说法正确的是( )。

　　A. 增强改革创新的责任感　　　　B. 树立敢于突破陈规的意识
　　C. 树立大胆探索未知领域的信心　　D. 磨练坚韧的意志品质

31.当今时代,知识更新不断加快,社会分工日益细化,新技术新模式新业态层出不穷。新时代,青年学生增强改革创新的能力本领要做到(　　)。

A. 夯实创新基础　　　　　　　B. 培养创新思维
C. 投身改革创新实践　　　　　D. 磨炼意志品质

(三)简答题

1. 简述中华民族崇尚精神优秀传统的主要表现。

2. 简述中国精神的内涵。

3. 简述伟大建党精神的内涵。

4. 为什么说实现中国梦必须弘扬中国精神?

5. 如何做新时代忠诚的爱国者?

6. 为什么说改革开放是当代中国的显著特征?

7. 为什么说改革创新是新时代的迫切要求?

8. 如何做改革创新生力军?

(四)论述题

1. 试论中国精神的内涵及弘扬中国精神的重要意义。

2. 试论爱国主义的基本内涵与时代要求。

3. 联系实际,谈谈当代大学生如何尊重和传承中华民族历史文化。

4. 结合自身实际,谈谈大学生应如何走在改革创新的时代前列。

(五)材料分析题

材料分析题 1【2021年考研真题】

【材料1】　新冠病毒疫情是百年来全球发生的最严重的传染病大流行,是新中国成立以来我国遭遇的传播速度最快、感染范围最广、防控难度最大的重大突发公共卫生事件。面对严重疫情,中国共产党团结带领全国各族人民,进行了一场惊心动魄的抗疫大战,经过艰苦卓绝的斗争,付出巨大努力,取得抗击疫情斗争重大战略成果。

【材料2】　武汉和湖北成为这次疫情防控战的主战场。面对疫情考验,党中央一声令下,从抗疫最前线到防疫大后方,从"天涯海角"到"漠河北极",从雪域高原到黄浦江畔,全国人民并肩实施了规模空前的生命大救援,用10多天时间先后建成火神山医院和雷神山医院、改建16座方舱医院、开辟600多个集中隔离点,19个省区市对口帮扶除武汉以外的16个市州,在最短时间内解决了医疗资源和物资供应的短缺性难题。面对生死考验,平日里默默无闻的工人、农民、医生等挺身而出,用血肉之躯挺起国家的脊梁。"天使白""橄榄绿""守护蓝""志愿红"迅速集结。习近平总书记在全国抗击新冠病毒疫情表彰大会上深情地说:"全国人民都为'热干面加油'。"抗击疫情犹如大考,考出了令人赞叹的中国精神、中国力量、中国担当,考出了家的团结、国的凝聚、每个人的责任。他们当中,有满头银发乘火车赶赴武汉的钟南山院士,有因操劳过度"把胆留在武汉"的张伯礼院士,有身患渐冻症仍蹒跚急行的张定宇院长,有为研制疫苗以身试验的陈薇院士等。他们当中,有牺牲在湖北疫情防控一线的白衣战士刘智明、基层民警吴涌、社区干部廖建军,有每天送医护人员上下班的爱心人士等。参加抗疫的医务人员中有近一半是"90后""00后",他们有一句话感动了中国:"2003年非典的时候你们保护了我们,今天轮到我们来保护你们了。"

【材料3】 人无精神则不立,国无精神则不强。唯有精神上站得住、站得稳,一个民族才能在历史洪流中屹立不倒。"在这场同严重疫情的殊死较量中,中国人民和中华民族以敢于斗争、敢于胜利的大无畏气概,铸就了生命至上、举国同心、舍生忘死、尊重科学、命运与共的伟大抗疫精神。"伟大抗疫精神是中国精神的生动诠释,必将激励新时代中华儿女以更加担当有为的姿态为全面建设社会主义现代化国家、实现中华民族伟大复兴注入强大的力量。

——摘自《光明日报》(2020年9月9日)、新华网(2020年9月17日)、《人民日报》(2020年9月18日)

结合材料请回答问题:

1.伟大抗疫精神是中国精神的生动诠释,"全国人民都'为热干面加油'"彰显了什么样的中国精神?

2.伟大抗疫精神激励新时代青年如何担当民族复兴的时代使命?

材料分析题2【2021年考研真题】

2018年9月30日,在我国第五个烈士纪念日到来之时,党和国家领导人同各界代表向天安门广场人民英雄纪念碑敬献花篮,表达着13亿多人民对英烈的深切缅怀和崇高敬意。

人民英雄纪念碑基座上镶嵌的一幅革命历史浮雕,镌刻了从虎门销烟到解放战争时期为争取民族独立和人民幸福而牺牲的人民英雄。这一纪念中国革命胜利的全景图,凝聚了无数先烈的铁骨精魂,更象征着中国人民不忘历史、砥砺奋进的民族精神。

欲知大道,必先为史。习近平总书记指出:"历史是一面镜子。以史为鉴,才能避免重蹈覆辙。对历史,我们要心怀敬畏、心怀良知。历史无法改变,但未来可以塑造。"

"天地英雄气,千秋尚凛然。"一个有希望的民族不能没有英雄,一个有前途的国家不能没有先锋。英雄烈士的事迹和精神是中华民族共同的历史记忆和宝贵的精神财富。

一段时间以来,历史虚无主义思潮沉渣泛起。社会上质疑英雄烈士、歪曲历史的现象和行为不时出现,造成了极其恶劣的社会影响,引起了社会舆论的高度关注。

在社会各界不断的呼声中,2018年月27日,十三届全国人大常委会第二次会议全票表决通过了《中华人民共和国英雄烈士保护法》,英雄烈士的姓名、肖像、名誉、荣誉受法律保护,禁止歪曲、丑化、亵渎、否定英雄烈士的事迹和精神,宣扬、美化侵略战争和侵略行为将被依法惩处直至追究刑责。

英雄烈士保护法生效一个月后,最高人民法院、最高人民检察院相继下发通知要求依法惩处侵害英雄烈士权益、形象等违法行为;文化和旅游部布署查处抹黑英雄烈士等违法违规经营行为;各主要互联网文化单位纷纷采取措施清理违规信息、视频和账号;多地检察机关针对侵害英雄烈士名誉等问题依法启动诉讼程序。

"昨天你用生命捍卫我们,今天我们用法律保护你。"网友真挚的话语道出了人们对英雄烈士的敬意和爱戴。

从设立烈士纪念日"立大德于社会",到缅怀英雄烈士仪式"扬大义于国家",再到制定英雄烈士保护法"布大信于天下",一系列致敬英烈、崇尚英雄的国家行动,筑起了民族复兴征程的闪亮灯塔。

——摘自《光明日报》(2018年4月6日),《人民日报》(2018年6月13日、10月1日等)

结合材料回答问题:

1. 如何理解"英雄烈士的事迹和精神是中华民族共同的记忆和宝贵的精神财富"?

2. 根据上述材料,结合所学知识谈一谈为什么要旗帜鲜明的反对历史虚无主义?

材料分析题 3

【材料1】 美国商务部当地时间16日(北京时间17日)下令禁止美国公司向中国中兴通讯出售产品,中兴将因此蒙受巨大损失。中兴产品有大量进口自美国的元器件,尤其是芯片。消息传出后,中兴A股、H股双双停牌,其美国供应商的股票大幅下跌,最严重的跌了30%以上。

美方对中兴的调查由来已久,中兴被指控涉嫌向伊朗和朝鲜运送了受制裁的电信设备。2016年美方已对中兴有过制裁,2017年实现和解,但这一次美方称中兴在承诺处罚该公司员工问题上提供了虚假陈述。然而分析人士大多认为,这些不过是美方的借口。

——摘自《人民日报》《中兴被封杀,给中国提了醒:这事不能再拖了!》(2018年4月17日)

【材料2】 中国要强盛、要复兴,就一定要大力发展科学技术,努力成为世界主要科学中心和创新高地。我们比历史上任何时期都更接近中华民族伟大复兴的目标,我们比历史上任何时期都更需要建设世界科技强国!

实践反复告诉我们,关键核心技术是要不来、买不来、讨不来的。只有把关键核心技术掌握在自己手中,才能从根本上保障国家经济安全、国防安全和其他安全。要增强"四个自信",以关键共性技术、前沿引领技术、现代工程技术、颠覆性技术创新为突破口,敢于走前人没走过的路,努力实现关键核心技术自主可控,把创新主动权、发展主动权牢牢掌握在自己手中。

——摘自《习近平:在中国科学院第十九次院士大会、中国工程院第十四次院士大会上的讲话》(2018年5月28日)

【材料3】 中国人民具有伟大梦想精神,中华民族充满变革和开放精神。几千年前,中华民族的先民们就秉持"周虽旧邦,其命维新"的精神,开启了缔造中华文明的伟大实践。自古以来,中国大地上发生了无数变法变革图强运动,留下了"治世不一道,便国不法古"等豪迈宣言。自古以来,中华民族就以"天下大同""协和万邦"的宽广胸怀,自信而又大度地开展同域外民族交往和文化交流,曾经谱写了万里驼铃万里波的浩浩丝路长歌,也曾经创造了万国衣冠会长安的盛唐气象。正是这种"天行健,君子以自强不息""地势坤,君子以厚德载物"的变革和开放精神,使中华文明成为人类历史上唯一一个绵延五千多年至今未曾中断的灿烂文明。以数千年大历史观之,变革和开放总体上是中国的历史常态。中华民族以改革开放的姿态继续走向未来,有着深远的历史渊源、深厚的文化根基。

——摘自《习近平在庆祝改革开放40周年大会上发表的讲话》(2018年12月18日)

【材料4】 青年是整个社会力量中最积极、最有生气的力量,国家的希望在青年,民族的未来在青年。今天,新时代中国青年处在中华民族发展的最好时期,既面临着难得的建功立业的人生际遇,也面临着"天将降大任于斯人"的时代使命。新时代中国青年要继续发扬五四精神,以实现中华民族伟大复兴为己任,不辜负党的期望、人民期待、民族重托,不辜负我们这个伟大时代。

——摘自《习近平在纪念五四运动100周年大会上的讲话》(2019年4月30日)

【材料5】 日前,共青团中央公布了2019年"全国向上向善好青年"评选活动结果,中国地质大学(武汉)地球科学学院地质学2018级硕博连读生王奉宇获"勤学上进"类"全国向上向善好青年"荣誉称号,成为我校首位获此殊荣的学生,并受邀前往人民大会堂参加纪念五四运动100周年大会。

王奉宇同学于2014年进入我校地球科学学院地质学专业学习,现为地球科学学院地质学2018级硕博连读生,院大学生科技协会副主席。他是大家眼中的"石头迷",痴迷地质、勤学探索,本科期间跑遍西藏、贵州等六省(自治区),考察行程上万千米,发现早三叠世(2.5亿年前)腕足动物新物种化石,填补了生物大灭绝后腕足动物的演化空白。他对腕足动物迟缓复苏的传统观点提出质疑,将腕足动物复苏时间提前约300万年,大三时以第一作者在全球古生物领域权威期刊上发表论文,受到国际知名古生物专家正面评论。他研究生入学后继续刻苦钻研,不断求索,获评硕士研究生国家奖学金。他获评第十五届"挑战杯"全国大学生课外学术科技作品竞赛一等奖、第十三届中国大学生年度人物、中国青少年科技创新奖、湖北省优秀共青团员等多项荣誉。

——摘自中国地质大学(武汉)地大新闻网《王奉宇获评"全国向上向善好青年"》(2019年4月30日)

结合材料回答问题:

1.为什么说"中国要强盛、要复兴,就一定要大力发展科学技术,努力成为世界主要科学中心和创新高地"?

2.谈谈你对中华民族的先民们秉持"周虽旧邦,其命维新"的精神、开启"缔造中华文明的伟大实践"的感想。

3.结合王奉宇同学的事迹,谈谈作为地大学子,我们如何才能做到"不辜负我们这个伟大时代"?

材料分析题4

【材料1】 2022年8月2日,美国国会众议长佩洛西不顾中方强烈反对和严正交涉,窜访中国台湾地区。中华人民共和国外交部、全国人大常委会、中共中央台湾工作办公室、全国政协外事委员会、国防部等部门接连发声，称"中方对此坚决反对"，予以"严厉谴责"。东部战区新闻发言人施毅陆军大校表示，8月2日晚开始，中国人民解放军东部战区将在台岛周边开展一系列联合军事行动，在台岛北部、西南、东南海空域进行联合海空演训，在台湾海峡进行远程火力实弹射击，在台岛东部海域组织常导火力试射。此次行动，是针对美近期在台湾问题上消极举动重大升级采取的严正震慑，是对"台独"势力谋"独"行径的严重警告。（央视新闻）

中国人民解放军将于北京时间8月4日12时至7日12时，在以下海域和空域，进行重要军事演训行动，并组织实弹射击。为了安全，在此期间有关船只和飞行器不要进入上述海域和空域。（新华社）

——摘自《每日经济新闻》（2022年8月3日）

【材料2】 美国国会众议长佩洛西冒天下之大不韪窜访中国台湾地区。这一错误行径严重违反一个中国原则和中美三个联合公报规定，严重侵犯中国主权和领土完整，激起中国人民强烈愤慨，引发国际社会普遍反对。

中国必须统一，也必然统一，这是不可阻挡的历史大势，不会也不可能因为佩洛西之流的窜访挑衅而有任何改变。任何人、任何势力逆历史潮流而动，企图打"台湾牌"，危害中国主权和领土完整，注定徒劳，最终必将自食其果。

——摘自《人民日报》《只顾一己私利的政治秀终将徒劳》（2022年8月4日）

【材料3】 "和平统一、一国两制"方针是实现两岸统一的最佳方式，对两岸同胞和中华民族最有利。我们坚持一个中国原则和"九二共识"，在此基础上，推进同台湾各党派、各界别、各阶层人士就两岸关系和国家统一开展广泛深入协商，共同推动两岸关系和平发展、推进祖国和平统一进程。我们坚持团结广大台湾同胞，坚定支持岛内爱国统一力量，共同把握历史大势，坚守民族大义，坚定反"独"促统。伟大祖国永远是所有爱国统一力量的坚强后盾！

两岸同胞血脉相连，是血浓于水的一家人。我们始终尊重、关爱、造福台湾同胞，继续致力于促进两岸经济文化交流合作，深化两岸各领域融合发展，完善增进台湾同胞福祉的制度和政策，推动两岸共同弘扬中华文化，促进两岸同胞心灵契合。

台湾是中国的台湾。解决台湾问题是中国人自己的事，要由中国人来决定。我们坚持以最大诚意、尽最大努力争取和平统一的前景，但决不承诺放弃使用武力，保留采取一切必要措施的选项，这针对的是外部势力干涉和极少数"台独"分裂分子及其分裂活动，绝非针对广大台湾同胞。国家统一、民族复兴的历史车轮滚滚向前，祖国完全统一一定要实现，也一定能够实现！

——摘自《高举中国特色社会主义伟大旗帜 为全面建设社会主义现代化国家而团结奋斗——在中国共产党第二十次全国代表大会上的报告》（2022年10月16日）

结合材料回答问题：

1. 为什么我们要坚决反对台独势力分裂活动和外部势力干涉？

2. 根据材料，结合所学知识，谈一谈解决台湾问题、实现祖国完全统一要求有哪些？

材料分析题 5

【材料1】 美国动用国家力量打压一个企业，甚至抓人质当作谈判筹码，这种做法突破了人类文明的底线。美国作为全球唯一超级大国，一直向世界推销自由竞争的市场经济原则，但是美国动用国家力量打压中国的高科技企业，不仅与自己标榜的价值背道而驰，更让人看到美国为维护其霸权地位已经无所不用其极。试图"绑架"女儿来让老父亲屈服，这是放任霸权主义碾压人伦的纽带，全世界有识之士听之闻之，也会因为共通的人伦之情而对华为的遭遇感同身受。美国的行径不会得逞，反而只会激发中国人更大的团结，激励中国人向着高科技攀登的决心。

孟晚舟事件让我们更加清晰地认识到，要坚持底线思维，做好较长时间应对外部环境变化的思想准备和工作准备。对华为和中国的高科技企业来说，美国打压只是暂时的外部压力，这是必须跨过的关口，命运取决于自己创新的步伐和决心，而不是外在变量。对中国而言，没有人恩赐我们一个光明的未来，走近世界舞台中央的路注定布满荆棘，但我们不能因为外部压力而走向自我封闭，必须坚持改革开放、与世界合作，才能战胜暂时的困难、拥抱民族复兴的前景。

正如华为所言，"没有伤痕累累，哪来皮糙肉厚，英雄自古多磨难。回头看，崎岖坎坷；向前看，永不言弃。"现在，孟晚舟仍在加拿大继续等待，正义总有一天会来敲门。政治打压不会遮蔽正义，更不能阻挡中国科技进步！

——摘自《人民日报》《政治打压不会遮蔽正义 更不会阻挡中国科技进步》(2021年7月24日)

【材料2】 经中国政府不懈努力，当地时间9月24日，孟晚舟女士已经乘坐中国政府包机离开加拿大，即将回到祖国，并与家人团聚。

——摘自新华社《孟晚舟即将回到祖国》(2021年9月25日)

【材料3】 孟晚舟25日晚乘坐中国政府包机回到祖国，与家人团聚。至此，加拿大在美国唆使下非法拘押孟晚舟长达1028天的荒唐闹剧，终于告一段落。现在回过头来看，促成孟晚舟平安回国的因素有很多，但最重要的因素无疑在于，她背后有个强大的祖国叫中国，有个强大的集体叫中国人民！

中国政府维护本国公民和企业正当权益的决心坚定不移。孟晚舟事件是一起彻头彻尾的政治事件，本质是美国一手策划、加拿大帮凶实施的针对中国公民的政治迫害，是对中国本土高科技企业的蓄意打压，妄图借此阻挠中国的科技发展。强大起来的中国绝不会让美加的图谋得逞。中国政府作出了不懈努力，屡次敦促美加立即纠正错误，解除对孟晚舟的任意拘押，撤销对孟晚舟的逮捕令和引渡要求，释放孟晚舟并让其平安回国。

中国人民崇尚正义、不畏强暴的强大民意不可阻挡。在孟晚舟被加方非法拘押后，中国人民同仇敌忾，展现了决不接受任何形式的政治胁迫和滥用司法行为、绝不允许本国公民成为别国政治迫害的牺牲品的坚强意志。中国媒体发起网络联署要求加方立即无条件释放孟晚舟，在短时间内便有近1500万人签名联署。14亿多中国人民汇聚起来的强大民意，是任何试图霸凌、欺压中国人民的势力无法漠视的，这样的民意足以让他们胆寒！

——摘自参考消息网《孟晚舟背后，有个强大的祖国叫中国！》(2021年9月25日)

【材料4】 没有强大的祖国，就没有我今天的自由。正是那一抹绚丽的中国红，燃起我心中的信念之火，照亮我人生的至暗时刻，引领我回家的漫长路途。

——摘自孟晚舟回国时的朋友圈(2021年9月25日)

结合材料回答问题:

1. 从爱国爱党爱社会主义相统一的视角,谈一谈为什么"没有强大的祖国,就没有我今天的自由"?

2. 从改革创新的视角,谈一谈为什么中国的科技企业必须跨过外部的压力?

推荐阅读文献

[1]新时代爱国主义教育实施纲要[M].北京:人民出版社,2019.
[2]中共中央关于党的百年奋斗重大成就和历史经验的决议[M].北京:人民出版社,2021.
[3]习近平.在庆祝改革开放40周年大会上的讲话[M].北京:人民出版社,2018.

推荐视频资料

1. 央视网《百家讲坛》《中国精神(第三季)——建党精神》,2021年10月1日。
2. 求是视频《抗疫彰显中华优秀传统文化的强大力量》,2020年9月15日。
3. 央视网《中国新闻》《中国改革开放40年成果丰硕》,2018年12月19日。
4. 中央广播电视总台《我和我的祖国》,2021年6月21日。
5. 央视网《寻找中国精神》,2018年12月31日。

中国精神(第三季) | 抗疫彰显中华优秀传统文化的强大力量 | 中国改革开放40周年成果丰硕 | 我和我的祖国 | 寻找中国精神

第四章　明确价值要求　践行价值准则

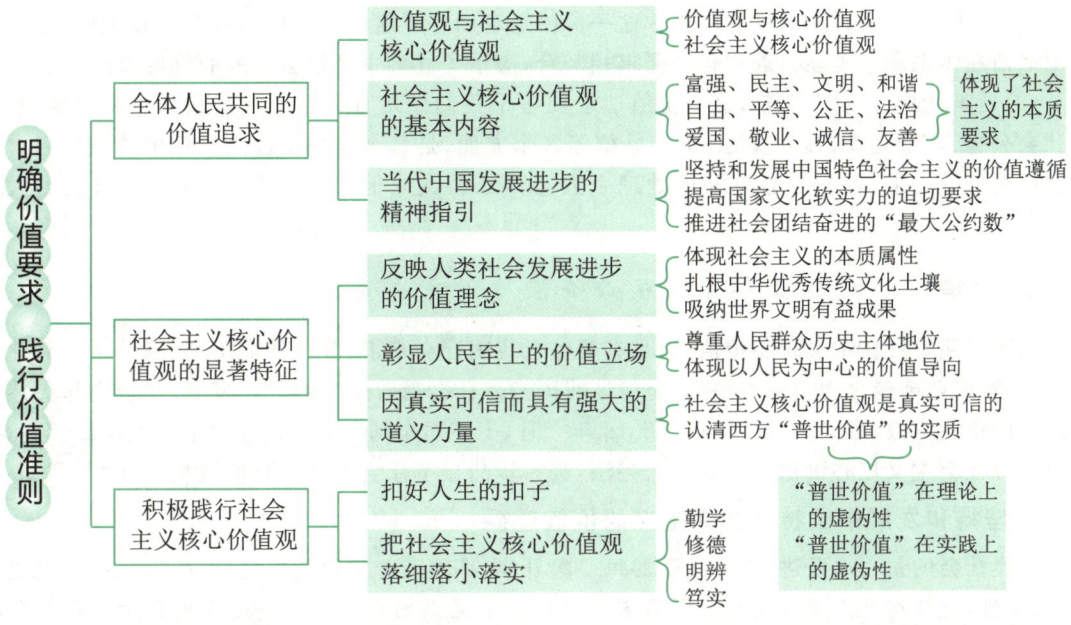

(1)价值观。就是主体对客体有无价值、价值大小的立场和态度,是对价值及其相关内容的基本观点和看法。通俗地说,价值观是人们对事物的意义和价值的反映与判断,是人们关于应该做什么和不应该做什么的基本观点,是区分好与坏、对与错、善与恶、美与丑等现象的总观念。

(2)核心价值观。是一定社会形态、社会性质的集中体现,在一个社会的思想观念体系中处于主导地位,体现着社会制度的阶级属性、社会运行的基本原则和社会发展的基本方向。

(3)社会主义核心价值观。党的十八大提出,要倡导富强、民主、文明、和谐,倡导自由、平等、公正、法治,倡导爱国、敬业、诚信、友善,积极培育和践行社会主义核心价值观。这 24 个字是社会主义核心价值观的基本内容,是中国共产党凝聚全党全社会价值共识作出的重要论断。

(4)社会主义核心价值体系。社会主义核心价值体系主要包括马克思主义指导思想、中国特色社会主义共同理想、以爱国主义为核心的民族精神和以改革创新为核心的时代精神、社会主义荣辱观。

重难点解析

(一)社会主义核心价值观的基本内容

社会主义核心价值观把涉及国家、社会、公民的价值要求融为一体,体现了社会主义本质要求,继承了中华优秀传统文化,吸收了世界文明有益成果,体现了时代精神,是对我们要建设什么样的国家、建设什么样的社会、培育什么样的公民等重大问题的深刻解答。

(1)富强、民主、文明、和谐的价值追求,回答了我们要建设什么样的国家这一重大问题,揭示了当代中国经济社会发展的价值目标,从国家层面标注了社会主义核心价值观的时代刻度。

(2)自由、平等、公正、法治,反映了人们对美好社会的期望和憧憬,是衡量现代社会是否高度发展、充满活力、和谐有序的重要标志。这一价值追求回答了建设什么样的社会的重大问题,与实现国家治理体系和治理能力现代化的要求相契合,揭示了社会主义社会发展的价值取向。

(3)爱国、敬业、诚信、友善,这一价值追求回答了我们要培育什么样的公民的重大问题,涵盖了社会公德、职业道德、家庭美德、个人品德等各个方面,是每个公民都应当遵守的价值规范。有了这样的价值追求,人们才能更好地处理个人与国家、社会、他人的关系,不断提升自己的人生境界。

(二)培育和践行社会主义核心价值观的重大意义

培育和践行社会主义核心价值观,是有效整合我国社会意识、凝聚社会价值共识、防范和化解社会矛盾、聚合磅礴之力的重大举措,是保证我国经济社会沿着正确的方向发展、实现中华民族伟大复兴的价值支撑,意义重大而深远。2018年3月,十三届全国人大一次会议通过宪法修正案,把国家倡导社会主义核心价值观正式写入宪法,进一步凸显了社会主义核心价值观的重大意义。

1.坚持和发展中国特色社会主义的价值遵循

人类社会的每一次跃进,人类文明的每一次升华,都伴随着文化的历史性进步,价值观也更加先进、完善,更加符合人类共同的价值追求。马克思主义提出在生产力高度发展和生产资料公有制的基础上,建立真正实现人人平等的公平正义的社会,是迄今为止人类最先进、最广泛的价值追求。这也正是社会主义核心价值观先进性、感召力之所在。

2.提高国家文化软实力的迫切要求

培育和践行社会主义核心价值观,有利于增进国际社会对中国的理解,扩大中华文化的影响力,展示社会主义中国的良好形象;有利于增强社会主义意识形态的竞争力,掌握话语权,赢得主动权,逐步打破西方的话语垄断、舆论垄断,维护国家文化利益和意识形态安全,不断提高我们国家的文化软实力。

3.增进社会团结和谐的最大公约数

历史和现实一再表明,只有建立共同的价值目标,一个国家和民族才会有赖以维系的精神纽带,才会有统一的意志和行动,才会有强大的凝聚力、向心力。我国是一个有着14亿多人口、56个民族的大国,确立反映全国各族人民共同认同的价值观"最大公约数",使全体人民同心同德、团结奋进,关乎国家前途命运,关乎人民幸福安康。培育和践行社会主义核心价值观,能够在具体利益矛盾、各种思想差异之上最广泛地形成价值共识,有效引领整合纷繁复杂的社会思想意识,有效避免利益格局调整可能带来的思想对立和混乱,形成团结奋斗的强大精神力量。

(三)社会主义核心价值观与社会主义核心价值体系的关系

社会主义核心价值观和社会主义核心价值体系,两者是紧密联系、互为依存、相辅相成的。

(1)社会主义核心价值观是社会主义核心价值体系的精神内核,它体现了社会主义核心价值体系的根本性质和基本特征,反映了社会主义核心价值体系的丰富内涵和实践要求,是社会主义核心价值体系的高度凝练和集中表达。

(2)社会主义核心价值观与社会主义核心价值体系具有内在一致性,都体现了社会主义意识形态的本质要求,体现了社会主义制度在思想和精神层面的质的规定性,是全面建成社会主义现代化强国、实现第二个百年奋斗目标的价值引领。

(3)推进社会主义核心价值观与社会主义核心价值体系建设,就是要弘扬共同理想、凝聚精神力量、引领道德风尚,形成全民族奋发向上、团结和睦的精神纽带,使我们的国家、民族、人民在思想上和精神上强起来,更好地坚持中国道路、弘扬中国精神、凝聚中国力量。

(四)社会主义核心价值观是反映人类发展进步的价值理念

社会主义核心价值观具有超越以往一切社会核心价值观的先进性,它集中体现了社会主义的本质属性,扎根于中华优秀传统文化的土壤,吸收借鉴了一切人类优秀文化的先进价值,是反映人类社会发展进步的价值理念。

1. 体现社会主义的本质属性

"社会主义"是社会主义核心价值观的"底色"。社会主义核心价值观的先进性,集中体现在它是社会主义所坚持和追求的价值理念。社会主义核心价值观遵循着人类历史发展的轨迹。作为社会意识的价值观念是社会存在的反映。中国走上社会主义道路,是近代以来中国社会发展的历史必然,是历史的选择、人民的选择,凝聚着中国共产党带领全国各族人民持续奋斗的实践经验。社会主义核心价值观生成于中国特色社会主义建设实践,同当今中国最鲜明的时代主题相适应,是中国特色社会主义本质规定的价值表达。

2. 扎根中华优秀传统文化土壤

中华优秀传统文化是涵养社会主义核心价值观的重要源泉。在世界几大古代文明中,中华文明之所以能够没有中断并延续发展至今,一个重要原因就是中华民族有一脉相承的精神追求、精神特质、精神脉络。中国人民的理想、价值观和精神世界是始终扎根于中华优秀传统文化的沃土之中的,同时又是随着历史和时代前进而不断与时俱进的。社会主义核心价值观,是对中华优秀传统文化的继承和升华。它把涉及国家、社会、公民的价值要求融为一体,赋予中华优秀传统文化以新的时代内涵。

3. 吸纳世界文明有益成果

社会主义核心价值观吸纳了世界文明的有益成果。博采众长、兼容并蓄是中华文明的气质,社会主义核心价值观以海纳百川的气度广泛吸收借鉴了包括资本主义文明成果在内的人类一切文明成果,萃取精华、融会贯通,形成了具有世界视野、中国气派的价值观。

(五)社会主义核心价值观彰显人民至上的价值立场

社会主义核心价值观坚持人民历史主体地位,代表最广大人民的根本利益,反映最广大人民的价值诉求,引导最广大人民为实现美好社会理想而奋斗。人民性是社会主义核心价值观的根本特性。

1. 尊重人民群众历史主体地位

马克思主义唯物史观从社会存在决定社会意识的立场出发去考察人类社会发展历史,指出人民群众在社会历史发展中的主体作用,认为人民群众是历史的创造者。相信群众、依靠群众,从群众中来、到群众中去,站在广大劳动人民的立场上,以广大劳动人民的解放为宗旨,竭尽全力为人民求福利、谋利益,是马克思主义最根本的政治立场。中国共产党为人民而生,因人民而兴。人民是中国共产党执政的最深厚基础和最大底气,人民至上是社会主义核心价值观鲜明的价值立场。

2. 体现以人民为中心的价值导向

为中国人民谋幸福、为中华民族谋复兴,是中国共产党人的初心和使命,也是党领导现代化建设的出发点和落脚点。在领导中国特色社会主义建设的进程中,中国共产党始终坚持人民是历史创造者的观点,践行全心全意为人民服务的根本宗旨,坚持人民当家作主,坚持以人民为中心的发展思想,把人民对美好生活的向往作为奋斗目标。

3. 践行在经济社会发展的各个环节

在社会主义中国,以人民为中心的发展思想,不是一个抽象的、玄奥的概念,不是只停留在口头上、止步于思想环节,而要体现在经济、政治、文化社会、生态发展各个环节。

(六)社会主义核心价值观的道义力量

社会主义核心价值观不仅真正地与社会主义制度相契合,与保障人民的根本利益相一致,而且因其真实可信而具有强大的道义力量。

1. 社会主义核心价值观是真实可信的

(1)社会主义核心价值观与以往价值观的一个重要区别在于其真实性。以民主选举制度为例,与西方民主制度"一人一票"注重形式不同,中国特色社会主义民主更注重内容和结果。我们不仅有选举民主,还有协商民主、基层民主,保证人民依法实行民主选举、民主协商、民主决策、民主管理、民主监督,实行全过程人民民主。

(2)在追求民意方面,我们不仅不比西方少,甚至还要更多。中国的民主制度不是装饰品,不是用来做摆设的,而是用来解决人民需要解决的问题的。中国特色社会主义的成功也验证了社会主义核心价值观的正确性、可信性,使得社会主义核心价值观可以而且能够成为真切、具体、广泛的现实。

2. 认清西方"普世价值"的实质

(1)"普世价值"在理论上的虚伪性。西方国家所谓的"普世价值"并非指人类道德评价、审美评价的普遍性或共性,而是特指资本主义价值观;推行的并不是人类共同的价值观,而是特定的价值观及其背后的经济政治文化制度。资本主义价值观是在资本主义生产方式基础上形成的,从根本上说,是为资产阶级利益服务的。资产阶级把自己的利益说成是全体社会成员的共同利益,把自己的价值观以全人类的共同价值观装饰起来,其目的就是维护和攫取与之相关的最大利益。不难看出,西方所谓的"普世价值"从抽象的"人性论"出发,将人看作无差别的价值符号。事实上根本不存在抽象的人性,也没有放之四海而皆准的价值观及其相应的制度。

(2)"普世价值"在实践上的虚伪性。其实,西方所谓的"普世价值",在他们自己的世界里都未能真正"普适"。种族歧视、劳资对立、金钱政治、贫富分化、社会撕裂、人权无保障等问题,在一些西方国家长期存在且愈演愈烈,与他们所标榜的"普世价值"形成鲜明对照。

(七)大学生自觉践行社会主义核心价值观的基本遵循

青年是引风气之先的社会力量。青年的价值取向,关系着自身的健康成长成才,决定着未来整个社会的价值取向。在全社会培育和弘扬社会主义核心价值观,需要大学生始终走在时代前列,成为培育和践行社会主义核心价值观最积极、最活跃的青年先进代表。

1. 扣好人生的扣子

大学时期是价值观养成的关键阶段。青年的未来与国家的未来同频同向,青年一代的理想、本领和担当勾勒出国家的形象和力量。当代大学生要意识到自身肩负的历史使命,自觉加强价值观养成,树立正确的价值取向。正确的价值观能够引导大学生把人生价值追求融入国家和民族事业,始终站在人民大众立场,同人民一道拼搏、同祖国一道前进,服务人民、奉献社会,努力成为中国特色社会主义事业的合格建设者和可靠接班人。

2. 把社会主义核心价值观落细落小落实

一种价值观要真正发挥作用,必须融入社会生活,让人们在实践中感知它、领悟它。对于大学生而言,就是要切实做到勤学、修德、明辨、笃实,使社会主义核心价值观成为一言一行的基本遵循。

(1)勤学。知识是树立社会主义核心价值观的重要基础。大学生正处于学习科学知识的黄金时期,要下得苦功夫,求得真学问,把学习作为一种精神追求、一种生活方式,努力扩大知识半径,既读有字之书,也读无字之书,砥砺道德品质,掌握真才实学,练就过硬本领。

(2)修德。道德之于个人、之于社会,都具有基础性意义,做人做事第一位的是崇德修身。修德,既要立意高远,又要立足平实。要立志报效祖国、服务人民,这是大德,养大德者方可成大业。

(3)明辨。要正视价值观选择和道德责任感,强化判断,善于明辨是非,善于决断选择,旗帜鲜明地弘扬真善美、贬斥假恶丑,树立正确导向,澄清模糊认识,匡正失范行为,形成激浊扬清、抑恶扬善的思想道德舆论,自觉做良好道德风尚的建设者、社会文明进步的推动者。

(4)笃实。道不可坐论,德不能空谈。于实处用力,从知行合一上下功夫,核心价值观才能内化为人们的精神追求,外化为人们的自觉行动。青年要把艰苦环境作为磨炼自己的机遇,把小事当作大事干,一步一个脚印往前走。滴水可以穿石。只要坚韧不拔、百折不挠,成功就一定在前方等你。

(一)单项选择题

1. 承载着一个民族、一个国家的精神追求,体现着一个社会评判是非曲直的价值标准的是( )。
   A. 马克思主义指导思想　　　　　　B. 核心价值观
   C. 中国特色社会主义共同理想　　　D. 社会主义荣辱观

2. 中国共产党在哪一次会议上提出,要倡导富强、民主、文明、和谐,倡导自由、平等、公正、法治,倡导爱国、敬业、诚信、友善,积极培育和践行社会主义核心价值观。( )

A.党的二十大　　B.党的十七大　　C.党的十八大　　D.党的十九大

3.2018年的哪一次会议通过宪法修正案,把国家倡导社会主义核心价值观正式写入宪法,进一步凸显了社会主义核心价值观的重大意义。（　）

A.十九届一中全会　　　　　　B.十九届二中全会
C.十三届全国人大一次会议　　D.十三届全国人大二次会议

4.下列哪些价值追求,回答了我们要建设什么样的国家这一重大问题,揭示了当代中国经济社会发展的价值目标,从国家层面标注了社会主义核心价值观的时代刻度。（　）

A.富强、民主、文明、法治　　B.富强、民主、文明、和谐
C.自由、平等、公正、法治　　D.爱国、敬业、诚信、友善

5.社会主义核心价值观是当代中国精神的集中体现,是中国特色社会主义道路、理论、制度、文化的价值表达,凝结着全体人民共同的价值追求。下列社会主义核心价值观内容中,哪些反映了人们对美好社会的期望和憧憬,是衡量现代社会是否高度发展、充满活力、和谐有序的重要标志。（　）

A.多元、包容、民主、自由　　B.民主、自由、公平、正义
C.自由、民主、平等、法治　　D.自由、平等、公正、法治

6.党的十八大提出,要倡导富强、民主、文明、和谐,倡导自由、平等、公正、法治,倡导爱国、敬业、诚信、友善,积极培育和践行社会主义核心价值观。下列社会主义核心价值观内容中,哪些回答了我们要培育什么样的公民的重大问题,涵盖了社会公德、职业道德、家庭美德、个人品德等各个方面,是每个公民都应当遵守的价值规范。（　）

A.爱国、敬业、诚信、友善　　B.自立、自强、自信、自律
C.爱国、民主、自由、平等　　D.自由、民主、公平、正义

7.社会主义核心价值观把涉及（　）的价值要求融为一体,体现了社会主义本质要求。

A.国家、社会、集体　　B.国家、社会、单位
C.国家、社会、家庭　　D.国家、社会、公民

8.社会主义核心价值观体现了社会主义本质要求,继承了中华优秀传统文化,吸收了世界文明有益成果,体现了时代精神,是对我们（　）。

A.要怎样发展以及实现什么样发展的重大问题的深刻解答
B.要建设什么样的现代化、怎样实现现代化的重大问题的深刻解答
C.要建设什么样的社会主义、怎样建设社会主义的重大问题的深刻解答
D.要建设什么样的国家、建设什么样的社会、培育什么样的公民等重大问题的深刻解答

9.下列哪一项被认为是文化软实力的灵魂、文化软实力建设的重点。同时,也是决定文化性质和方向的最深层次要素。（　）

A.社会主义荣辱观　　B.民族精神　　C.核心价值观　　D.时代精神

10.社会主义作为人类社会迄今为止最先进的社会制度,其价值观同社会主义经济基础和上层建筑相适应。社会主义核心价值观的"底色"就是（　）。

A.共同富裕　　B.社会主义　　C.民主自由　　D.人民幸福

11.社会主义核心价值观生成于中国特色社会主义建设实践,同当今中国最鲜明的时代主题相适应,是（　）本质规定的价值表达。

A.中国特色社会主义　　　　B.马克思主义
C.中国精神　　　　　　　　D.新时代

第四章 明确价值要求 践行价值准则

12.社会主义核心价值观不是无源之水、无本之木。下列哪一项是涵养社会主义核心价值观的重要源泉。（　　）
  A.马克思主义　　　　　　　　　B.道家哲学思想
  C.儒家传统文化　　　　　　　　D.中华优秀传统文化

13.下列关于社会主义核心价值观相关表述不正确的是（　　）。
  A.培育和弘扬社会主义核心价值观，必须从中华优秀传统文化中汲取丰富营养
  B.社会主义核心价值观吸纳了世界文明的有益成果
  C.社会主义是脱胎于资本主义的价值观，两者具有共同的理念
  D.社会主义核心价值观吸收借鉴了包括资本主义文明成果在内的人类一切文明成果

14.社会主义核心价值观坚持人民历史主体地位，代表最广大人民的根本利益，反映最广大人民的价值诉求，引导最广大人民为实现美好社会理想而奋斗。下列哪一项是社会主义核心价值观鲜明的价值立场。（　　）
  A.高度发达的物质生产　　　　　B.人民至上
  C.民主自由　　　　　　　　　　D.国家富强

15.西方国家所谓的"普世价值"并非指人类道德评价、审美评价的普遍性或共性，而是特指资本主义价值观；推行的并不是人类共同的价值观，而是特定的价值观及其背后的（　　）。
  A.价值理念　　B.生活方式　　C.享乐主义　　D.经济政治文化制度

16.社会主义核心价值观坚持人民历史主体地位，代表最广大人民的根本利益，反映最广大人民的价值诉求，引导最广大人民为实现美好社会理想而奋斗。下列哪一项是社会主义核心价值观的根本特性。（　　）
  A.人民性　　　B.先进性　　　C.阶级性　　　D.优越性

17.青年的价值取向决定了未来整个社会的价值取向，而青年又处在价值观形成和确立的时期，抓好这一时期的价值观养成十分重要。引领青年"扣好人生的第一粒扣子"的价值指针是（　　）。
  A.中国特色社会主义共同理想　　B.社会主义荣辱观
  C.社会主义核心价值观　　　　　D.共产主义远大理想

18.中国共产党为人民而生，因人民而兴。中国共产党执政的最深厚的基础和最大底气是（　　）。
  A.发展　　　　B.制度　　　　C.人民　　　　D.共同富裕

19.2014年5月4日，习近平总书记在北京大学师生座谈会上强调，广大青年树立和培育社会主义核心价值观，要在（　　）上下功夫，知识是树立核心价值观的重要基础，为学之要贵在勤奋、贵在钻研、贵在有恒，勤于学习、敏于求知。
  A.勤学　　　　B.明辨　　　　C.求真　　　　D.笃实

20.党的二十大报告指出，要坚持马克思主义在意识形态领域指导地位的根本制度，坚持为人民服务、为社会主义服务，坚持百花齐放、百家争鸣，坚持创造性转化、创新性发展，以（　　）为引领，发展社会主义先进文化，弘扬革命文化，传承中华优秀传统文化，满足人民日益增长的精神文化需求，巩固全党全国各族人民团结奋斗的共同思想基础，不断提升国家文化软实力和中华文化影响力。
  A.伟大建党精神　　　　　　　　B.社会主义核心价值观
  C.中国特色社会主义思想体系　　D.习近平新时代中国特色社会主义思想

21.党的二十大报告指出,用(　　)铸魂育人,完善思想政治工作体系,推进大中小学思想政治教育一体化建设。

　　A.伟大建党精神　　　　　　　　B.社会主义核心价值观

　　C.中国特色社会主义思想体系　　D.习近平新时代中国特色社会主义思想

22.党的二十大报告指出,坚持依法治国和以德治国相结合,把(　　)融入法治建设、融入社会发展、融入日常生活。

　　A.中华优秀传统文化　　　　　　B.社会主义荣辱观

　　C.马克思主义指导思想　　　　　D.社会主义核心价值观

23.2018年5月4日,习近平总书记在纪念马克思诞辰200周年大会上指出,我们要立足中国,面向现代化、面向世界、面向未来,巩固马克思主义在意识形态领域的指导地位,发展社会主义先进文化,加强社会主义精神文明建设,把(　　)融入社会发展各方面,推动中华优秀传统文化创造性转化、创新性发展,不断提高人民思想觉悟、道德水平、文明素养,不断铸就中华文化新辉煌。

　　A.以爱国主义为核心的民族精神　　B.以改革创新为核心的时代精神

　　C.社会主义核心价值观　　　　　　D.中华优秀传统文化

(二)多项选择题

1.价值观是主体对客体有无价值、价值大小的立场和态度,是对价值及其相关内容的基本观点和看法。下列关于价值观的理解正确的是(　　)。

　　A.价值观是人们对事物的意义和价值的反映与判断

　　B.价值观反映着特定的时代精神

　　C.价值观体现着鲜明的民族特色

　　D.价值观蕴含着特定的阶级立场

2.当今世界,文化越来越成为综合国力竞争的重要因素,成为经济社会发展的重要支撑,文化软实力越来越成为争夺发展制高点、道义制高点的关键所在。下列关于培育和践行社会主义核心价值观的作用描述正确的是(　　)。

　　A.有利于增进国际社会对中国的理解,扩大中华文化的影响力

　　B.有利于增强社会主义意识形态的竞争力,掌握话语权

　　C.社会主义核心价值观对增强我国文化软实力没有影响

　　D.有利于步打破西方的话语垄断、舆论垄断

3.党的十八大提出,要倡导富强、民主、文明、和谐,倡导自由、平等、公正、法治,倡导爱国、敬业、诚信、友善,积极培育和践行社会主义核心价值观。下列关于社会主义核心价值观表述正确的有(　　)。

　　A.社会主义核心价值观与西方普世价值一脉相承

　　B.展现了社会主义的基本特征和根本追求

　　C.渗透于经济、政治、文化、社会、生态建设的各个方面

　　D.是我国社会主义制度的内在精神之魂

4.社会主义核心价值体系主要包括(　　)。

　　A.马克思主义指导思想

　　B.中国特色社会主义共同理想

　　C.以爱国主义为核心的民族精神和以改革创新为核心的时代精神

　　D.社会主义荣辱观

5. 社会主义核心价值观把涉及（　　）的价值要求融为一体,体现了社会主义本质要求,继承了中华优秀传统文化,吸收了世界文明有益成果,体现了时代精神。

　　A. 国家　　　　　B. 社会　　　　　C. 公民　　　　　D. 政府

6. 党的十八大以来,以习近平同志为核心的党中央高度重视培育和践行社会主义核心价值观。社会主义核心价值观是对我们要（　　）等重大问题的深刻解答。

　　A. 建设什么样的国家　　　　　　B. 建设什么样的社会

　　C. 建设什么样的政府　　　　　　D. 培育什么样的公民

7. 爱国、敬业、诚信、友善,这一价值追求回答了我们要培育什么样的公民的重大问题,涵盖了（　　）等各个方面,是每一个公民都应当遵守的道德规范。

　　A. 社会公德　　　B. 职业道德　　　C. 家庭美德　　　D. 个人品德

8.【2019年考研真题】2018年3月,十三届全国人民代表大会第一次会议通过《宪法修正案》。把国家倡导的社会主义核心价值观正式写入宪法,进一步凸显了社会主义核心价值观的重大意义。社会主义核心价值观是（　　）。

　　A. 坚持和发展中国特色社会主义的价值遵循

　　B. 构建人类命运共同体的行动指南

　　C. 增进社会团结和谐的最大公约数

　　D. 提高国家文化软实力的迫切要求

9. 社会主义核心价值观倡导的"文明",除了物质文明外,还包括（　　）。

　　A. 政治文明　　　B. 精神文明　　　C. 社会文明　　　D. 生态文明

10. 社会主义核心价值观倡导的和谐,是人与人、人与社会、人与自然以及人的自我身心的有机统一。和谐的中国,是（　　）的社会主义国家。

　　A. 民主与法治相统一　　　　　　B. 公平与效率相统一

　　C. 活力与秩序相统一　　　　　　D. 人与自然相统一

11. 自由是社会活力之源,是社会主义的价值理想。下列关于社会主义核心价值观倡导的自由,表述正确的是（　　）。

　　A. 是绝大多数人的、实质上的、真实的自由

　　B. 是受到法律和规范制约、权利和义务对等的自由

　　C. 是与一定的经济社会发展条件相适应的自由

　　D. 是保证人民充分享有发展自我、实现自我的机会,使每个人都能人生出彩、梦想成真的自由

12. 平等是人类追求的美好状态。社会主义核心价值观倡导的平等是（　　）。

　　A. 兼顾效率与公平的平等　　　　B. 实实在在的平等

　　C. 要让人人都能公平行使社会权利、履行社会义务、分享社会成果的平等

　　D. 政治上平等参与、经济上共同富裕、文化上共建共享,同祖国和时代一起成长进步的平等

13. 2018年3月,十三届全国人大一次会议通过宪法修正案,把国家倡导社会主义核心价值观正式写入宪法,进一步凸显了社会主义核心价值观的重大意义。下列关于培育和践行社会主义核心价值观重大意义表述正确的是（　　）。

　　A. 整合我国社会意识　　　　　　B. 凝聚社会价值共识

　　C. 防范和化解社会矛盾　　　　　D. 聚合磅礴之力

14.【2022年考研真题】中国共产党自成立以来不断探索和发展适合中国国情的民主道路,使人民民主在东方大国落地生根、繁荣发展。党的十八大以来,我们党不断深化对民主政治发展规

律的认识,践行以人民为中心的发展思想,积极发展全过程人民民主。全过程人民民主(　　)。

A. 是完成制度程序和完整参与实践有机统一的民主

B. 是全链条、全方位、全覆盖的民主

C. 是最广泛、最真实、最管用的社会主义民主

D. 实现了过程民主和成果民主、程序民主和实质民主、直接民主和间接民主、人民民主和国家意志相统一

15. 社会主义核心价值观清晰地展现了社会主义的基本特征和根本追求,渗透于经济、政治、文化、社会、生态文明建设的各个方面。下列关于社会主义核心价值观与中国特色社会主义相互关系描述正确的有(　　)。

A. 社会主义核心价值观是我国社会主义制度的内在精神之魂

B. 社会主义核心价值观同当今中国最鲜明的时代主题相适应

C. 社会主义核心价值观是中国特色社会主义本质规定的价值表达

D. 社会主义核心价值观是当代中国发展的自然结果

16. 社会主义核心价值观体现了社会主义意识形态的本质要求,体现了社会主义制度在思想精神层面的质的规定性,以其(　　)站在人类道义制高点上,彰显出独特而强大的价值观优势。

A. 先进性　　　　B. 民主性　　　　C. 人民性　　　　D. 真实性

17. 人民是中国共产党执政的最深厚基础和最大底气,人民至上是社会主义核心价值观鲜明的价值立场。社会主义核心价值观的人民性体现在(　　)。

A. 代表了最广大人民的根本利益　　B. 反映了最广大人民的价值诉求

C. 引导最广大人民为实现美好社会理想而奋斗

D. 历史主要是由英雄领袖所创造

18. 马克思主义唯物史观从社会存在决定社会意识的立场出发去考察人类社会发展历史,指出人民群众在社会历史发展中的主体作用。下列关于马克思主义最根本的政治立场的说法正确的是(　　)。

A. 相信群众、依靠群众,从群众中来、到群众中去

B. 站在广大劳动人民的立场上

C. 以广大劳动人民的解放为宗旨

D. 竭尽全力为人民求福利、谋利益

19. 中国共产党领导人民实行的民主是全过程人民民主。下列关于全过程人民民主表述正确的是(　　)。

A. 实现了过程民主和成果民主、程序民主和实质民主、直接民主和间接民主、人民民主和国家意志相统一

B. 是全链条、全方位、全覆盖的民主

C. 是最广泛、最真实、最管用的社会主义民主

D. 与资产阶级的民主具有内在的一致性

20. 关于西方"普世价值"的表述正确的有(　　)。

A. 是普遍适用、永恒存在的价值

B. 其推行的是特定的价值观及其背后的经济政治文化制度

C. 其是为资产阶级利益服务的

D. 从抽象的"人性论"出发,将人看作无差别的价值符号

21. 大学生要深刻领会社会主义核心价值观的重要意义和科学内涵,扣好人生的扣子,从日常点滴做起,从细微之处做起。在全社会培育和弘扬社会主义核心价值观,需要大学生始终走在时代前列,成为社会主义核心价值观的(　　)。

　　A. 坚定信仰者　　　　　　　　B. 积极传播者

　　C. 模范践行者　　　　　　　　D. 普通参与者

22. 一种价值观要真正发挥作用,必须融入社会生活,让人们在实践中感知它、领悟它。对于大学生而言,就是要切实做到(　　),使社会主义核心价值观成为一言一行的基本遵循。

　　A. 勤学　　　　B. 修德　　　　C. 明辨　　　　D. 笃实

(三)简答题

1. 简述社会主义核心价值观的基本内容。

2. 简述培育和践行社会主义核心价值观的重大意义。

3. 简述社会主义核心价值观与社会主义核心价值体系的关系。

4. 为什么说社会主义核心价值观反映了人类发展进步的价值理念。

5. 简述如何认识社会主义核心价值观的道义力量。

(四)论述题

1. 为什么说社会主义核心价值观彰显人民至上的价值立场。

2. 论述大学生应当如何自觉践行社会主义核心价值观。

(五)材料分析题

材料分析题1

【材料1】 党的十九届四中全会审议通过的《中共中央关于坚持和完善中国特色社会主义制度 推进国家治理体系和治理能力现代化若干重大问题的决定》指出:"把社会主义核心价值观要求融入法治建设和社会治理,体现到国民教育、精神文明创建、文化产品创作生产全过程。"青年一代有理想、有本领、有担当,国家就有前途,民族就有希望。高校是培养青年健康成长的重要平台,要把社会主义核心价值观要求体现到高等教育,引导广大青年坚定理想信念、志存高远、脚踏实地,勇做时代的弄潮儿,成为合格的社会主义建设者和接班人。

——摘自《吉林日报》《引导青年树立和践行社会主义核心价值观》(2019年12月23日)

【材料2】 坚持和发展马克思主义,必须同中华优秀传统文化相结合。只有植根本国、本民族历史文化沃土,马克思主义真理之树才能根深叶茂。中华优秀传统文化源远流长、博大精深,是中华文明的智慧结晶,其中蕴含的天下为公、民为邦本、为政以德、革故鼎新、任人唯贤、天人合一、自强不息、厚德载物、讲信修睦、亲仁善邻等,是中国人民在长期生产生活中积累的宇宙观、天下观、社会观、道德观的重要体现,同科学社会主义价值观主张具有高度契合性。

我们要坚持马克思主义在意识形态领域指导地位的根本制度,坚持为人民服务、为社会主服务,坚持百花齐放、百家争鸣,坚持创造性转化、创新性发展,以社会主义核心价值观为引领,发展社会主义先进文化,弘扬革命文化,传承中华优秀传统文化,满足人民日益增长的精神文化需求,巩固全党全国各族人民团结奋斗的共同思想基础,不断提升国家文化软实力和中华文化影响力。

社会主义核心价值观是凝聚人心、汇聚民力的强大力量。弘扬以伟大建党精神为源头的中国共产党人精神谱系,用好红色资源,深入开展社会主义核心价值观宣传教育,深化爱国主义、集体主义、社会主义教育,着力培养担当民族复兴大任的时代新人。

——摘自《高举中国特色社会主义伟大旗帜　为全面建设社会主义现代化国家而团结奋斗——在中国共产党第二十次全国代表大会上的报告》(2022年10月16日)

结合材料回答问题:

1. 从中华优秀传统文化同科学社会主义价值观主张契合性的视角,阐述中华优秀传统文化与社会主义核心价值观之间的关系。

2. 当代青年大学生应该如何自觉践行社会主义核心价值观?

材料分析题 2

【材料1】　多年以来,在"普世价值"的幌子下,美国政府对世界做了多少"好事"！他们对伊拉克、叙利亚等多国发动战争,造成难以计数的平民死伤;他们在西亚北非等多个地区大搞"颜色革命",输出政治动荡;他们以意识形态划界,搞所谓"自由世界"的"小圈子",破坏国际团结合作……"自由啊自由,多少罪恶假汝之名以行",法国罗兰夫人18世纪发出的感叹,堪称当代美国霸权诸多"杰作"的最好注脚之一。

再请看,美政客们口口声声宣扬维护"人权、自由",但他们在自己国家做到了吗？不仅没有,许多时候恰恰成为"最佳反面教材"。漠视生命、抗疫不力,致使近60万美国民众在新冠疫情中失去生命;美国政府声称维护"宗教自由",但穆斯林群体在美国遭遇的歧视日趋严重,50%的穆斯林表示"近年来在美国做一名穆斯林变得更加困难";种族歧视问题更是积重难返,非洲裔、亚裔等少数族裔群体长期受到系统性不公待遇。"普世价值"根本遮不住美国人权记录的斑斑劣迹。

——摘自新华社《看美国宣扬"普世价值"的政治用心》(2021年6月7日)

【材料2】　我国是工人阶级领导的、以工农联盟为基础的人民民主专政的社会主义国家,国家一切权力属于人民。人民民主是社会主义的生命,是全面建设社会主义现代化国家的应有之义。全过程人民民主是社会主义民主政治的本质属性,是最广泛、最真实、最管用的民主。必须坚定不移走中国特色社会主义政治发展道路,坚持党的领导、人民当家作主、依法治国有机统一,坚持人民主体地位,充分体现人民意志,保障人民权益,激发人民创造活力。

我们要健全人民当家作主制度体系,扩大人民有序政治参与,保证人民依法实行民主选举、民主协商、民主决策、民主管理、民主监督,发挥人民群众积极性、主动性、创造性,巩固和发展生动活泼、安定团结的政治局面。

——摘自《高举中国特色社会主义伟大旗帜　为全面建设社会主义现代化国家而团结奋斗——在中国共产党第二十次全国代表大会上的报告》(2022年10月16日)

结合材料回答问题:

1. 阐述西方"普世价值"的本质。

第四章　明确价值要求　践行价值准则

2. 为什么说社会主义核心价值观倡导的民主是最广泛、最真实、最管用的民主？

材料分析题 3

【材料1】　喀喇昆仑高原，横亘西部边境。

立春过后，大江南北暖意渐浓，高原深处的加勒万河谷依然严寒彻骨，大河冰封，群山耸立。

这里是祖国的西部边陲，也是守卫和平安宁的一线。来自天南海北的一茬茬官兵，扎进茫茫群山，挺立冰峰雪谷，用热血和青春筑起巍峨界碑。

2020年4月以来，有关外军严重违反两国协定协议，在加勒万河谷地区抵边越线修建道路、桥梁等设施，蓄意挑起事端，试图单方面改变边境管控现状，甚至暴力攻击我前往现地交涉的官兵。

面对外方的非法侵权挑衅行径，我边防官兵保持克制忍让，尽最大诚意维护两国关系大局和边境地区和平安宁。在忍无可忍的情况下，边防官兵对暴力行径予以坚决回击，取得重大胜利，有效捍卫了国家主权和领土完整。

官兵们敢于斗争、敢于胜利，展现出誓死捍卫祖国领土的赤胆忠诚和一不怕苦、二不怕死的战斗精神，涌现出某边防团团长祁发宝、某机步营营长陈红军和战士陈祥榕、肖思远、王焯冉等先进典型，彰显了新时代卫国戍边英雄官兵的昂扬风貌。

中央军委授予祁发宝"卫国戍边英雄团长"荣誉称号，追授陈红军"卫国戍边英雄"荣誉称号，给陈祥榕、肖思远、王焯冉追记一等功。

——摘自中国青年网《首次披露4名解放军官兵在中印边境牺牲全过程》（2021年2月19日）

【材料2】　面对突如其来的严重疫情，广大医务人员白衣为甲、逆行出征，舍生忘死挽救生命。全国数百万名医务人员奋战在抗疫一线，给病毒肆虐的漫漫黑夜带来了光明，生死救援情景感天动地！54万名湖北省和武汉市医务人员同病毒短兵相接，率先打响了疫情防控遭遇战。346支国家医疗队、4万多名医务人员毅然奔赴前线，很多人在万家团圆的除夕之夜踏上征程。人民军队医务人员牢记我军宗旨，视疫情为命令，召之即来、来之能战、战之能胜。广大医务人员以对人民的赤诚和对生命的敬佑，争分夺秒，连续作战，承受着身体和心理的极限压力，很多人脸颊被口罩勒出血痕甚至溃烂，很多人双手因汗水长时间浸泡发白，有的同志甚至以身殉职。广大医务人员用血肉之躯筑起阻击病毒的钢铁长城，挽救了一个又一个垂危生命，诠释了医者仁心和大爱无疆！我国广大医务人员是有高度责任感的人，身患渐冻症的张定宇同志说："我必须跑得更快，才能从病毒手里抢回更多病人。"同时，他们又是十分谦逊的人，钟南山同志说："其实，我不过就是一个看病的大夫。"人民群众说："有你们在，就安心！"广大医务人员是最美的天使，是新时代最可爱的人！他们的名字和功绩，国家不会忘记，人民不会忘记，历史不会忘记，将永远铭刻在共和国的丰碑上！

——摘自求是网《习近平：在全国抗击新冠肺炎疫情表彰大会上的讲话》（2020年9月8日）

【材料3】　今年36岁的汪勇，是顺丰公司的一名快递小哥。

汪勇是一个看到别人有困难，就要伸出援手帮一把的人。当自己的力量不够，就倾尽全力寻找资源，争取最好的结果。

回首故事的起点，那是2020年1月23日的夜晚，湖北武汉已经封城，交通停运、餐店关门……喧闹的城市陷入停滞。

汪勇在无意中进入"金银潭区域医护人员需求群"微信群，看到金银潭医院的一位护士的求助——想找人在大年三十早上6点接她下夜班，但一直无人回应。汪勇看着屏幕，犹豫了一小时，

77

回复道:"我去。"从此,他开始了每天接送医护人员的志愿之旅。

"其实想想,我做这件事的初衷很简单,每天接送一个医护人员,他就可以节省4个小时,接送100个就是400个小时,400个小时,医护人员能救多少人,怎么算我都是赚的。"这是汪勇的初心,他认为守护好医护人员就是在守护家人朋友的生命健康,这份质朴的勇气,点亮了他身上的光芒。

得知金银潭医院的医护人员吃不上热饭,汪勇便发动朋友圈,多方筹措资源。谁想一波三折,好不容易找着的餐馆却因为资质问题被迫关门,这让汪勇备感失落。但每当他想起,医护人员没车时,要在寒冷的冬天徒步4小时上下班,那么这点挫折又算什么呢?他放下情绪,不懈联络,终于做到在一个多月里为7800名一线医护人员送去了1.5万份盒饭。

《人民日报》称他是抗疫时期的"生命摆渡人"。《新闻联播》评价他"聚拢温暖、守护英雄"。2020年9月,汪勇被评为全国抗击新冠肺炎疫情先进个人,入选"中国好人榜"。2021年2月,汪勇被评为"感动中国2020年度人物"。

——摘自人民资讯《对话"感动中国"快递员汪勇:因英雄般的担当被批准火线入党》(2020年9月8日)

结合材料回答问题:

1.在卫国戍边的英雄官兵、逆行出征的医务人员、冒疫奔忙的快递小哥身上,体现了社会主义核心价值观的哪些内容?

2.联系实际,谈谈大学生如何培育践行社会主义核心价值观?

推荐阅读文献

[1]习近平.习近平谈治国理政:第一卷[M].北京:外文出版社,2018.

[2]中共中央办公厅、国务院办公厅.关于进一步把社会主义核心价值观融入法治建设的指导意见,2016年12月25日。

[3]中华人民共和国国务院新闻办公室.中国的民主[M].北京:人民出版社,2021.

推荐视频资料

1.央视网《百家讲坛》《社会主义核心价值观讲坛·法治》,2015年11月3日。

2.国家广播电视总局《社会主义核心价值观之灯谜篇》,2019年8月6日。

3.新华网《中国的民主》第三集《人民的智慧》,2023年3月7日。

4.中央广播电视总台《美国输出"美式民主"祸乱全球》,2021年12月10日。

5.学习强国《这就是中国》《"普世价值"面临的困境》,2019年11月12日。

社会主义核心价值观讲坛

社会主义核心价值观

中国的民主

美国输出"美式民主"祸乱全球

这就是中国

第五章　遵守道德规范　锤炼道德品格

- 遵守道德规范 锤炼道德品格
  - 社会主义道德的核心与原则
    - 坚持马克思主义道德观
      - 道德的含义 —— 特殊的社会意识形态
      - 道德的起源
        - 劳动是道德起源的首要前提
        - 社会关系是道德赖以产生的客观条件
        - 人的自我意识是道德产生的主观条件
      - 道德的本质
        - 道德是反映社会经济关系的特殊意识形态 } 道德的产生、发展和变化，归根结底源于社会经济关系
        - 道德是社会利益关系的特殊调节方式 } 非强制性的规范
      - 道德的功能
        - 认识功能
        - 规范功能 } 基本功能
        - 调节功能
      - 道德的作用
        - 对巩固特定社会的经济基础和上层建筑具有不可替代的重要作用
        - 提高人的精神境界、促进人的自我完善、推动人的全面发展的内在动力
      - 社会主义道德是崭新类型的道德
        - 道德发展的基本规律：螺旋式上升、波浪式前进
        - 社会主义道德先进性特征
          - 社会主义经济基础的反映
          - 是对人类优秀道德资源的批判继承和创新发展
          - 以为人民服务为核心、以集体主义为原则 } 真实而强大的道义力量
    - 为人民服务是社会主义道德区别和优越于其他社会形态道德的显著标志
    - 坚持以为人民服务为核心
      - 为什么人服务是道德的核心问题
      - 社会主义道德的本质要求（原因）
        - 为人民服务是社会主义经济基础和人际关系的客观要求
        - 为人民服务是社会主义市场经济健康发展的要求
      - 先进性与广泛性的统一（要求）—— 通过不同层次、不同形式表现出来
    - 坚持以集体主义为原则
      - 调节社会利益关系的基本原则
        - 集体主义强调国家利益、社会整体利益和个人利益的辩证统一
        - 集体主义强调国家利益、社会整体利益高于个人利益
        - 集体主义重视和保障个人的正当利益
      - 集体主义的层次性（要求）
        - 无私奉献，一心为公 } 最高层次
        - 无公后私，先人后己
        - 顾全大局，遵纪守法，热爱祖国，诚实劳动，以正当合法的手段保障个人利益 —— 最基本的道德要求

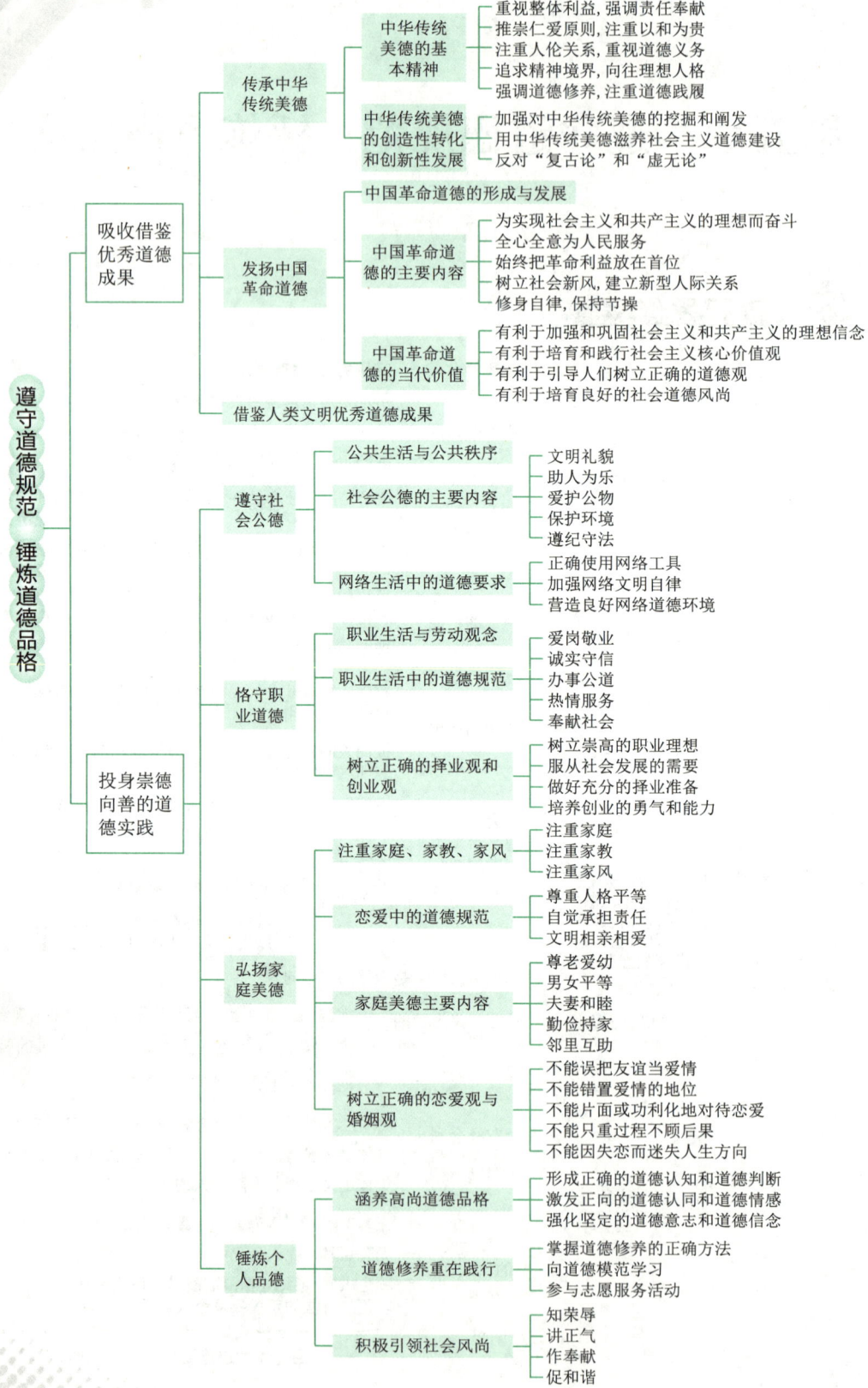

重要概念

（1）道德。道德是一种特殊的社会意识形态，它是以善恶为评价方式，主要依靠社会舆论、传统习俗和内心信念来发挥作用的行为规范的总和。

（2）传统道德。是历史上不同时代人们的行为方式、风俗习惯、价值观念和文化心理的集中体现，是对道德实践经验的提炼总结。

（3）中国革命道德。是指中国共产党人、人民军队、一切先进分子和人民群众在中国革命、建设、改革中所形成的优秀道德，是马克思主义与中国革命、建设、改革的伟大实践相结合的产物。

（4）公共秩序。秩序是由社会生活中的规范来制约和保障的，公共秩序是由一定规范维系的人们公共生活的一种有序化状态。

（5）社会公德。是指人们在社会交往和公共生活中应该遵守的行为准则，是维护公共利益、公共秩序、社会和谐稳定的起码的道德要求，涵盖了人与人、人与社会、人与自然之间的关系。

（6）职业道德。是指从事一定职业的人在职业生活中应当遵循的具有职业特征的道德要求和行为准则，涵盖了从业人员与服务对象、职业与职工、职业与职业之间的关系。

（7）爱情。是一对男女基于一定的社会基础和共同的生活理想，在各自内心形成的相互倾慕并渴望对方成为自己终身伴侣的一种强烈、纯真、专一的感情。

（8）个人品德。是通过社会道德教育和个人自觉的道德修养所形成的稳定的心理状态和行为习惯。

（9）道德修养。是指个体自觉地将一定社会的道德规范、准则及要求内化为内在的道德品质，以促进人格的自我陶冶、自我培育和自我完善的实践过程。

（10）道德模范。是指思想和行为能够激励人们不断向善且为人们所崇敬、模仿的先进人物。

重难点解析

（一）道德的起源

道德是一种特殊的社会意识形态，它是以善恶为评价方式，主要依靠社会舆论、传统习俗和内心信念来发挥作用的行为规范的总和。作为人类社会发展到一定阶段的必然产物，道德对人和社会发展具有重要的促进作用，并随着社会的发展而不断进步。马克思主义道德观认为，人类社会的实际情况是，物质生活的生产方式制约着整个社会生活、政治生活和精神生活的过程。因此，道德的起源问题，必须从这一实际出发来认识和把握。

（1）劳动是道德起源的首要前提。道德是人类社会的特有现象，动物的本能行为中不存在真正的道德。劳动将人与动物区分开来，创造了人、社会和社会关系，是道德起源的第一个历史前提。

（2）社会关系是道德赖以产生的客观条件。随着社会分工的不断发展，要求规范、协调或制约利益冲突的意识更为强烈，道德正是适应社会关系尤其是利益关系调节的需要而产生的。

(3) 人的自我意识是道德产生的主观条件。意识是道德产生的思想认识前提。人只有在社会实践中，意识到自我作为社会成员与其他动物的根本区别，意识到自我在社会中的角色与地位，意识到自我与他人或集体不同的利益关系，并由此产生调节利益矛盾的迫切要求时，道德才得以产生。

马克思主义在人类思想史上第一次科学而全面地论述了道德的起源问题，强调道德属于上层建筑的范畴，是一种特殊的社会意识形态，为正确认识和理解道德的本质奠定了基础。

(二) 道德的本质

1. 道德是反映社会经济关系的特殊意识形态

道德的产生、发展和变化，归根结底源于社会经济关系。

(1) 道德的性质和基本原则、规范反映了与之相应的社会经济关系的性质和内容。有什么样的社会经济关系，相应地就有什么样的道德。

(2) 道德随着社会经济关系的变化而变化。在人类道德史上，一切道德上的兴衰起伏、进退消长，从根本上说都是源于社会经济关系的变革。

(3) 道德作为一种社会意识，既具有阶级性，也具有普遍性。

(4) 作为社会意识的道德一经产生，便有相对独立性。这种相对独立性既表现为道德的历史继承性，也表现为道德对社会发展具有能动的反作用。

2. 道德是社会利益关系的特殊调节方式

道德与法律规范、政治规范的不同之处在于，它是用善恶标准去评价，依靠社会舆论、传统习俗、内心信念来维持的，因此是一种非强制性的规范。

3. 道德是一种实践精神

作为实践精神，道德是一种旨在通过把握世界的善恶现象而规范人们的行为，并通过人们的实践活动体现出来的社会意识。具体来说，道德是一种以指导人的行为为目的，以形成人的正确行为方式为内容的精神，在本质上是知行合一的。

(三) 道德的功能

道德的功能，一般是指道德作为社会意识的特殊形式对于社会发展所具有的功效与作用。道德的功能是多元的，同时也是多层次的。

1. 认识功能

(1) 道德的认识功能是指道德反映社会关系特别是反映社会经济关系的功效与能力。

(2) 道德往往运用善恶、荣辱、义务、良心等范畴，使人们的道德选择、道德行为建立在明辨善恶的道德认识基础上，从而正确选择自己的道德行为，积极塑造自身的良好道德品质。

2. 规范功能

(1) 道德的规范功能是指在正确善恶观的指引下，规范社会成员在社会公共领域、职业领域、家庭领域的行为，并规范个人品德的养成，引导并促进人们崇德向善。

(2)从道德的特征来说,道德和法律一样,都是通过规范人的行为发挥作用。

3.调节功能

(1)道德的调节功能是指道德通过评价等方式指导和纠正人们的行为和实践活动、协调社会关系和人际关系的功效与能力。

(2)道德评价是道德调节的主要形式,社会舆论、传统习俗和人们的内心信念是道德调节所赖以发挥作用的力量。

(四)道德的作用

道德的作用是指道德的认识、规范、调节、激励、导向、教育等功能的发挥和实现所产生的社会影响及实际效果。

(1)道德作为维系社会稳定、促进国家发展的重要因素,对巩固特定社会的经济基础和上层建筑具有不可替代的重要作用。

(2)道德作为激励人们改造客观世界和主观世界的一种精神力量,也是提高人的精神境界、促进人的自我完善、推动人的全面发展的内在动力。

(3)在道德作用问题上,反对"道德万能论"和"道德无用论"。

①"道德万能论"片面夸大道德的作用,认为道德决定一切、高于一切、支配一切,只要道德水平高,一切社会问题都可以迎刃而解。这种观点的根本错误在于,颠倒了社会存在和社会意识、经济基础和上层建筑之间的决定与被决定的关系,否定了物质资料的生产方式在社会发展中的决定作用。

②"道德无用论"则根本否认道德的作用,或者通过强调非道德因素的作用来否定道德的积极作用,或者通过强调道德消极因素的作用来否定道德的积极作用。这种观点的根本错误在于,忽视了道德作为上层建筑的重要组成部分对经济基础和生产力发展有一定的反作用。

(五)社会主义道德是崭新类型的道德

与以往社会的道德形态相比,社会主义道德具有显著的先进性特征。

(1)社会主义道德是社会主义经济基础的反映。在以生产资料公有制为主体的社会主义社会,广大人民不仅在政治上实现了当家作主,而且在道德上实现了由被动到主动的转变。

(2)社会主义道德是对人类优秀道德资源的批判继承和创新发展。我们今天倡导的社会主义道德规范,不仅与中华传统美德相承接,与中国共产党人在革命战争年代创立的革命道德相延续,同时也是对人类优秀道德成果的吸收和借鉴。

(3)社会主义道德克服了以往阶级社会道德的片面性和局限性,坚持以为人民服务为核心,坚持以集体主义为原则,展现出真实而强大的道义力量。

(六)社会主义道德坚持以为人民服务为核心

1.为人民服务是社会主义经济基础和人际关系的客观要求

在我国,公有制为主体、多种所有制经济共同发展,按劳分配为主体、多种分配方式并存,社会主义市场经济体制等社会主义基本经济制度,是为人民服务的根本制度保证;团结互助、平等友爱、共同进步的人际关系,是为人民服务的广泛社会基础。

2. 为人民服务是社会主义市场经济健康发展的要求

社会主义市场经济,不仅不排斥为社会和他人服务,而且需要通过服务甚至是优质服务,才能实现市场主体的利益。

3. 为人民服务是先进性要求和广泛性要求的统一

为人民服务,既伟大又平凡,既高尚又普通,它并非高不可攀、遥不可及,而是可以通过不同层次、不同形式表现出来。

在今天,毫不利己、专门利人、无私奉献是为人民服务,顾全大局、先公后私、爱岗敬业、办事公道是为人民服务,同志间、师生间、同学间互相关心、互相爱护、互相帮助是为人民服务,热心公益、助人为乐、见义勇为、扶贫帮困、扶残助残是为人民服务,遵纪守法、诚实劳动并获取正当的个人利益同样也是为人民服务。那种认为为人民服务只适于党员干部而不能推广到全体人民的看法是一种误解。为人民服务作为社会主义道德的核心,是社会主义道德区别和优越于其他社会形态道德的显著标志。

(七)社会主义道德坚持以集体主义为原则

1. 集体主义强调国家利益、社会整体利益和个人利益的辩证统一

在社会中,人既作为个体而存在,又作为集体中的一员而存在,集体和个人是不能分割的。在社会主义社会中,国家利益、社会整体利益和个人利益也是不能分割的。国家利益、社会整体利益体现着个人根本的、长远的利益,是所有社会成员共同利益的统一。同时,每个人的正当利益,又都是国家利益、社会整体利益不可分割的组成部分。国家和社会的兴衰与个人利益得失息息相关。在现实生活中,国家利益、社会整体利益和个人利益是相辅相成的。

2. 集体主义强调国家利益、社会整体利益高于个人利益

在个人利益与国家利益、社会整体利益发生矛盾尤其是发生激烈冲突的时候,必须坚持国家利益、社会整体利益高于个人利益的原则,即个人应当以大局为重,使个人利益服从国家利益、社会整体利益,在必要时作出牺牲。集体主义要求个人为国家、社会作出牺牲并不是随意的,只有在不牺牲个人利益就不能保全国家利益、社会整体利益的情况下,才要求个人作出牺牲。社会主义集体主义之所以强调个人利益要服从国家利益、社会整体利益,归根到底,既是为了维护国家、社会的共同利益,最终也是为了维护个人的根本利益和长远利益。

3. 集体主义重视和保障个人的正当利益

集体主义促进和保障个人正当利益的实现,使个人的才能、价值得到充分的发挥。这不但与集体主义不矛盾,而且正是集体主义思想的应有之义。只有在国家、社会中个人才能获得全面发展,才可能有个人自由。那种把集体主义看作对个人的压制、对个性的束缚的思想,是与集体主义的本意相违背的。事实上,正是集体主义为培养个人的健全人格、鲜明个性和创新精神提供了道义保障。对于集体主义来说,只有个人的价值、尊严得到实现,个人的正当利益得到保证,集体才能有更强大的生命力和凝聚力。

4. 集体主义的层次性

一是无私奉献、一心为公。即时时处处为集体利益着想,并甘愿为集体牺牲一切。这是集体主义的最高层次,是优秀共产党员、先进分子应努力达到的道德目标。二是先公后私、先人后己。即自觉把集体利益放在个人利益之上,在维护集体利益的前提下,实现个人的正当利益。这是已经具有较高社会主义道德觉悟的人能够达到的要求,具有广泛的社会基础。三是顾全大局、遵纪守法、热爱祖国、诚实劳动,以正当合法的手段保障个人利益。这是对公民最基本的道德要求。

(八)中华传统美德的基本精神

中华传统美德是人类文明发展的重要精神财富,是社会主义道德建设的源头活水。

1. 重视整体利益,强调责任奉献

在中华传统道德的发展演化中,我们始终强调整体利益、国家利益和民族利益的重要性。传统道德中的义利之辨、理欲之辨,其核心和本质是公私之辨。"公义胜私欲"是中华传统美德的根本要求。中国古代思想家强调在"义"和"利"发生矛盾时,应当义以为上、先义后利、见利思义、见义勇为。

2. 推崇仁爱原则,注重以和为贵

推崇仁爱、崇尚和谐是中华民族的优良传统和高尚品德。从仁爱精神出发,古人强调社会和谐,讲求和睦友善,倡导团结互助,追求和平共处。在人际相处上,主张与人为善、推己及人,建立和谐友爱的人际关系;在民族关系上,主张各民族互相交融、和衷共济,建设团结和睦的大家庭;在对外关系上,倡导亲仁善邻、协和万邦,与世界其他民族在平等相待、互相尊重的基础上发展友好合作关系。

3. 注重人伦关系,重视道德义务

中华传统美德一个重要的特点,就是非常重视每个人在人伦关系中的地位及其价值,强调每个人都必须根据规范的要求来尽自己应尽的义务。从《尚书》中的"五教"思想,到孟子提出的"五伦"说,再到董仲舒提出的"仁、义、礼、智、信",宋代思想家们提出的"忠、孝、节、义"四大德目等,这都不断强化了在人伦关系中每个人的责任和义务,强调人伦价值的重要意义。

4. 追求精神境界,向往理想人格

中华传统美德主张在物质生活基本满足的情况下应追求崇高的精神境界,把道德理想的实现看作人生诸种需要中最高层次的需要。从先秦儒家所强调的孔颜之乐、"大丈夫"人格,到范仲淹所提出的"先天下之忧而忧,后天下之乐而乐",这种精神已经凝聚成为中华民族一种特有的价值追求。

5. 强调道德修养,注重道德践履

中国古代的思想家大都认为,在修身养性的过程中,最重要的就是要使社会的道德原则和规范转换为自身的思想品德和行为实践,通过切磋践履不断养成良好的道德习惯,形成完善的道德人格。儒家经典《礼记》中明确提出,"修身"是"齐家、治国、平天下"的前提和基础,孔子提倡"修己""克己"和"慎独",提倡"见贤思齐焉,见不贤而内自省也",孟子更主张"善养吾浩然之气"。墨家也非常重视修身,强调"察色修身"和"以身戴行"。

此外,中华传统美德还包括道法自然、天人合一的思想,天下为公、大同世界的思想,自强不息、厚德载物的思想,经世致用、知行合一、躬行实践的思想,仁者爱人、以德立人的思想,以诚待人、讲信修睦的思想,清廉从政、勤勉奉公的思想,俭约自守、力戒奢华的思想等。

(九)实现中华传统美德的创造性转化和创新性发展的路径

传统道德是一个矛盾体,具有鲜明的两重性。属于精华的部分,表现出积极、革新、进步的一面;属于糟粕的部分,则表现出消极、保守、落后的一面。中华传统美德作为中国传统道德的精华部分,为今天的道德建设提供了丰富的资源。我们要坚定历史自信、文化自信,不忘本来、辩证取舍、古为今用、推陈出新,传承和弘扬中华传统美德。

1. 加强对中华传统美德的挖掘和阐发

弘扬中华传统美德,必须通过科学的分析和鉴别,把其中带有阶级和时代局限性的成分剔除出去,把其中具有当代价值的道德精神挖掘出来,总结传统美德中丰富的思想道德资源,对中华传统美德的德目、观点进行新的诠释和激活,结合现代生活赋予其新的时代内涵,努力推动中华传统美德的创造性转化和创新性发展。

2. 用中华传统美德滋养社会主义道德建设

要结合时代要求,按照是否有利于推动中国特色社会主义事业,是否有利于建设社会主义道德体系,是否有利于培育和践行社会主义核心价值观的标准。要立足面向大众、服务人民,发挥中华传统美德人伦日用的化育功能,使传统美德与日常生活水乳交融,让传统美德中蕴含的伦理精神点点滴滴地融入人们的生活,生根发芽,不断丰富人们的精神世界,增强人们的精神力量。

3. 在对待传统道德的问题上,要反对两种错误思潮

(1)"复古论"认为道德建设的最终目标就是要恢复中国"固有文化",形成以中国传统文化为主体的道德体系。

(2)"虚无论"认为中国传统道德从整体上来说在今天已经失去了价值和意义,必须从整体上予以全盘否定。

这两种观点都是错误的,割断了道德的历史与发展的关系,都不利于社会的发展和道德的进步。

(十)中国革命道德的主要内容

中国革命道德萌芽于五四运动前后,发端于中国共产党成立以后蓬勃发展的伟大工人运动和农民运动,经过土地革命战争、抗日战争、解放战争和社会主义革命、建设、改革的长期发展,逐渐形成并不断发扬光大。

中国革命道德继承了中国传统道德的精华,摒弃了传统道德的糟粕,是中国优良传统道德的延续和发展,是超越了中华传统美德的时代局限而形成的一种崭新的道德。

1. 为实现社会主义和共产主义的理想而奋斗

坚持社会主义和共产主义理想信念是革命道德的灵魂。无数革命先烈之所以能够排除万难、坚持斗争、无私无畏、不怕牺牲,就是因为他们有坚定的社会主义和共产主义的理想信念。

2. 全心全意为人民服务

中国革命道德从一开始就特别强调要为群众服务、为大众谋幸福、为人民利益献身,并认为这是对一切革命人士和先进分子的要求。

3. 始终把革命利益放在首位

共产党人和革命者从事革命活动的目的就是要为革命利益而奋斗,在个人利益与革命利益发生矛盾时,要"以革命利益为第一生命,以个人利益服从革命利益"。同时也要求革命的集体和领导始终不渝地从各个方面照顾每个革命成员的个人利益,关心他们的事业成就和个人的全面发展。

4. 树立社会新风,建立新型人际关系

人们对中国革命道德的传扬,破除了等级观念和特权思想,破除了鄙视劳动和劳动人民的旧观念,树立了平等意识,保护了妇女、儿童和老人的合法权益,引导建立新型家庭关系和培育良好家风,对于提升人民群众的文明水准和道德风貌,树立社会新风尚,发挥了重要的作用。

5. 修身自律,保持节操

加强个人道德修养是影响革命成败的大事,践履中国革命道德的重要环节就是共产党人修身自律、保持节操。具体来说,就是要以中国革命事业为重,严于律己、谦虚谨慎、淡泊名利、清正廉洁、襟怀坦白、光明磊落,始终保持高风亮节,展现出高尚的人格力量。

(十一)中国革命道德的当代价值

中国革命道德内容丰富、历久弥新,是中国共产党领导全体人民实现民族独立、人民解放的精神支撑,对于我们走好新时代的长征路,实现中华民族伟大复兴仍然具有极其重要的现实意义。

1. 有利于加强和巩固社会主义和共产主义的理想信念

弘扬中国革命道德,有利于树立和培养人民群众的社会主义和共产主义的理想信念,有利于坚持和发展中国特色社会主义道路。

2. 有利于培育和践行社会主义核心价值观

在新的历史条件下,继承和弘扬中国革命道德,对于帮助人们深刻理解社会主义核心价值观的科学内涵和历史底蕴,增强价值观认同,为中国特色社会主义事业提供攻坚克难的强大精神支撑,具有重要意义。

3. 有利于引导人们树立正确的道德观

在今天,发扬光大革命道德,能够引导人们正确对待个人利益和社会整体利益、国家利益的关系,能够帮助人们在深刻把握历史、认识社会、审视人生的基础上,以昂扬姿态投入全面建设社会主义现代化国家的新征程。

4. 有利于培育良好的社会道德风尚

解决道德领域出现的突出问题,要充分发挥革命道德的精神力量,培育良好的社会道德风尚,净化社会人际关系,抵制各种腐朽思想,树立浩然正气,凝聚崇德向善的正能量。

（十二）社会公德的基本规范及要求

1. 公共生活中的道德规范

（1）文明礼貌。是调整和规范人际关系的行为准则，与日常生活密切相关，自觉讲文明、懂礼貌、守礼仪，可以塑造真诚待人的良好形象。

（2）助人为乐。是把帮助他人视为自己应做之事，以力所能及的方式关心和关爱他人，并从中收获实现人生价值的快乐。

（3）爱护公物。是对社会共同劳动成果的珍惜和爱护，是每个公民应该承担的责任义务，既显示出个人的道德修养水平，也是社会文明水平的重要标志。

（4）保护环境。要求尊重自然、顺应自然、保护自然，像对待生命一样对待生态环境，为建设美丽中国作出自己应有的贡献。

（5）遵纪守法。是全体公民都必须遵循的基本行为准则，是维护公共生活秩序的重要条件，每个社会成员既要遵守国家颁布的有关法律、法规，也要遵守特定公共场所和单位的有关纪律规定。

2. 网络生活中的道德要求

网络生活中的道德要求，是人们在网络生活中为了维护正常的网络公共秩序需要共同遵守的基本道德准则，是社会公德在网络空间的运用和扩展。

（1）正确使用网络工具。大学生要提高信息获取能力，加强信息辨识能力，增进信息应用能力，使网络成为开阔视野、提高能力的重要工具。

（2）加强网络文明自律。①进行健康网络交往。大学生应通过网络开展健康有益的交往活动，重视个人信息安全，树立自我保护意识，避免给自己的人身和财产安全带来危害。②自觉避免沉迷网络。大学生应当合理安排上网时间，约束上网行为，避免因沉迷网络而耽误学业。③加强网络道德自律。网络空间同现实社会一样，既要提倡自由，也要保持秩序。如果说享受互联网的自由是网民不可被剥夺的权利，那么加强道德自律就应该成为网民不可推卸的义务。

（3）营造良好网络道德环境。大学生一方面要加强网络道德自律，自觉抵制网络欺诈、造谣、诽谤、谩骂、歧视、色情、低俗等内容，反对网络暴力行为，维护网络道德秩序；另一方面应当带头引导网络舆论，对模糊认识要及时廓清，对怨气怨言要及时化解，对错误看法要及时纠正，促进网络空间日益清朗。

（十三）职业道德的基本规范及要求

1. 职业生活中的道德规范

（1）爱岗敬业。爱岗敬业体现的是从业者热爱工作岗位、对工作极端负责、敬重自己所从事职业的道德操守，是从业者对工作勤奋努力、恪尽职守的行为表现。

（2）诚实守信。诚实守信要求从业者在职业生活中诚实劳动、合法经营、信守承诺、讲求信誉，体现着从业者的道德操守和人格力量，也是在行业中扎根立足的基础。

（3）办事公道。办事公道要求从业人员做到公平、公正，不损公肥私，不以权谋私，不假公济私，无论对人对己都要出于公心，遵循道德和法律规范来处事待人。

(4)热情服务。热情服务要求每个人无论从事什么工作、能力如何,都应该在本职岗位上通过不同形式为群众服务,形成人人都是服务者、人人又都是服务对象的良好秩序与和谐状态。

(5)奉献社会。奉献社会要求从业人员在工作岗位上兢兢业业地为社会和他人作贡献,是社会主义职业道德中最高层次的要求,体现了社会主义职业道德的最高目标指向。

2. 树立正确的择业观和创业观

(1)树立崇高的职业理想。职业活动不仅是人们谋生的手段,也是人们奉献社会、完善自身的必要条件。

(2)服从社会发展的需要。择业和创业固然要考虑个人的兴趣和意愿,同时也要充分考虑社会的需要和现实的可能性,把自己对职业的期望与社会的需要、现实的可能结合起来。

(3)做好充分的择业准备。大学生有了真才实学,才能在未来适应多种岗位。要有真才实学就要勤于学习,不断提高综合素质,练就过硬本领;既要向书本学习,也要向群众学习、向实践学习。

(4)培养创业的勇气和能力。大学生应当树立正确的创业观,要有积极创业的思想准备,积极关注经济社会发展的趋势,了解国家鼓励大学生自主创业的有关政策,为今后自主创业打下良好的基础。

(十四)家庭美德的基本规范及要求

1. 恋爱中的道德规范

(1)尊重人格平等。恋爱的双方在人格上都是独立的,如果把对方当作自己的附庸或依附对方而失去自我,都是对爱情实质的曲解。恋爱双方在相互关系上是平等的,都有给予爱、接受爱和拒绝爱的自由。

(2)自觉承担责任。自愿地为对方承担责任,是爱情本质的体现。爱一个人或接受一个人的爱,就要自觉地为对方承担责任。责任常常体现在生活的点点滴滴之中,责任的担当是需要见诸行动的自觉。

(3)文明相亲相爱。文明的恋爱往往是恋爱双方既相互爱慕、亲近,又举止得体、相互尊重。恋人出入公共场所,要遵守社会公德,不要对他人生活和公共生活造成不良影响。

2. 婚姻家庭中的道德规范

(1)尊老爱幼。子女要孝敬、赡养父母及长辈,父母要抚育、爱护子女,这不仅是每个公民必须遵守的道德准则,也是应尽的社会责任和法律义务。

(2)男女平等。家庭生活中的男女平等既表现为夫妻权利和义务上的平等、人格地位上的平等,又表现为平等地对待自己的子女。

(3)夫妻和睦。夫妻关系是家庭关系的核心。夫妻和睦是在男女平等基础上的互敬互爱、互助互让。

(4)勤俭持家。勤俭是家庭兴旺的保证,也是社会富足的保证。勤俭持家既要勤劳致富,也要量入为出。

(5)邻里互助。邻里互助重要的是相互尊重,尊重对方的人格、民族习惯、生活方式、兴趣爱好等,做到互谅互让、互帮互助、宽以待人、团结友爱。

3. 树立正确的恋爱观

(1) 不能误把友谊当爱情。异性之间要理智地把握好友谊与爱情的界限,异性之间完全可以建立和保持健康的友谊。

(2) 不能错置爱情的地位。切忌把爱情放在人生最高的地位,奉行爱情至上主义,沉湎于感情缠绵之中,很容易导致对人生目标的误解,大学生应将主要精力放在学习上。

(3) 不能片面或功利化地对待恋爱。片面追求外在形象,或者只看重经济条件,或者仅仅把恋爱看成是摆脱孤独寂寞的方式,都无法产生真挚的感情,也得不到真正的爱情。

(4) 不能只重过程不顾后果。责任是爱情得以长久的重要保障,是坚贞爱情的试金石。自愿担当的责任,丰富了爱情的内涵,提升了爱情的境界,如果把爱情当成游戏,既会伤害对方,也会伤及自己。

(5) 不能因失恋而迷失人生方向。恋爱过程是恋爱双方互相熟悉和情感协调的过程,恋爱成功与失败都是正常现象,大学生应该正确对待失恋,做到失恋不失志,失恋不失德,不影响学业和生活,不丧失对爱的憧憬和追求。

(6) 树立正确的恋爱观,大学生还要处理好几种关系。①恋爱与学习的关系。学习是大学生的主要任务,大学生应把爱情作为奋发学习的动力,同时还应把是否有利于促进学习作为衡量爱情价值的一个重要而特殊的标准。②恋爱与关心集体的关系。恋爱中的双方不应把自己禁锢在两个人的世界中。如果脱离集体,疏远同学,就会妨碍自身的全面发展与进步。③恋爱与关爱他人和社会的关系。爱的情感丰富博大,不仅有恋人之爱,还有对父母之爱、对兄弟姐妹之爱、对社会和国家之爱。如果只专注于对恋人的爱而忽视对他人和社会、国家的爱,这样的爱情就会显得自私和庸俗;相反,如果对他人和社会具有爱心则会使爱情变得高尚和稳固。

(十五)个人品德的基本规范及要求

1. 个人品德的基本规范

大学生要自觉践行爱国奉献、明礼遵规、勤劳善良、宽厚正直、自强自律等个人品德要求,形成善良的道德意愿、道德情感,培育正确的道德判断和道德责任,提高道德实践能力尤其是自觉实践能力,向往和追求自觉讲道德、尊道德、守道德的生活。

2. 道德修养重在践行

(1) 掌握道德修养的正确方法。加强道德修养,提升个人品德,应借鉴历史上思想家们所提出的学思并重、省察克治、慎独自律、知行合一、积善成德等各种积极有效的方法,并结合当今社会发展的需要身体力行,不断提高自己的道德素质和精神境界。只有按照有效的品德修养方法去做,并长期坚持下去,才能使自己不断进步、不断完善,从而成为品德高尚的人。

(2) 向道德模范学习。①学习他们助人为乐、关爱他人的高尚情怀,在关心他人、帮助他人的过程中创造人生价值;②学习他们见义勇为、勇于担当的无畏精神,在危难和紧急关头挺身而出;③学习他们以诚待人、守信践诺的崇高品格,老老实实做人、踏踏实实做事;④学习他们敬业奉献、勤勉做事的职业操守,干一行爱一行、爱一行钻一行、钻一行精一行;⑤学习他们孝老爱亲、血脉相依的至美真情,常怀感恩之心、敬爱之情。

(3) 参与志愿服务活动。志愿服务的精神是奉献、友爱、互助、进步。其中,奉献精神是精髓。参与志愿服务活动,一方面,帮助了他人、服务了社会,推动了社会道德水平的提高;另一方面,也把为社会和他人的服务看作自己应尽的义务和光荣的职责,从服务社会和帮助他人中获得成就感和幸福感。

练习题

(一)单项选择题

[考查知识点:第一节]

1. 道德是人类社会的特有现象,动物的本能行为中不存在真正的道德。道德起源的首要前提是( )。

   A. 劳动　　　　B. 习俗　　　　C. 自我意识　　　　D. 社会关系

2. 马克思主义道德观认为,( )是道德赖以产生的客观条件。

   A. 自我意识　　B. 社会关系　　C. 生产方式　　　　D. 生产力

3. 马克思主义道德观认为,( )是道德产生的主观条件。

   A. 人类语言　　B. 人的自我意识　C. 人的思维能力　　D. 人的情感欲望

4. 恩格斯说:"人们自觉地或不自觉地,归根到底总是从他们阶级地位所依据的实际关系中——从他们进行生产和交换的经济关系中,获得自己的伦理观念。"这说明,道德的产生、发展和变化,归根结底根源于( )。

   A. 各种社会关系　B. 社会经济关系　C. 社会存在　　　　D. 社会的阶级关系

5. 马克思主义道德观认为,道德是( )的特殊调节方式。

   A. 社会政治关系　B. 社会经济形态　C. 社会利益关系　　D. 社会意识形态

6. ( ),是古人推崇的基本道德规范,《管子》中把它比喻为"四维"。

   A. 仁义礼智　　B. 仁义忠恕　　C. 德能勤绩　　　　D. 礼义廉耻

7. 关于道德的观点,下列表述有误的是( )。

   A. 道德是反映社会经济关系的特殊意识形态

   B. 道德是社会利益关系的特殊调节方式

   C. 道德是一种实践精神

   D. 道德起源于人们与生俱来的善性

8. 关于道德的表述,下列说法错误的是( )。

   A. 道德属于上层建筑的范畴,是一种特殊的社会意识形态

   B. 道德的产生、发展和变化,归根结底源于社会经济关系

   C. 道德依靠社会舆论、传统习俗、内心信念来发挥作用

   D. 道德与法律规范、政治规范一样,都属于强制性规范

9. 道德的功能,是指道德作为社会意识的特殊形式对于社会发展所具有的功效与作用。道德反映社会关系特别是反映社会经济关系的功效与能力,这是道德的( )。

   A. 认识功能　　B. 规范功能　　C. 调节功能　　　　D. 教育功能

10. 在正确善恶观的指引下,规范社会成员在社会公共领域、职业领域、家庭领域的行为,并规范个人品德的养成,引导并促进人们崇德向善,这属于道德的( )。

    A. 认识功能　　B. 规范功能　　C. 调节功能　　　　D. 激励功能

11. 道德通过评价等方式指导和纠正人们的行为和实践活动、协调社会关系和人际关系的功效与能力,这是道德的( )。
   A. 认识功能　　　B. 规范功能　　　C. 调节功能　　　D. 导向功能

12. 下列选项中,不属于道德最基本的功能是( )。
   A. 认识功能　　　B. 规范功能　　　C. 调节功能　　　D. 激励功能

13. 关于道德的作用,下列说法错误的是( )。
   A. 道德是提高人的精神境界、促进人的自我完善、推动人的全面发展的内在动力
   B. 道德是激励人们改造客观世界和主观世界的一种精神力量
   C. 道德影响人们的意志、行为和品格
   D. 只要道德水平高,一切社会问题可以迎刃而解

14. ( )是人类道德合乎规律发展的必然产物,是人类道德发展史上的一种崭新类型的道德。
   A. 统治阶级的道德　　　　　　　B. 封建社会的道德
   C. 资本主义社会的道德　　　　　D. 社会主义和共产主义道德

15. 习近平总书记多次在不同场合提到人民的好公仆( ),并作词表达追思:"魂飞万里,盼归来。此水此山此地。百姓谁不爱好官?把泪焦桐成雨。生也沙丘,死也沙丘,父老生死系……"
   A. 焦裕禄　　　B. 张思德　　　C. 王进喜　　　D. 任长霞

16. 为什么人服务是道德的核心问题,决定并体现着道德建设的根本性质和发展方向,规定并制约着道德领域中的所有道德现象。社会主义道德的核心是( )。
   A. 为政党服务　　B. 为军队服务　　C. 为人民服务　　D. 为政府服务

17. 为人民服务作为社会主义道德的核心,是社会主义道德区别和优越于其他社会形态道德的显著标志。以下对为人民服务的理解,不恰当的是( )。
   A. 为人民服务是社会主义经济基础和人际关系的客观要求
   B. 为人民服务只适于党员干部而不能推广到全体人民
   C. 为人民服务是社会主义市场经济健康发展的要求
   D. 为人民服务是先进性要求和广泛性要求的统一

18. 在我国,社会主义道德的原则是( )。
   A. 爱国主义　　　B. 个人主义　　　C. 集体主义　　　D. 社会主义荣辱观

19. 社会主义道德的原则是集体主义。关于集体主义,下列说法有误的是( )。
   A. 集体主义强调国家利益、社会整体利益和个人利益的辩证统一
   B. 集体主义强调国家利益、社会整体利益高于个人利益
   C. 集体主义强调国家利益、社会整体利益服从个人利益
   D. 集体主义重视和保障个人的正当利益

20. 关于集体主义的理解,下列说法正确的是( )。
   A. 集体主义要求不论在何种情况下,个人利益都要无条件作出牺牲
   B. 集体主义是对个人的压制、对个性的束缚
   C. 集体主义就是小团体主义或本位主义
   D. 集体主义最终是为了维护个人的根本利益和长远利益

21. 集体主义道德要求是有层次的,其中对公民最基本的道德要求是(　　)。
    A. 无私奉献、一心为公
    B. 先公后私、先人后己
    C. 顾全大局、遵纪守法、热爱祖国、诚实劳动
    D. 助人为乐、文明礼貌、爱岗敬业、奉献社会

22. 具有较高社会主义道德觉悟的人能够达到的道德要求是(　　)。
    A. 无私奉献、一心为公   B. 先公后私、先人后己
    C. 顾全大局、遵纪守法   D. 热爱祖国、诚实劳动

23. 根据我国现阶段经济社会生活和人们思想道德实际,集体主义可分为三个层次的道德要求。其中(　　)是集体主义的最高层次,是优秀共产党员、先进分子应努力达到的道德目标。
    A. 无私奉献、一心为公   B. 先公后私、先人后己
    C. 热爱祖国、诚实劳动   D. 顾全大局、遵纪守法

[考查知识点:第二节]

24. 在中华传统道德的发展演化中,我们始终强调整体利益、国家利益和民族利益的重要性。传统道德中的义利之辨、理欲之辨,其核心和本质是(　　)。
    A. 义利之辨   B. 理欲之辨   C. 生死之辨   D. 公私之辨

25. 在中华传统道德的发展演化中,我们始终强调整体利益、国家利益和民族利益的重要性。中华传统美德的根本要求是(　　)。
    A. 以和为贵   B. 公义胜私欲   C. 注重人伦价值   D. 注重道德践履

26. 2000多年前的《诗经》已经提出"夙夜在公"的道德要求,以下与"夙夜在公"反映的重视整体利益,强调责任奉献的道德传统不一致的是(　　)。
    A. "己所不欲,勿施于人"   B. "以公灭私,民其允怀"
    C. "国而忘家,公而忘私"   D. "义以为上""先义后利""见利思义"

27. 【2022年考研真题】中华传统美德是中华优秀文化的重要组成部分,其内容博大精深、源远流长。从《诗经》中的"夙夜在公"到《尚书》中的"以公灭私",从西汉贾谊《治安策》中的"国而忘家,公而忘私"到宋代范仲淹《岳阳楼记》中的"先天下之忧而忧,后天下之乐而乐",再到清代林则徐的"苟利国家生死以,岂因祸福避趋之",贯穿其中的传统美德是(　　)。
    A. 强调知行合一,注重躬行实践   B. 推崇"仁爱"原则,注重以和为贵
    C. 重视整体利益,强调责任奉献   D. 提倡人伦价值,重视道德义务

28. 中华传统美德是中华文化的精髓,蕴含着丰富的思想道德资源。孔子强调"己欲立而立人,己欲达而达人",孟子强调"亲亲而仁民,仁民而爱物",荀子强调"仁者自爱",墨子则提出"兼相爱,交相利"等。这体现了中华传统美德中的(　　)。
    A. 重视整体利益,强调责任奉献   B. 推崇仁爱原则,注重以和为贵
    C. 追求精神境界,向往理想人格   D. 强调道德修养,注重道德践履

29. 推崇仁爱、崇尚和谐是中华民族的优良传统和高尚品德。主张"仁者爱人",强调要"推己及人",以下与"仁者爱人""推己及人"含义不一致的是(　　)。
    A. "己欲立而立人,己欲达而达人"   B. "吾日三省吾身"
    C. "亲亲而仁民,仁民而爱物"   D. "兼相爱,交相利"

30.《尚书》提出"五教"思想,即"父义""母慈""兄友""弟恭""子孝",孟子提出"五伦"说,即"父子有亲、君臣有义、夫妇有别、长幼有序、朋友有信",董仲舒提出"仁、义、礼、智、信",宋代思想家又提出"忠、孝、节、义"四大德目等。这体现了中华传统美德中的(　　)。
　　A.推崇仁爱原则,注重以和为贵　　　B.注重人伦关系,重视道德义务
　　C.追求精神境界,向往理想人格　　　D.强调道德修养,注重道德践履

31.先秦儒家强调的孔颜之乐,"其为人也,发愤忘食,乐以忘忧,不知老之将至云尔。""一箪食,一瓢饮,在陋巷,人不堪其忧,回也不改其乐。"这体现了中华传统美德中的(　　)。
　　A.重视整体利益,强调责任奉献　　　B.推崇仁爱原则,注重以和为贵
　　C.注重人伦关系,重视道德义务　　　D.追求精神境界,向往理想人格

32.儒家经典《礼记》中提出,"修身"是"齐家、治国、平天下"的前提和基础,孔子提倡"修己""克己"和"慎独",提倡"见贤思齐焉,见不贤而内自省也",孟子主张"善养吾浩然之气"。墨家也非常重视修身,强调"察色修身"和"以身戴行"。这体现了中华传统美德中的(　　)。
　　A.重视整体利益,强调责任奉献　　　B.推崇仁爱原则,注重以和为贵
　　C.注重人伦关系,重视道德义务　　　D.强调道德修养,注重道德践履

33.传统道德是一个矛盾体,具有鲜明的两重性。在对待我国传统道德问题上,正确的态度是(　　)。
　　A.道德建设的最终目标是要形成以中国传统文化为主体的道德体系
　　B.在当代中国传统道德从整体上已经失去了价值和意义
　　C.必须从整体上对中国传统道德予以全盘否定
　　D.要树立高度的文化自觉和文化自信,加强对中华传统美德的挖掘和阐发

34.(　　)是指中国共产党人、人民军队、一切先进分子和人民群众在中国革命、建设、改革中所形成的优秀道德,是中华民族极其宝贵的道德财富。
　　A.中华传统美德　　B.中国革命道德　　C.社会主义道德　　D.共产主义道德

35.中国革命道德萌芽于(　　),经过长期发展逐渐形成并不断发扬光大。
　　A.土地革命战争前后　　　　　　　　B.五四运动前后
　　C.中国共产党成立以后　　　　　　　D.解放战争后

36.关于中国革命道德,下列说法有误的是(　　)。
　　A.中国革命道德是对中华传统美德的延续和发展
　　B.中国革命道德是中华传统美德的渊源之一
　　C.中国革命道德继承了中国传统道德的精华,摒弃了其糟粕
　　D.中国革命道德超越了中华传统美德的时代局限

37.中国革命道德作为一种精神力量,对中国的革命、建设、改革事业发挥着极其重要的作用。革命道德的灵魂是(　　)。
　　A.坚持社会主义和共产主义理想信念　　B.全心全意为人民服务
　　C.始终把革命利益放在首位　　　　　　D.修身自律、保持节操

38.夏明翰在《就义诗》中写下"砍头不要紧,只要主义真。杀了夏明翰,还有后来人"的豪言壮语,方志敏在《可爱的中国》中发出"敌人只能砍下我们的头颅,决不能动摇我们的信仰"的坚定誓言。这体现了中国革命道德中的(　　)。
　　A.为实现社会主义和共产主义的理想而奋斗　　　B.全心全意为人民服务

C. 始终把革命利益放在首位　　　　　　　　D. 修身自律、保持节操

39. (　　)作为贯穿中国革命道德始终的一根红线,是中国共产党在中国革命实践中的一个伟大创造,对中国的革命、建设、改革事业产生了极其重大的推动作用。

　　A. 为实现社会主义和共产主义的理想而奋斗　　B. 全心全意为人民服务

　　C. 三大纪律八项注意　　　　　　　　　　　　D. 修身自律、保持节操

40. 以中国革命事业为重,严于律己、谦虚谨慎、淡泊名利、清正廉洁、襟怀坦白、光明磊落,始终保持高风亮节,展现出高尚的人格力量。这体现了中国革命道德中的(　　)。

　　A. 全心全意为人民服务　　　　　　　　B. 始终把革命利益放在首位

　　C. 树立社会新风,建立新型人际关系　　D. 修身自律、保持节操

[考查知识点:第三节]

41. 【2023年考研真题】公民道德建设对提高人民思想觉悟、道德水准、文明素养,提高全社会文明程度具有至关重要的作用。适应新时代新要求,党中央根据变化了的形势和公民道德建设的新需要,于2019年颁布了《新时代公民道德建设实施纲要》,明确强调新时代公民道德建设的着力点是(　　)。

　　A. 弘扬民族精神和时代精神

　　B. 推动理想信念教育常态化制度化

　　C. 推进社会公德、职业道德、家庭美德、个人品德建设

　　D. 传承孝老爱亲、扶危济困、见义勇为等中华美德

42. 公共生活是相对于私人生活而言的,具有鲜明的(　　),对社会的影响更为直接和广泛。

　　A. 封闭性和隐秘性　　　　　　B. 开放性和透明性

　　C. 私密性和包容性　　　　　　D. 单一性和稳定性

43. 弘扬社会主义道德,必须坚持(　　),推进社会公德、职业道德、家庭美德、个人品德建设。

　　A. 以爱国主义为核心,以改革创新为原则

　　B. 以为人民服务为核心,以集体主义为原则

　　C. 以爱国主义为核心,以集体主义为原则

　　D. 以为人民服务为核心,以团结互助为原则

44. 由一定规范维系的人们公共生活的一种有序化状态,指的是(　　)。

　　A. 公共生活　　B. 公共场所　　C. 公共秩序　　D. 公共领域

45. (　　)是指人们在社会交往和公共生活中应该遵守的行为准则,是维护公共利益、公共秩序、社会和谐稳定的起码的道德要求。

　　A. 社会公德　　B. 职业道德　　C. 家庭美德　　D. 个人品德

46. 文明礼貌、助人为乐、爱护公物、保护环境、遵纪守法,属于(　　)的主要内容。

　　A. 职业道德　　B. 家庭美德　　C. 个人品德　　D. 社会公德

47. 下列选项中,属于社会公德的是(　　)。

　　A. 爱岗敬业　　B. 文明礼貌　　C. 勤俭持家　　D. 自强自律

48. 我国自古就有"君子成人之美""为善最乐""博施济众"的优良传统,把帮助别人视为自己应做之事,看作自己的快乐。以下体现助人为乐这一社会公德内容的名言是(　　)。

A."远亲不如近邻" B."君子之交淡如水"
C."赠人玫瑰,手有余香" D."相敬如宾""琴瑟和谐"

49.网络生活中的道德要求,是人们在网络生活中为了维护正常的网络公共秩序需要共同遵守的基本道德准则,是(　　)在网络空间的运用和扩展。
　　A.社会公德　　B.职业道德　　C.家庭美德　　D.个人品德

50.下列选项中,属于职业道德主要内容的是(　　)。
　　A.爱岗敬业　　B.保护环境　　C.尊老爱幼　　D.邻里互助

51.从业人员在职业生活中做到公平、公正,不损公肥私,不以权谋私,不假公济私,无论对人对己都要出于公心,遵循道德和法律规范来处事待人。这是职业道德中(　　)。
　　A.爱岗敬业的要求　B.诚实守信的要求　C.办事公道的要求　D.奉献社会的要求

52.社会主义职业道德的最高层次的要求是(　　)。
　　A.爱岗敬业　　B.诚实守信　　C.热情服务　　D.奉献社会

53.关于择业观与创业观,下列说法错误的是(　　)。
　　A.择业和创业既要考虑个人的兴趣和意愿,也要充分考虑社会的需要
　　B.素质是立身之基,技能是立业之本
　　C.大学生树立正确的择业观和创业观,要培养创业的勇气和能力
　　D.职业活动只是人们谋生的手段,从理想的角度谈不上崇高与否

54.家庭是人生的第一个课堂,父母是孩子的第一任老师。家庭教育涉及很多方面,但最重要的是(　　)。
　　A.品德教育　　B.知识教育　　C.劳动教育　　D.财商教育

55.习近平总书记曾多次讲过岳母刺字的故事,强调(　　)是社会风气的重要组成部分,父母应引导孩子成为对国家和人民有用的人。
　　A.家庭　　B.家教　　C.家风　　D.家规

56.家庭是社会的基本细胞,是人生的第一所学校。下列选项中,属于家庭美德主要内容的是(　　)。
　　A.明礼遵规　　B.尊老爱幼　　C.文明礼貌　　D.热情服务

57.马克思指出:"真正的爱情是表现在恋人对他的偶像采取含蓄、谦恭甚至羞涩的态度,而绝不是表现在随意流露热情和过早的亲昵。"这句话主要是说,在恋爱过程中双方应(　　)。
　　A.平等履行道德义务　　　　B.有高尚的情趣和健康的交往方式
　　C.以财富和地位为交往基础　　D.追求脱离现实的"纯精神"恋爱

58.陶行知先生说:"爱之酒,甜而苦。两人喝是甘露,三人喝是酸醋,随便喝,要中毒。"这体现了爱情的(　　)。
　　A.动物本能性　　B.专一排他性　　C.平等互爱性　　D.强烈持久性

59.关于恋爱中的道德规范,下列做法不恰当的是(　　)。
　　A.尊重人格平等　　B.自觉承担责任　　C.主动依附对方　　D.文明相亲相爱

60.社会公德、职业道德和家庭美德建设,最终都要落实到(　　)。
　　A.个人的行为习惯上　　　　B.个人品德的养成上
　　C.个人的人格健全上　　　　D.个人的实践能力上

61. 通过社会道德教育和个人自觉的道德修养所形成的稳定的心理状态和行为习惯,称为( )。

　　A.社会公德　　　B.职业道德　　　C.家庭美德　　　D.个人品德

62. 通过虚心学习,积极思索,辨别善恶,学善戒恶,以涵养良好的德行。这种道德修养的方法叫作( )。

　　A.学思并重　　　B.省察克治　　　C.慎独自律　　　D.知行合一

63. 通过反省检验以发现自己思想与行为中的不良倾向,并及时对它们进行抑制和克服。这种道德修养的方法叫作( )。

　　A.省察克治　　　B.慎独自律　　　C.知行合一　　　D.积善成德

64. 东汉安帝时,昌邑县令王密为感谢杨震的提挈之恩,夜里怀金十斤馈赠,被杨震拒绝。王密说:"暮夜无知者。"杨震答道:"天知、神知、我知、子知。何谓无知!"王密听后"愧而出"。加强道德修养,提升个人品德,应借鉴历史上思想家们所提出的各种积极有效的方法,并结合当今社会发展的需要身体力行。这个故事告诉我们,个人加强道德修养,要采取( )。

　　A.学思并重的方法　　　　　　B.省察克治的方法
　　C.慎独自律的方法　　　　　　D.积善成德的方法

65. 强调在"隐"和"微"上下功夫,是对个人内心深处比较隐蔽的意识、情绪进行管理和自律的一种修养方式。这种道德修养的方法叫作( )。

　　A.学思并重　　　B.省察克治　　　C.慎独自律　　　D.知行合一

66. 把提高道德认识与躬行道德实践统一起来,以促进道德要求内化为个人的道德品质,外化为实际的道德行为。这种道德修养的方法叫作( )。

　　A.学思并重　　　B.省察克治　　　C.知行合一　　　D.积善成德

67. 通过积累善行或美德,使之巩固强化,以逐渐凝结成优良的品德。这种道德修养的方法叫作( )。

　　A.学思并重　　　B.省察克治　　　C.慎独自律　　　D.积善成德

68. 全面提高公民道德素质,要坚持依法治国和以德治国相结合,加强社会公德、职业道德、家庭美德、个人品德教育,弘扬中华传统美德,弘扬时代新风。下列选项中,既是道德规范又是法律原则的是( )。

　　A.爱岗敬业　　　B.勤俭持家　　　C.诚实守信　　　D.自律自强

69. 道德修养是一个循序渐进的过程,古人云:"积土成山,风雨兴焉;积水成渊,蛟龙生焉;积善成德,而神明自得,圣心备焉。故不积跬步,无以至千里;不积小流,无以成江海。"下列名言中与这段话在含义上近似的是( )。

　　A.不义而富且贵,于我如浮云　　　B.君子求诸己,小人求诸人
　　C.勿以善小而不为,勿以恶小而为之　　　D.纸上得来终觉浅,绝知此事要躬行

70. 2020年6月8日下午,习近平总书记来到宁夏吴忠市利通区金花园社区考察。志愿者代表、70岁的回族老党员王兰花告诉总书记,他们2005年成立志愿者服务队,从最初的7名成员发展到如今的6万多名,越来越多人参与到志愿服务中。总书记听了十分高兴。他说:"你们的经验很好,真正体现了行胜于言。社会主义是干出来的,各族群众要一起努力,志愿者要充分发挥作用,谢谢你们的努力和贡献。"志愿服务是培育和弘扬社会主义核心价值观的重要载体。志愿服务精神的精髓是( )。

A. 奉献　　　　　B. 友爱　　　　　C. 互助　　　　　D. 进步

(二) 多项选择题

[考查知识点：第一节]

1. 道德是以善恶为评价方式，主要依靠（　　）来发挥作用的行为规范的总和。
   A. 社会舆论　　　B. 传统习俗　　　C. 内心信念　　　D. 法律制度

2. 关于道德的起源问题，下列说法正确的是（　　）。
   A. 劳动是道德起源的首要前提
   B. 先天存在的良心、理念或精神是道德赖以产生的重要条件
   C. 社会关系是道德赖以产生的客观条件
   D. 人的自我意识是道德产生的主观条件

3. 马克思主义在人类思想史上第一次科学而全面地论述了道德的起源问题，强调道德属于上层建筑的范畴，是一种特殊的社会意识形态，为正确认识和理解道德的本质奠定了基础。以下关于道德的论述恰当的是（　　）。
   A. 反映社会经济关系的特殊意识形态　　B. 社会利益关系的特殊调节方式
   C. 主要是一种强制性规范　　　　　　　D. 一种实践精神

4. 道德的产生、发展和变化，归根结底源于社会经济关系。下列说法正确的是（　　）。
   A. 道德的性质和基本原则、规范反映了与之相应的社会经济关系的性质和内容
   B. 道德随着社会经济关系的变化而变化
   C. 在阶级社会里道德具有阶级性，不同阶级之间的道德没有共同之处
   D. 道德一经产生，便有相对独立性

5. 作为社会意识的道德一经产生，便有相对独立性。这种相对独立性表现为（　　）。
   A. 道德的历史继承性　　　　　　　　B. 在阶级社会里道德具有阶级性
   C. 道德对社会发展具有能动的反作用　　D. 道德随着社会经济关系的变化而变化

6. 关于道德的表述，下列说法正确的是（　　）。
   A. 道德依靠社会舆论、传统习俗、内心信念来维持
   B. 道德属于上层建筑的范畴，是一种特殊的社会意识形态
   C. 道德的产生、发展和变化，归根结底源于社会经济关系
   D. 道德是阶级社会特有的社会现象，在原始社会没有道德

7. 作为一种调整人与人、人与社会、人与自然以及人与自身之间关系的特殊的行为规范，道德与法律规范、政治规范的不同之处在于，它是（　　）。
   A. 用善恶标准去评价
   B. 依靠社会舆论、传统习俗、内心信念来维持
   C. 通过社会的道德风尚和个人的道德风范来调节利益关系
   D. 道德靠国家强制力保证实施

8. 道德的功能是多元的，同时也是多层次的。在道德的功能系统中，最基本的功能是（　　）。
   A. 认识功能　　　B. 规范功能　　　C. 调节功能　　　D. 教育功能

9. "国无德不兴，人无德不立"，道德的作用主要表现在（　　）。
   A. 道德是社会历史发展的最终决定因素　　B. 提高人的精神境界
   C. 促进人的自我完善　　　　　　　　　　D. 推动人的全面发展

10. 道德功能的发挥和实现所产生的社会影响及实际效果,就是道德的作用。以下选项体现了道德作用的是( )。
    A. 维系社会稳定、促进国家发展的重要因素
    B. 激励人们改造客观世界和主观世界的一种精神力量
    C. 推动人的全面发展的内在动力
    D. 社会历史发展的最终决定因素

11. 在道德的作用问题上,要反对两种极端的看法,即( )。
    A. 道德万能论　　B. 道德实践论　　C. 道德无用论　　D. 道德人性论

12. 道德同其他社会意识形态一样,不是亘古不变的。迄今为止,人类社会已经出现的道德类型有( )。
    A. 原始社会和奴隶社会的道德　　　　B. 封建社会的道德
    C. 资本主义社会的道德　　　　　　　D. 社会主义社会的道德

13. 人类道德的发展是一个曲折上升的历史过程。道德发展的基本规律是( )。
    A. 道德发展的历史过程与社会生产方式的发展进程大体一致
    B. 在一定时期可能有某种停滞或倒退现象
    C. 道德发展的总趋势是向上的、前进的,是沿着曲折的道路向前发展的
    D. 道德发展的历史过程与社会生产方式的发展进程不一致

14. 【2023年考研真题】社会主义道德是崭新类型的道德,与以往社会的道德形态相比,社会主义道德具有显著的先进性的特征,社会主义道德的先进性主要体现在( )。
    A. 它是对人类优秀道德资源的批判继承和创新发展
    B. 它克服了以往阶级道德的片面性和局限性
    C. 它是调节社会一切行为规范的准则
    D. 它是社会主义经济基础的反映

15. 下列对为人民服务的理解,正确的是( )。
    A. 为人民服务是坚持历史唯物主义的必然要求
    B. 为人民服务是中国共产党践行的根本宗旨
    C. 为人民服务是社会主义道德观的集中体现
    D. 为人民服务只适用于党员干部而不能推广到全体人民

16. 社会主义道德坚持以为人民服务为核心,其原因在于( )。
    A. 为人民服务是社会主义经济基础和人际关系的客观要求
    B. 为人民服务是社会主义市场经济健康发展的要求
    C. 为人民服务是先进性要求和广泛性要求的统一
    D. 为人民服务体现了普世价值的要求

17. 1949年春,毛泽东在宴请九三学社的朋友时说,"我和各位都是新中国的'长工',我们的主人是谁呢? 不是地主老财或资本家,而是人民,四万万五千万中国人民,我们要全心全意为他们服务!"全心全意为人民服务是( )。
    A. 贯穿中国革命道德始终的一根红线　　B. 社会主义道德观的集中体现
    C. 先进性要求和广泛性要求的统一　　　D. 社会主义道德的原则

18. 下列选项中,体现为人民服务道德要求的是( )。

A. 毫不利己、专门利人、无私奉献　　B. 顾全大局、先公后私、爱岗敬业
C. 热心公益、助人为乐、见义勇为　　D. 遵纪守法、诚实劳动、扶贫帮困

19. 马克思说:"我们知道个人是微弱的,但是我们也知道整体就是力量。"长期以来,集体主义已经成为调节国家利益、社会整体利益和个人利益关系的基本原则。集体主义(　　)。
A. 强调国家利益、社会整体利益和个人利益的辩证统一
B. 强调任何情况下都要牺牲个人利益来保全国家利益、社会整体利益
C. 强调国家利益、社会整体利益高于个人利益
D. 重视和保障个人的正当利益

20. 在实际生活中,个人利益和国家利益、社会整体利益难免会发生矛盾和冲突。在这种情况下,下列说法正确的是(　　)。
A. 个人应当以大局为重,使个人利益服从国家利益、社会整体利益,在必要时作出牺牲
B. 只有在不牺牲个人利益就不能保全国家利益、社会整体利益的情况下,才要求个人作出牺牲
C. 坚持国家利益、社会整体利益高于个人利益的原则,个人利益应无条件作出牺牲
D. 在任何情况下,都必须保障和维护个人的正当利益,不得要求个人利益作出牺牲

21. 根据我国现阶段经济社会生活和人们思想道德的实际,对公民最基本的集体主义的道德要求是(　　)。
A. 顾全大局、遵纪守法　　B. 热爱祖国、诚实劳动
C. 无私奉献、一心为公　　D. 先公后私、先人后己

22. 根据我国现阶段经济社会生活和人们思想道德的实际,集体主义分为不同层次的道德要求,具体有(　　)。
A. 无私奉献、一心为公　　B. 先公后私、先人后己
C. 顾全大局、遵纪守法　　D. 热爱祖国、诚实劳动

[考查知识点:第二节]

23. "今天,中华民族要继续前进,就必须根据时代条件,继承和弘扬我们的民族精神、我们民族的优秀文化,特别是包含其中的传统美德。"中华传统美德(　　)。
A. 是中华文化的精髓　　B. 蕴含着丰富的思想道德资源
C. 是人类文明发展的重要精神财富　　D. 是社会主义道德建设的源头活水

24. 推崇仁爱、崇尚和谐是中华民族的优良传统和高尚品德。此外,中华传统美德的基本精神还包括(　　)。
A. 重视整体利益,强调责任奉献　　B. 注重人伦关系,重视道德义务
C. 追求精神境界,向往理想人格　　D. 强调道德修养,注重道德践履

25. 以下属于中华传统美德中重视整体利益、强调责任奉献的有(　　)。
A. "以公灭私,民其允怀"　　B. "国而忘家,公而忘私"
C. "苟利国家生死以,岂因祸福避趋之"　　D. "己所不欲,勿施于人"

26. 以下属于中华传统美德中推崇仁爱原则,注重以和为贵的有(　　)。
A. "己欲立而立人,己欲达而达人"　　B. "修己""克己""慎独"
C. "亲亲而仁民,仁民而爱物"　　D. "兼相爱,交相利"

27. 以下属于中华传统美德中注重人伦价值,重视道德义务的有(　　)。

A."父义""母慈""兄友""弟恭""子孝"
B."仁、义、礼、智、信"
C."善养吾浩然之气"
D."忠、孝、节、义"

28.以下属于中华传统美德中追求精神境界,向往理想人格的有( )。
A."察色修身"　　　　　　　　B."明于庶物,察于人伦"
C."大丈夫"人格　　　　　　　D."先天下之忧而忧,后天下之乐而乐"

29.以下属于中华传统美德中强调道德修养,注重道德践履的有( )。
A."修己""克己""慎独"　　　　B."善养吾浩然之气"
C."察色修身"　　　　　　　　D."以身戴行"

30.从中华传统美德的角度看,"修身、齐家、治国、平天下"强调的是加强道德修养,注重道德践履。以下与其含义一致的是( )。
A."明于庶物,察于人伦"　　　B."见贤思齐焉,见不贤而内自省也"
C."察色修身""以身戴行"　　　D."修己""克己""慎独"

31.坚持古为今用、推陈出新,努力实现中华传统美德的创造性转化和创新性发展,需要我们做到( )。
A.加强对中华传统美德的挖掘和阐发
B.用中华传统美德滋养社会主义道德建设
C.反对"复古论"和"虚无论"
D.完全以传统道德代替社会主义道德

32.在对待传统道德的问题上,正确的观点是( )。
A.不忘本来、辩证取舍　　　　B.古为今用、推陈出新
C.尊重历史、全盘吸收　　　　D.已经过时、整体否定

33.中国革命道德,是指( )在中国革命、建设、改革中所形成的优秀道德,是马克思主义与中国革命、建设、改革的伟大实践相结合的产物,是中华民族极其宝贵的道德财富。
A.中国共产党人　　B.人民军队　　C.一切先进分子　　D.人民群众

34.《中华人民共和国民法典》规定:"侵害英雄烈士等的姓名、肖像、名誉、荣誉,损害社会公共利益的,应当承担民事责任。"这一规定,有利于弘扬烈士精神,缅怀烈士功绩,发扬光大中国革命道德,培养公民的爱国主义、集体主义精神和社会主义道德风尚,培育和践行社会主义核心价值观,增强中华民族的凝聚力,激发实现中华民族伟大复兴中国梦的强大精神力量。中国革命道德的内容主要包括( )。
A.为实现社会主义和共产主义理想而奋斗　　B.全心全意为人民服务
C.始终把革命利益放在首位　　　　　　　　D.树立社会新风和修身自律、保持节操

35.下列关于中国革命道德的认识,正确的是( )。
A.中国革命道德是对中华传统美德的延续和发展
B.中国革命道德萌芽于辛亥革命前后
C.中国革命道德继承了中国传统道德的精华,摒弃了其糟粕
D.中国革命道德超越了中华传统美德的时代局限

36.中国革命道德内容丰富、历久弥新,是中国共产党领导全体人民实现民族独立、人民

解放的精神支撑,对于我们走好新时代的长征路,实现中华民族伟大复兴仍然具有极其重要的现实意义。中国革命道德的当代价值在于,有利于(　　)。

　　A. 加强和巩固社会主义和共产主义的理想信念

　　B. 培育和践行社会主义核心价值观

　　C. 引导人们树立正确的道德观

　　D. 培育良好的社会道德风尚

[考查知识点:第三节]

37. 公民道德建设,对于提高人民思想觉悟、道德水准、文明素养,提高全社会文明程度,具有至关重要的作用。《新时代公民道德建设实施纲要》强调要把(　　)作为着力点。

　　A. 社会公德建设　　　　　　　B. 职业道德建设

　　C. 家庭美德建设　　　　　　　D. 个人品德建设

38. 当今世界,公共生活的领域更为广阔,公共生活的重要性更加凸显。公共生活的特征主要体现在(　　)。

　　A. 活动范围的广泛性　　　　　B. 活动内容的开放性

　　C. 交往对象的复杂性　　　　　D. 活动方式的多样性

39. 公共生活需要公共秩序。公共生活领域越扩大,对公共秩序的要求就越高。有序的公共生活是(　　)。

　　A. 社会生产活动的重要基础　　B. 推动社会发展的首要条件

　　C. 提高社会成员生活质量的基本保障　　D. 社会文明的重要标志

40. 公共秩序是由一定规范维系的人们公共生活的一种有序化状态。下列属于公共秩序的是(　　)。

　　A. 教学秩序　　　B. 交通秩序　　　C. 网络秩序　　　D. 家庭秩序

41. 公共生活中的道德规范即社会公德,以下对社会公德理解正确的有(　　)。

　　A. 社会公德是人们在社会交往和公共生活中应该遵守的行为准则

　　B. 遵纪守法是全体公民都必须遵循的基本行为准则

　　C. 奉献社会是社会公德最高层次的要求

　　D. 社会公德是维护公共利益、公共秩序、社会和谐稳定的起码的道德要求

42. 社会公德是维护公共利益、公共秩序、社会和谐稳定的起码的道德要求,涵盖了(　　)。

　　A. 人与人之间的关系　　　　　B. 人与社会之间的关系

　　C. 人与自然之间的关系　　　　D. 自我身心关系

43. 社会公德,是指人们在社会交往和公共生活中应该遵守的行为准则,涵盖了人与人、人与社会、人与自然之间的关系。每个社会成员都应遵守的社会公德的主要内容是(　　)。

　　A. 文明礼貌、助人为乐　　B. 爱护公物　　C. 保护环境　　D. 遵纪守法

44. 网络生活中的道德要求,是人们在网络生活中为了维护正常的网络公共秩序需要共同遵守的基本道德准则,是社会公德在网络空间的运用和扩展。网络生活中的道德要求有(　　)。

　　A. 正确使用网络工具　　　　　B. 加强网络文明自律

　　C. 自由自在地发表言论　　　　D. 营造良好网络道德环境

45. 正确的劳动观念是维系人们职业活动和职业生活的思想观念保障。在职业生活中,必须牢固树立的观念是(　　)。

A. 劳动最光荣　　　B. 劳动最崇高　　　C. 劳动最伟大　　　D. 劳动最美丽

46. 习近平总书记在全国劳动模范和先进工作者表彰大会上,对劳模精神、劳动精神、工匠精神作出全面系统的深刻阐述,其中,劳动精神是指(　　)。

A. 崇尚劳动　　　B. 热爱劳动　　　C. 辛勤劳动　　　D. 诚实劳动

47. 时代发展,需要大国工匠;迈向新征程,需要大力弘扬工匠精神。工匠精神是指(　　)。

A. 执着专注　　　B. 精益求精　　　C. 一丝不苟　　　D. 追求卓越

48. 职业道德是指从事一定职业的人在职业生活中应当遵循的具有职业特征的道德要求和行为准则,涵盖了(　　)之间的关系。

A. 从业人员与服务对象　　　　　B. 职业与职工
C. 职业与职业　　　　　　　　　D. 职业与家庭

49. 职业道德中的诚实守信,要求从业者在职业活动中,做到(　　)。

A. 诚实劳动　　　B. 合法经营　　　C. 信守承诺　　　D. 讲求信誉

50. 奉献社会要求从业人员在工作岗位上兢兢业业地为社会和他人作贡献,是社会主义职业道德中最高层次的要求,体现了社会主义职业道德的最高目标指向。此外,职业生活中的基本道德规范还包括(　　)。

A. 爱岗敬业　　　B. 诚实守信　　　C. 办事公道　　　D. 热情服务

51. 就业是最大的民生,每个大学生都要面临就业的现实。树立正确的择业观和创业观,应努力做到(　　)。

A. 树立崇高的职业理想　　　　　B. 服从社会发展的需要
C. 做好充分的择业准备　　　　　D. 培养创业的勇气和能力

52. 不论时代发生多大变化,生活格局发生多大变化,都要重视家庭建设,注重家庭、家教、家风。以下选项内容正确的有(　　)。

A. 家庭的前途命运同国家和民族的前途命运紧密相连
B. 只有实现中华民族伟大复兴的中国梦,家庭梦才能梦想成真
C. 家庭教育最重要的是品德教育,是如何做人的教育
D. 良好家风对家庭成员的个人修养和整个社会道德风尚的形成有重要的影响

53. 爱情是一对男女基于一定的社会基础和共同的生活理想,在各自内心形成的相互倾慕并渴望对方成为自己终身伴侣的一种强烈、纯真、专一的感情。下列选项中,对爱情的恰当理解是(　　)。

A. 爱情是人生的全部
B. 责任是爱情得以长久的重要保障
C. 不在乎天长地久,只在乎曾经拥有
D. 不能因失恋而迷失人生方向

54. 恋爱作为一种人际交往,也必然要受到道德的约束。恋爱中的道德规范主要有(　　)。

A. 尊重人格平等　　　B. 自觉承担责任　　　C. 视对方为附庸　　　D. 文明相亲相爱

55. 中华民族传统家庭美德铭记在中国人的心灵中,融入中国人的血脉中,是支撑中华民族生生不息、薪火相传的重要精神力量,是家庭文明建设的宝贵精神财富。家庭美德的基本规范是(　　)。

A. 尊老爱幼　　　　　　　　　　B. 男女平等、夫妻和睦

C. 勤俭持家、邻里互助　　　　　　D. 生死与共

56. 男女平等是家庭美德的主要内容之一,家庭生活中的男女平等表现为(　　)。
A. 夫妻权利上的平等　　　　　　B. 夫妻义务上的平等
C. 夫妻人格地位上的平等　　　　D. 平等地对待自己的子女

57. 大学生要树立正确的恋爱观,不仅需要把握好友谊与爱情的界限,还要注意(　　)。
A. 不能错置爱情的地位　　　　　B. 不能片面或功利化地对待恋爱
C. 不能只重过程不顾后果　　　　D. 不能因失恋而迷失人生方向

58.【2020年考研真题】2019年10月,中共中央、国务院印发的《新时代公民道德建设实施纲要》是在中国特色社会主义进入新时代的背景下,推动我国精神文明建设再上新高度,为实现中华民族伟大复兴中国梦凝心铸魂的指导性文件。新时代公民道德建设的重点任务是(　　)。
A. 筑牢理想信念之基　　　　　　B. 培育和践行社会主义核心价值观
C. 传承中华传统美德　　　　　　D. 弘扬民族精神和时代精神

59. 个人品德是个体对某种道德要求认同和践履的结果,集中体现了道德认知、道德情感、道德意志、道德信念和道德行为的内在统一。大学生要自觉践行的个人品德要求,除了爱国奉献,还包括(　　)。
A. 明礼遵规　　B. 勤劳善良　　C. 宽厚正直　　D. 自强自律

60. 大学生投身崇德向善的道德实践,就要自觉加强道德修养,掌握道德修养的正确方法,包括学思并重的方法和(　　)。
A. 省察克治的方法　　　　　　　B. 慎独自律的方法
C. 知行合一的方法　　　　　　　D. 积善成德的方法

61. 一位社会学家发现大楼的一块玻璃坏了,起初他没太当回事,没过多久,他发现许多处窗户都破损了。经过调研后,他得出结论:一样东西如果有点破损,人们就会有意无意地加快它的破损速度;一样东西如果完好无损,或是及时维护,人们就会精心地护理。这就是著名的"破窗定律"。下列关于道德修养的名言与"破窗定律"内涵相近的是(　　)。
A. 见贤思齐焉,见不贤而内自省也
B. 非知之难,行之惟难
C. 小善虽无大益,而不可不为;细恶虽无近祸,而不可不去也
D. 善不可谓小而无益,不善不可谓小而无伤

62. 志愿服务是指志愿贡献个人的时间及精力,在不求任何物质报酬的情况下,为改善社会、促进社会进步而提供的服务。志愿服务的精神是(　　)。
A. 奉献　　B. 友爱　　C. 互助　　D. 进步

63. 良好的社会风尚是人们在社会道德实践中逐渐形成的。投身崇德向善的道德实践,要弘扬真善美、贬斥假恶丑,做社会主义道德的示范者和引领者,促进良好社会风尚的形成。为此,要(　　)。
A. 知荣辱　　B. 讲正气　　C. 作奉献　　D. 促和谐

(三)简答题

1. 简述道德的起源。

2. 简述道德的本质。

3. 简述道德的功能。

4. 简述道德的作用。

5. 简述为什么社会主义道德是崭新类型的道德。

6. 简述社会主义集体主义道德要求的层次性的认识。

7. 简述中华传统美德的基本精神。

8. 简述中国革命道德的主要内容。

9. 简述中国革命道德的当代价值。

10. 简述网络生活中的道德要求。

11. 简述如何树立正确的择业观和创业观。

12. 简述大学生恋爱中的道德要求。

13. 简述道德修养的正确方法。

(四)论述题

1. 社会主义道德是人类道德发展史上一种崭新类型的道德,谈谈社会主义道德为什么要以为人民服务为核心、以集体主义为原则。

2. 中华传统美德是社会主义道德建设的源头活水,结合实际,谈谈新时代大学生如何传承中华传统美德。

3. 社会公德、职业道德、家庭美德、个人品德是新时代公民道德建设的着力点。结合自身实际,谈谈如何理解社会公德、职业道德、家庭美德、个人品德的基本规范及要求。

4. 联系实际,谈谈大学生如何积极投身崇德向善的道德实践。

(五)材料分析题

材料分析题1

【材料1】"村里人都住上了楼房,富起来了!"望着漫山遍野的果树,岗底村党总支书记杨双牛说,"李教授,岗底的好日子,是你用生命换来的……"

村民口中的"李教授",是"人民楷模"国家荣誉称号获得者李保国,生前是河北农业大学教授、博士生导师。他把毕生精力投入山区生态建设和科技富民事业中,每年深入基层200多天,让140万亩(1亩=666.67平方米)荒山披绿,带领10万农民脱贫致富。

李保国是河北武邑人,出生于1958年。他说自己在农村长大,见不得老百姓穷。"我是国家恢复高考后的第一届大学生,学农林专业,该用学到的知识为农民做点儿什么。"

1981年,李保国从河北林业专科学校(河北农业大学林学院前身)毕业后,留校任教。上班才十几天,他就和同事一头扎进太行山,搞起了山区开发研究。

那是河北邢台市前南峪村,曾经"年年种树不见树,岁岁造林不见林"。李保国跑遍山上的沟沟壑壑,探索用爆破整地的方法聚土积流。终于,土加厚了,水留住了,树木成活率从10%提高到90%,贫瘠干旱的山地变成了"洋槐戴帽,果树缠腰,梯田抱脚"的生态经济带。

有一年,岗底村暴发山洪,村里200多亩耕地被冲毁。李保国随学校科技救灾团赶来,望着难过的村民,悄悄留下自己的电话:"别灰心,不是还有几十亩果园吗?我来帮你们!"后来,李保国带着妻子在村里住下来,推广苹果套袋技术。如今,当地的富岗苹果已成为驰名商标。

与农民打交道30多年,李保国与农民结下深厚感情,手机里存了几百名农民朋友的电话号码。"为了农民兄弟的真心实意,我愿把知识和能力全部贡献出来。"李保国说。

——摘自《人民日报》《绿了荒山　富了百姓》(2021年9月14日)

【材料2】　365天"在岗",24小时"开机",被100多位孤寡老人当成"亲儿子",带领1200多名志愿者为雪域高原、偏远山区等送去光亮……近日,"时代楷模"钱海军的先进事迹经报道后,引发热烈反响。

钱海军是国网浙江慈溪市供电公司电力工人。他从事电力服务工作30年,从一名普通的电力工人成长为有口皆碑的"万能电工"。他爱岗敬业、甘于奉献,把满腔热情投入到电力服务工作中,用实际行动架起党群"连心桥",带领团队特别是青年职工投身脱贫攻坚、乡村振兴一线,大力开展志愿服务和慈善活动,在实现共同富裕的征程中发挥了共产党员的先锋模范作用。

"钱海军身上的劳模精神、劳动精神、工匠精神,生动展示了中国工人阶级在奋斗中创造精彩人生的时代风采。"国网北京昌平供电公司带电作业班班长王月鹏说,"他无怨无悔、为民服务的事迹,值得我们每个人学习。"王月鹏从事的带电作业是高危专业,他说:"能让老百姓少停电、不停电,再苦、再累、再危险,都觉得值。"

"钱师傅有一句话说到了我心里,'为人民服务不是作秀,不能三分钟热度'。"国网浙江宁波市镇海区供电公司营销部副主任李娟说,作为一名青年党员和一线电力职工,要向钱海军学习,用心做好每一件小事,服务好每一位客户,"追寻光、成为光、散发光!"

——摘自《人民日报》《追寻光、成为光、散发光——"时代楷模"钱海军先进事迹引发热烈反响》(2022年5月10日)

【材料3】　为什么人的问题,是检验一个政党、一个政权性质的试金石。中共中央宣传部近日发布的文献《中国共产党的历史使命与行动价值》,从"把人民放在心中最高位置""依靠人民不断取得胜利""实现人民当家作主""让人民过上好日子"4个方面深入阐明我们党坚持全心全意为人民服务的行动价值,深刻揭示了100年来我们党的发展逻辑和胜利密码,生动彰显了一个马克思主义政党坚定的人民立场、一个百年大党深厚的人民情怀。

在庆祝中国共产党成立100周年大会上,习近平总书记强调:"江山就是人民、人民就是江山,打江山、守江山,守的是人民的心。"为人民而生,因人民而兴,始终同人民在一起,为人民利益而奋斗,是我们党立党兴党强党的根本出发点和落脚点。100年来,我们党坚守初心使命,团结带领人民创造了历史伟业,中国从山河破碎、衰败凋零到蓬勃发展、欣欣向荣,发生了翻天覆地的巨大变化,人民过上了几千年来梦寐以求的好日子,中华民族迎来了从站起来、富起来到强起来的伟大飞跃。今天,我们党已经成为拥有9500多万名党员、领导着14亿多人口大国、具有重大全球影响力的世界第一大执政党,得到了中国人民最广泛的支持和拥护。历史和实践充分证明:来自人民、依靠人民、为了人民,是100年来中国共产党的发展逻辑和胜利密码。

——摘自《人民日报》《全心全意为人民服务——论中国共产党的历史使命与行动价值②》(2021年8月29日)

结合材料回答问题:

1. 为人民服务的内涵是什么?李保国和钱海军的事迹体现了为人民服务的哪些内涵?

2. 如何正确理解为人民服务是社会主义道德的核心?

材料分析题 2

【材料1】 中华优秀传统文化是中华民族的文化根脉,其蕴含的思想观念、人文精神、道德规范,不仅是我们中国人思想和精神的内核,对解决人类问题也有重要价值。英国哲学家罗素曾经说过:"中国至高无上的伦理品质中的一些东西,现代世界极为需要。"推动中华优秀传统文化走出去,不能停留在舞个狮子、包个饺子、耍套功夫上,不能满足于向国外提供一些表层的文化符号上,关键是要把优秀传统文化的精神标识提炼出来、展示出来,把优秀传统文化中具有当代价值、世界意义的文化精髓提炼出来、展示出来。

——摘自习近平2018年8月21日至22日在全国宣传思想工作会议上的讲话

【材料2】 弘扬古圣先贤、民族英雄、志士仁人的嘉言懿行,让中华民族的优秀品格更好植根于人们的思想意识和道德观念。习近平总书记在会见中国少年先锋队第七次全国代表大会代表时强调:"要学会做人的准则,就要学习和传承中华民族传统美德。"古圣先贤、民族英雄、志士仁人都是中华民族千年优秀杰出人物的代表,他们每一位身上都体现着中华优秀传统美德。有的以家国社稷为己任,"修身齐家治国平天下"、"为天地立心,为生民立命";有的舍身为国,"人生自古谁无死,留取丹心照汗青"。新时代弘扬古圣先贤、民族英雄、志士仁人的优秀品格,可以涵养深沉的家国情怀和个人道德意识,培养民众的国家意识和社会责任。

——摘自《光明日报》《以中华传统美德涵养新时代公民道德》(2019年10月31日)

【材料3】 "出乎史,入乎道。欲知大道,必先为史。"我们党历来用历史唯物主义的立场观点方法看待中华民族历史,继承和弘扬中华优秀传统文化。早在1938年,毛泽东同志就说过:"我们这个民族有数千年的历史,有它的特点,有它的许多珍贵品。对于这些,我们还是小学生。今天的中国是历史的中国的一个发展;我们是马克思主义的历史主义者,我们不应当割断历史。从孔夫子到孙中山,我们应当给以总结,承继这一份珍贵的遗产。这对于指导当前的伟大的运动,是有重要的帮助的。"

推动中华优秀传统文化创造性转化、创新性发展,为民族复兴立根铸魂。"学者研理于经,可以正天下之是非;征事于史,可以明古今之成败。"我反复强调,中华优秀传统文化是中华文明的智慧结晶和精华所在,是中华民族的根和魂,是我们在世界文化激荡中站稳脚跟的根基。我们坚持把马克思主义基本原理同中国具体实际相结合、同中华优秀传统文化相结合,不断推进马克思主义中国化时代化,推动了中华优秀传统文化创造性转化、创新性发展。要坚持守正创新,推动中华优秀传统文化同社会主义社会相适应,展示中华民族的独特精神标识,更好构筑中国精神、中国价值、中国力量。

——摘自习近平2022年5月27日在十九届中央政治局第三十九次集体学习时的讲话

【材料4】 党的二十大报告指出,"实施公民道德建设工程,弘扬中华传统美德"。中华传统美德是中华优秀传统文化的核心内容,蕴含丰富的道德哲思与实践智慧,它既关注道德理念形塑,教导人们崇德向善;又注重道德行为践履,要求人们进行道德实践。弘扬中华传统美德,提高人民道德水准和文明素养,有助于在大众心里播下崇尚真善美的思想火种,指引、规约和激励人们积极创建美好生活,为实现物质文明和精神文明相协调、人与自然和谐共生的现代化贡献智慧。

——摘自《光明日报》《弘扬传统美德 创建美好生活》(2023年3月24日)

结合材料回答问题:

1. 为何要对中华传统美德进行创造性转化和创新性发展?

2. 结合现实,谈谈如何弘扬中华传统美德?

材料分析题3

【材料1】 "亲爱的朋友们,当你坐上早晨第一列电车走向工厂的时候,当你扛上犁耙走向田野的时候,当你喝完一杯豆浆,提着书包走向学校的时候……朋友,你是否意识到你是在幸福之中呢?"每每重读经典作品《谁是最可爱的人》时,你会从深沉而热烈的文字中想起谁?

柴云振,作品原型之一,九死一生,战功赫赫。在抗美援朝朴达峰阻击战中,他作为班长,带领全班仅剩的3名战士直插敌群,打死打伤百余人。殊死肉搏中,他与敌人滚成一身泥,打得满身血,右手食指被敌人咬断,全身24处受伤。

"打得一拳开,免得百拳来",抗美援朝这一战,拼来了山河无恙、家国安宁,我们不应忘记那一场场艰苦卓绝的战斗。在最后一仗——金城反击战中,当时的青年指挥员王占山站在硝烟弥漫的山岗上,竖起一面红旗,上面写着豪壮的誓言:"我,王占山是中国共产党员,中华民族的好男儿,毛主席的好战士,攻得下,守得住,有我就有阵地!"

王占山在战斗中3次身负重伤,昏迷了,又醒过来,忍着剧疼,滚着,爬着。没有吃的了,就啃草根。弹药打光了,就抱起石头砸。他和他的战友们坚守阵地四天四夜,打退敌人38次进攻。最终,就在这块钢铁阵地上,他们迎来了美国被迫在停战协定上签字的胜利喜讯。

——摘自《人民日报》《勋章闪亮映初心》(2021年7月1日)

【材料2】 1935年6月18日,瞿秋白唱着《国际歌》,从容不迫走向刑场,慷慨就义。14岁的瞿独伊从《共青团真理报》上得悉噩耗,一度哭到晕厥。

1942年,瞿独伊与母亲被新疆军阀盛世才扣押囚禁。敌人审讯时盯上了年纪尚小的瞿独伊:"你还拥护共产党、替她辩护吗?你需要考虑现在是生死两条路。"

瞿独伊回答:"我始终信仰共产主义,不用考虑,我已经谈过,共产党是为国家民族利益而奋斗的,我就是要为民族独立、民权自由、民生幸福而奋斗,死了也是光荣的。"

"死了也是光荣的",生于革命,长于革命,这是年轻的瞿独伊面对生死威胁时的铿锵回答,也是对父亲、对战友的传承呼应。

1946年集体获救抵达延安后,瞿独伊与其他3名获救战友一起宣誓入党。"我自己入共产党的时候,就更深刻地理解,觉得我要为共产主义奋斗一生。"瞿独伊说。

——摘自《光明日报》《传承革命信仰　传播中国声音——记"七一勋章"获得者、新中国第一批驻外记者瞿独伊》(2021年11月8日)

【材料3】　今年4月25日,正在广西考察的习近平总书记来到红军长征湘江战役纪念馆,参观"血战湘江突重围"展陈。在油画《陈树湘》前,总书记停下脚步,凝视良久。离开纪念馆前,习近平总书记深情地说:"正是因为红军是一支有理想信念的革命军队,才能视死如归、向死而生、一往无前、绝境重生,迸发出不被一切敌人压倒而是压倒一切敌人的英雄气概。为什么中国革命在别人看来是不可能成功的情况下居然成功了?成功的奥秘就在这里。"坚定的信仰、如磐的信念、必胜的信心,这是红军血战湘江突重围的重要支撑,也是我们走好实现第二个百年奋斗目标新的赶考之路的力量所在。

——摘自《人民日报》《坚定我们的信仰信念信心——走好实现第二个百年奋斗目标新的赶考之路②》(2021年8月4日)

【材料4】　在中共一大纪念馆,高3米、宽7米的巨幅油画《星火》吸引不少参观者驻足。画面上,各地共产党早期组织的50余名成员昂首挺胸,意气风发向前行进。理想信念之火一经点燃,就永远不会熄灭……

从李大钊"新造民族之生命,挽回民族之青春"的宏愿,到方志敏"我渴望着光明;我开始为光明奋斗"的誓言;从王进喜"拼命也要拿下大油田"的奋斗,到焦裕禄"心中装着全体人民,唯独没有他自己"的情怀;从孔繁森"一个共产党员爱的最高境界是爱人民"的剖白,到黄文秀"投身到人民群众最需要的地方去"的抉择……一代代共产党人以赤子之心守初心、以奋斗之志赴使命,带领人民创造了一个又一个彪炳史册的人间奇迹。

——摘自《人民日报》《伟大的精神之源,奋进的磅礴力量——论伟大建党精神》(2021年7月19日)

结合材料回答问题:

1. 上述材料体现了中国革命道德的哪些内容?

2. 作为新时代的大学生,应如何理解中国革命道德的当代价值?

材料分析题4

"早餐奶奶"毛师花、打造国产好奶粉的吴松航,"诚信之星"带动周围人以信用立身兴业;福州推出"茉莉分"、杭州上线"钱江分",将市民的"信用画像"与便民服务挂钩,营造出知信、用信、守信的社会氛围……"诚信建设万里行"主题宣传活动开启以来,让守信者得"甜头"、让失信者有"痛感",成为全社会的共识。

用历史广角镜看,从熟人社会到陌生人社会,从传统经济到市场经济,诚信的润滑剂作用日益显现。当人们脚力所至、目力所及的范围不断拓展,信用的"应用场景"也从担保、租赁等授信活动,扩宽到衣食住行的各个方面。无现金社会里,网络端数以亿计的交易无不靠信用来托底;说到做到、承诺了就办好,政务诚信让干群关系更加密切;合作共赢的国家交往,同样依靠信用来维系。从个人到国家,从商务到政务,信用之光洒遍社会的每个角落,与你我如影随形。

诚信是"百行之源"。在西子湖畔的胡庆余堂国药号,徽商"戒欺"牌匾,历经百年仍熠熠生辉。"言必信,行必果""言顾行,行顾言"等古语,"一诺千金"等故事,无不证明言行一致是诚信的重要内涵。手艺人真材实料、生意人童叟无欺,干部立政德、公民守公德、从业人员遵循职业道德,诚信是不言自明的标准。而无论是假冒伪劣、企业偷税,还是乘客霸座、明星流量造假,只要逾越了诚信道德规范,那就是失信。守信构成道德的基础,为人处世无不需要以诚信为立身名片。

从严惩假冒伪劣,到大力保护知识产权,经济发展到一定阶段,必然会出现信用经济。诚信建设是实现高质量发展的地基,也是完善社会主义市场经济的必需。习近平总书记强调,对突出的诚信缺失问题,既要抓紧建立覆盖全社会的征信系统,又要完善守法诚信褒奖机制和违法失信惩戒机制,使人不敢失信、不能失信。写入党的十九大报告的诚信建设,成为推进国家治理现代化的重要内容。加强社会信用体系建设,形成褒扬诚信、惩戒失信的制度机制和社会风尚,国富民强才有厚实根基。

信用无处不在,诚信建设也应无处不在。回望历史,与改革开放同龄的全国"质量月",让中国产品有口皆碑;上世纪90年代发起"百城万店无假货","打假"一词家喻户晓。今天,"诚信建设万里行"活动在全国掀起"信旋风",助推一个健全规范的社会诚信体系拔地而起。特别是,社会信用代码基本实现全覆盖,不良经济活动面对"百行征信"系统无处遁形,在法律、行政、经济等手段联合惩治下"老赖"寸步难行,制度的刚性确保失信行为无缝可钻。制度、技术、法治处处用力,各地区、各领域共同出击,共同护佑一个全面、立体的信用社会加速到来。

"拉钩,上吊,一百年,不许变",这句脍炙人口的童谣,让诚信做人的理念,从童年时期就印刻在中国人的脑海里。当每个人都视信用如生命,打造以质取胜的中国制造,遵循取信于民的为政之道,激励以身许国的家国情怀,培育亲密清澈的人际交往,中国一定能更自如地走向世界、赢得未来。

——摘自《人民日报》《让守信者得"甜头" 让失信者有"痛感"》(2019年4月11日)

结合材料回答问题:

1."拉钩,上吊,一百年,不许变",这句脍炙人口的童谣,让诚信做人的理念,从童年时期就印刻在中国人的脑海里。请结合材料,阐释诚实守信的重要性。

2.从国家社会层面,谈谈如何让守信者得"甜头"、让失信者有"痛感"?

材料分析题 5

【材料1】 因坐过站,重庆万州一乘客与司机争执互殴,车辆坠江;同样的原因,北京一乘客抄起整箱牛奶砸向司机,造成事故;高铁和公交上公然"霸座",无理取闹;面对警察的正常执法,撒泼打滚、胡搅蛮缠……此类不文明行为的个案,引发网友留言:你的公民素质已"欠费",文明"余额"已不足。对不文明行为的态度,体现着一个社会的道德水准。某种程度上,公众的"义愤"构成了健康社会的免疫力,形成了社会向善的道德土壤。

——摘自《人民日报》《构建匹配时代的精神文明——如何提升我们的社会文明①》(2018年11月12日)

【材料2】 有人认为:只要不违反公德,在私德领域可以任性而为。事实上,人处在各种社会关系之中,与世隔绝的"世外桃源"无从觅寻。尤其身处人人都有"麦克风"、处处都是"直播间"的时代,个人学术失信,对其他人不公平;明星绯闻频出,形成负面示范……私德若是"光着脚",公德注定"无法跑"。

在私利与公益的张力面前,是否维护公德,是我们面临的第一个考验。如果挺身而出,怎样做好则是第二个考验。我们常说:见义勇为还需见义智为、见义善为。光凭一腔热忱,难免"好心办坏事";如果酿成意外,反而会挫伤向善的积极性。

免除见义勇为者的后顾之忧,需要法律为道德护航,为合理的善行兜底。一方面,对不文明行为划定红线,通过法律的力量倒逼人们敬畏规则;另一方面,法律为公德撑腰,保证行善机制不贬值褪色。让良法推动善治,发挥制度法律与公序良俗的合力,文明大厦的基座才会越筑越牢。

——摘自《人民日报》《守护人人有责的社会公德——如何提升我们的社会文明④》(2018年11月15日)

结合材料回答问题:

1.材料1所提到的不文明行为违背了哪些社会公德?

2.结合"私德若是'光着脚',公德注定'无法跑'"的说法,谈谈我们应如何为社会公德保驾护航?

材料分析题 6

【材料1】 网络空间同现实社会一样,既要提倡自由,也要保持秩序。自由是秩序的目的,秩序是自由的保障。我们既要尊重网民交流思想、表达意愿的权利,也要依法构建良好网络秩序,这有利于保障广大网民合法权益。

网络空间不是"法外之地"。网络空间是虚拟的,但运用网络空间的主体是现实的,大家都应该遵守法律,明确各方权利义务。要坚持依法治网、依法办网、依法上网,让互联网在法治轨道上健康运行。

要加强网络伦理、网络文明建设,发挥道德教化引导作用,用人类文明优秀成果滋养网络空间、修复网络生态。

——摘自习近平 2015 年 12 月 16 日在第二届世界互联网大会开幕式上的主旨演讲

【材料2】 网络文明是新形势下社会文明的重要内容,是建设网络强国的重要领域。近年来,我国积极推进互联网内容建设,弘扬新风正气,深化网络生态治理,网络文明建设取得明显成效。要坚持发展和治理相统一、网上和网下相融合,广泛汇聚向上向善力量。各级党委和政府要担当责任,网络平台、社会组织、广大网民等要发挥积极作用,共同推进文明办网、文明用网、文明上网,以时代新风塑造和净化网络空间,共建网上美好精神家园。

——摘自习近平 2021 年 11 月 19 日致首届中国网络文明大会的贺信

【材料3】 随着移动互联网的发展,各类"饭圈"所争相比拼的部分内容,已经变成各种可量化的"数字榜单"。例如,销量榜能证明偶像的影响力和商业价值,在此逻辑下,"饭圈"群体不仅会被诱导大量购买明星代言产品,还会重复购买同一项目数字产品。销量榜之外,在各类网络平台上,名目繁多的各类榜单不胜枚举。为给偶像争个虚无缥缈的排名,有的"饭圈"群体一天之内奔波于几十张榜单。对此,平台方还为"打榜"设置"捷径"——买道具、刷热度,维持偶像的数据繁荣。每张"榜"都可以变成"饭圈"流量和钱财的"收割机"。除了构建"数字榜单"的各类平台,不乏一些有组织的"粉头"所引导的灰色产业链在推波助澜,现实中就曾出现明星后援会非法挪用资金、"粉头"卷款跑路等情形。

——摘自《人民日报》《治理"饭圈"乱象　净化网络环境》(2021年5月13日)

【材料4】　党的二十大报告提出,健全网络综合治理体系,推动形成良好网络生态。网络空间是亿万网民共同的精神家园,面对形态多样、不断变化的网络暴力,相关的治理手段也应注重综合协同。这其中既涉及完善政府监管方式、畅通司法救济渠道,也需要压实网站平台主体责任、提升网民在数字时代的文明素养等。唯有多方发力、久久为功,才能共同营造天朗气清的网络空间,让人民群众在共享互联网发展成果上有更多获得感、幸福感、安全感。

——摘自《人民日报》《对网络暴力说"不"》(2022年11月24日)

结合材料回答问题:

1. 分析上述材料,谈谈为什么要净化网络环境?

2. 作为大学生,应当遵守网络生活中的哪些道德要求?

材料分析题7

【材料1】【2017年考研真题】　2015年五一劳动节前夕,央视新闻频道播出了《大国工匠》系列节目,讲述8个工匠"八双劳动的手"所缔造的"神话"。节目播出之后,很快引起社会热议,在不到10天的时间里,相关话题的微博阅读量就超过了3560万次。人们发现,走入镜头的工匠们,他们文化不同,年龄有别,但拥有一个共同的闪光点——立足于本职工作,敬业奉献,数十年如一日地追求着职业技能的极致化,靠着传承和钻研,凭着专注和坚守,创造了一个又一个"中国制造"的奇迹。在2016年"两会"上,国务院总理李克强在《政府工作报告》中提出要积极培育"工匠精神"。工匠精神第一次正式写入政府工作报告。

"工匠精神"是一种职业精神。工匠对所从事的事业的爱心和忠心,令人高山仰止。中国航天科技集团一院火箭总装厂高级技师高凤林,36年来一直从事火箭的"心脏"——发动机焊接工作,以国为重、扎根一线,是发动机焊接第一人,面对很多企业试图高薪聘请不为所动,他说:"每每看到自己生产的发动机把卫星送到天空,就有一种成功后的自豪感,这种自豪感用金钱买不到。"这也代表了大国工匠们的心声。

"工匠精神"是一种工作态度。在工匠们的心目中,制作出来的产品没有最好,只有更好,高凤林在36年的工作中,攻克了200多项技术难关,经他的手焊接了140多发火箭的发动机。焊接的焊缝总长度达到12万多米,没有出现过一次质量问题。他先后获得过部院科技进步一等奖、国家科技进步二等奖、2014年度纽伦堡国际发明展览会金奖等30多种奖励,而这没有一丝不苟的工作态度显然是无法做到的。

随着时代的发展,工匠的工作或许会逐渐被机器所取代,但"工匠精神"却不可能被代替。我国作为一个拥有"四大发明"的文明古国,具有历史悠久而技艺高超的手工业,薪火相传的能工巧匠们留下了数不胜数的传世佳作。我们今天弘扬"工匠精神",不仅是对传统工匠技艺的留恋,而且是对一切职业道德的呼唤。"工匠精神",不仅仅是制造业的需要,也不仅仅是企业家的需要,它代表一个时代的气质,是我们每一个人对事业的追求与人生态度。

——摘自《中国青年报》(2015年5月11日)、央视网(2016年4月22日、10月9日)等

【材料2】　从一桥飞架三地的港珠澳大桥到时速350千米的京张高铁,从北斗卫星导航系统到空间站天和核心舱……一个个超级工程、一件件国之重器、一项项高精尖技术背后,除了科技发展的突破,也离不开工匠精神的支撑。我国有超过1.7亿技术工人活跃在各行各业,他们是支撑中国制造、中国创造的重要力量,肩负着我国从制造业大国迈向制造业强国的时代使命。

2019年9月,习近平总书记对我国选手在世界技能大赛上取得佳绩作出重要指示强调:"要在全社会弘扬精益求精的工匠精神,激励广大青年走技能成才、技能报国之路。"2020年11月24日,习近平总书记在全国劳动模范和先进工作者表彰大会上指出:"在长期实践中,我们培育形成了爱岗敬业、争创一流、艰苦奋斗、勇于创新、淡泊名利、甘于奉献的劳模精神,崇尚劳动、热爱劳动、辛勤劳动、诚实劳动的劳动精神,执着专注、精益求精、一丝不苟、追求卓越的工匠精神。"

伟大精神的诞生,必然要以伟大的实践作为现实土壤。在中国共产党领导的血与火的革命中、如火如荼的建设中、意气风发的改革中,涌现出了一大批辛勤付出、无私奉献甚至不畏牺牲的工匠,促使具有无产阶级和社会主义性质的工匠精神应运而生。

新民主主义革命时期,在大大小小的革命根据地上,成长起一大批优秀工匠,他们为赢得革命胜利发挥了重要作用。陕甘宁边区农具厂化铁工人赵占魁,在高达上千摄氏度的熔炉前穿着湿棉袄代替石棉防护服,终日汗流浃背,从不叫苦叫累,钻研技术改进工艺,提高产品质量;被誉为中国"保尔·柯察金"的兵工专家吴运铎,在生产和研制武器弹药中多次负伤,仍以顽强毅力战胜伤残,战斗在生产第一线,用简陋的设备研制成功枪榴筒,参与设计平射炮以及定时、踏火等各种地雷,为提高部队火力作出了贡献。

新中国成立后,各行各业涌现出一批批能工巧匠,推动了社会主义建设事业的蓬勃发展。北京永定机械厂钳工倪志福,经过反复钻研改进,发明出适应钢、铸铁、黄铜、薄板等多种材质的"倪志福钻头",在国内外切削界引起重大反响;青岛国棉六厂细纱挡车工郝建秀,凭着一股不服输的倔脾气,独创出一套多纺纱、多织布的高产、优质、低耗的"细纱工作法",也被称为"郝建秀工作法",成为全国纺织系统的一大创举……1968年12月底,南京长江大桥全面建成通车,更充分诠释了我国劳动者对工匠精神的追求和传承。这是当时中国自行设计建造的最大的铁路、公路两用桥,也是一座在艰苦环境下靠"独立自主,自力更生"建起的"争气桥"。如今,投入使用50多年的大桥依然保持"壮年"状态,也证明了建桥时的精益求精。

在改革开放后,各行各业的劳动者大力发扬工匠精神,将专业专注、精益求精的理念和要求融入技术、产品、质量、服务的每一个环节,创造了无数"中国制造"的奇迹。"汉字激光照排系统之父"王选,"金牌工人"许振超,从事高铁研制生产的铁路工人,从事特高压、智能电网研究运行的电力工人,风餐露宿、跋山涉水的青藏铁路建设者们……他们都是工匠精神的忠实传承者和践行者,用自己的创造发明和艰苦劳动为国家、人民作出了巨大贡献。

中国特色社会主义进入新时代,工匠精神的时代价值更加凸显。"世界第一吊"的主设计师孙丽,港珠澳大桥岛隧工程项目总工程师林鸣,被称为矿山"华佗"的煤矿维修电工李杰,在

国际上打响中国品牌的水泥生产技术行家郭玉全，拥有以自己名字命名的焊接方法的首席女焊工王中美，练就一手"绝活"的数控机床试车工麻建军，圆梦"大飞机"的上海飞机制造有限公司C919事业部总装车间全体职工……他们都是平凡岗位上的劳动者，用点点滴滴的实际行动诠释着工匠精神，用奋斗与追求树立起一面面光辉的旗帜。

——摘自《人民日报》《在全社会弘扬工匠精神》(2021年10月11日)

结合材料回答问题：

1."工匠精神"的内涵和实质是什么？

2.为什么说弘扬"工匠精神"是"对一切职业的道德呼唤"？

材料分析题 8

【材料1】 如今，知识更新速度不断加快、社会分工日益细化，新技术新模式新业态层出不穷，唯有勤奋学习、增长本领，才能为青春搏击积蓄能量。中科院古脊椎动物与古人类研究所研究员付巧妹甘坐"冷板凳"，专注探索人类群体的起源与演化问题；中国航天科技集团有限公司第六研究院7103厂高级技师何小虎多年来解决火箭发动机加工难题65项，在长征五号、天问一号等任务中作出突出贡献；上海盛东国际集装箱码头有限公司桥吊司机张彦扎根港区码头一线，带领团队7次刷新集装箱桥吊单机和船时量作业效率的世界纪录……越来越多的青年在各自的专业领域精耕细作、精益求精，用严细深实的专业能力、坚持不懈的努力奋斗为青春写下生动注脚，不仅实现了自己的人生价值，也为国家发展和社会进步不断贡献才智。

实现青春梦想，要把个人的理想追求融入党和国家事业之中，在党和人民最需要的地方绽放青春。习近平总书记强调："'得其大者可以兼其小。'只有把人生理想融入国家和民族的事业中，才能最终成就一番事业。"

——摘自《人民日报》《让青春在奋斗中绽放绚丽之花》(2021年5月14日)

【材料2】 在2019年中央广播电视总台主持人大赛上，中国传媒大学硕士毕业生、新疆且末姑娘依利米努尔·艾麦尔江以优异的成绩进入总决赛。比赛中，她一次次把自己的老师——保定学院西部支教毕业生群体在新疆且末县教书育人的故事带上央视舞台。面对亿万电视观众，她深情地说："我的家乡且末县环境恶劣，但来支教的老师们却在这里扎下根。他们无怨无悔，用智慧和汗水，用青春和梦想浇灌着像一丛丛'小红柳'一样的学生。而我，就是'小红柳'中的一员，所以我更能从老师身上感受到支教的意义和价值。"

"今天，我为了理想而奔波了一天：去新疆且末二中任教。"保定学院毕业生侯朝茹在2000年3月29日的日记中是这样记录的。那一年新疆且末县教育局到内地招聘教师，保定学院的应届毕业生竟有200多人报名，这给了他们惊喜和感动，并把招聘名额增加到15个。对这些品学兼优的毕业生来说，就业机会其实很多，许多学生已经取得了继续深造的机会。他们义无反顾选择且末，只是为了一句话：那里的孩子更需要老师。

2018年初到阿里时，刘齐觉得没有传说中那么苦，和早期建设者们没水没电的日子相比，现在的困难和挑战不算什么。他觉得既然改变不了海拔，就把缺氧不缺奋斗的精神发扬光大。刘齐还记得有一次到福利院慰问，他问一个孩子："你的愿望是什么？"孩子说："走出大山，考上内地的学校。再回来，改变这里。"孩子身体瘦小但眼神无比笃定。那一刻，刘齐更坚定了服务阿里的信念。两年服务期满时,刘齐毅然选择继续留在西藏工作。

魏志英2002年到西藏后,在江孜县第一中学任教。她深知,当一名好老师必须保持不断学习的状态和高昂的学习热情,才能把课常讲常新,为学生开拓视野、引导方向。她一边工作一边刻苦自学,于2010年考入北京师范大学教育学院攻读硕士学位。2013年毕业后,她又义无反顾地回到西藏工作,现任教于西藏警官高等专科学校。2017年,她被公安部评为"全国公安系统优秀教师"。

自从2017年站在且末的讲台上,90后的孙彤彤就深知身上肩负的责任。学历史专业的她注重将历史教学与思想政治教育结合起来,结合每个孩子的思想动态和个人发展因材施教,引导他们"系好人生第一粒扣子"。孙彤彤的引导和鼓励让学生们很快喜欢上了她的历史课。她所带的三个班在期中和期末考试中位列同年级前三名。

"此心安处是吾乡",孙彤彤这样定义自己到西部的选择。他们将青春的坐标稳稳扎在了这座西部小城。

——摘自《光明日报》《保定学院西部支教毕业生群体扎根西部20年形成"团根聚生"效应》(2020年8月14日)

【材料3】"从大山走出来又回到大山"的彝族小伙立克拢拢,帮助所在村庄的115户612名贫困群众脱贫,推动村集体资产从零增至231.7万元;90后返乡创业青年袁小梅从城市回到农村老家,发展养蜂产业,帮助乡亲致富;湖南省花垣县十八洞村的苗家女孩施林娇大学毕业后主动回到村里创业,通过拍摄短视频、直播等方式,让家乡的风景、美食、民俗、建筑为更多人所知……如今,越来越多的年轻人选择返乡创业,在实现自身梦想的同时,带动乡亲们就业致富。

习近平总书记强调:"推动乡村全面振兴,关键靠人。"广袤的田野,蕴藏着无限的机遇与希望,为许多人提供了人生出彩的舞台。农业农村部数据显示,截至今年4月,全国各类返乡入乡创业人员超过1100万。《"十四五"农业农村人才队伍建设发展规划》明确提出,到2025年,培育100万名农村创业带头人,返乡入乡创业人员1500万人。从发展种植养殖业、开办农家乐,到成为非遗传承人、发展农村电商,再到开发乡村旅游、创办小微企业……近年来,越来越多返乡创业人员用坚持、专业和热爱在农村挥洒汗水,为乡村振兴注入了强劲动能。

青年是整个社会力量中最积极、最有生气的力量,在返乡创业、振兴乡村中也扮演着重要角色。不少返乡创业的年轻人接受过良好的教育、有过在市场打拼的经历,具有开阔的视野、活跃的思维,了解市场需求,善于培育高效优质农产品,延长产业链、价值链。同时,这些返乡创业年轻人善学习、肯钻研,在实现自我成长的同时,也让更多人看到乡村发展的机遇,带动更多人投身乡村振兴这片热土。可以说,年轻人返乡创业,拓展了乡村产业,让资金、技术、人才等要素加速向农村汇聚。

乡村振兴,是一个呼唤人才同时造就人才的舞台。返乡创业青年为乡村振兴添砖加瓦,广袤乡村回馈他们以更多人生出彩的机会。让愿意留在乡村、建设家乡的人留得安心,让愿意扎根田野、回报乡村的人更有信心,在这场乡村与返乡创业青年的"双向奔赴"中,青春之花必将在田间地头绚丽绽放,共同绘就产业兴旺、生态宜居、乡风文明、治理有效、生活富裕的美好图景。

——摘自《人民日报》《青年返乡创业　助力乡村振兴》(2022年6月14日)

结合材料回答问题：

1. 结合材料，如何理解"得其大者可以兼其小"？

2. 青年人如何树立正确的择业观和创业观？

材料分析题 9

【材料 1】 祖父是李大钊，父亲李葆华曾任安徽省委第一书记、中国人民银行行长……出生在这样一个红色家庭的李宏塔，始终艰苦朴素、清正廉洁、以严治家，成为党员领导干部忠诚干净担当的典范。"坚持宗旨为人民。"这是李宏塔自撰的一副对联，他常以此自勉，并教育子女。这句话，也成了他获得"七一勋章"时的颁授词。

代代相传的是艰苦朴素的优良家风。"黄卷青灯，茹苦食淡，冬一絮衣，夏一布衫"，是李大钊清贫一生的真实写照，他的收入大多用于党组织的活动经费和资助青年学生。李葆华家中也十分简朴：房子是 20 世纪 70 年代的建筑，老旧的三合板家具、人造革蒙皮的椅子，沙发已塌陷……有关部门要为他调房，他说："我住惯了，年纪也大了，不用调了。"李宏塔当过军人、做过工人，而后又在共青团、民政、政协等部门工作。他从不搞特殊化，除了极少数赶时间的重要公务外，他从不坐专车，天天骑自行车上下班，一家子曾"蜗居"在一套冬冷夏热的两居室里，一住就是 16 年。他说："李家的良好家风，让我们能够心平气静地固守清贫，我们是心甘情愿的，没有任何装潢门面。"

代代相传的是一心为民的真挚情怀。"铁肩担道义，妙手著文章"是李大钊一生奋斗的真实写照。李宏塔也始终牢记党的宗旨，始终把人民装在心里，用实际行动践行着自己的入党初心。在安徽省民政厅任职的 20 年间，他把低保户、孤寡老人、孤残儿童视为自己的亲人，一半时间都在进村入户做调研，骑坏了 4 辆自行车，穿坏了 5 件雨衣、7 双胶底鞋。"我们多一点辛苦，群众就会减少几分痛苦。"这是李宏塔常挂在嘴边的一句话。他每次下乡，都不打招呼，走进村、敲开门，直接和群众坐在一起，倾听民情、了解民意。担任安徽省政协副主席后，李宏塔长期分管机关扶贫工作，他带队调研，不仅行程满、节奏快，而且喜欢"寻丑""揭短"。无论在哪个岗位上，李宏塔始终牢记着要当好人民的勤务员，全心全意为人民服务，让老百姓过上好日子。

代代相传的是清正廉洁的政治本色。在李宏塔的印象中，父亲李葆华对子女很是严格。小时候，家中收到几包葡萄干，李葆华让家人把葡萄干退回，李宏塔吃掉的那一包折价一同退款。父亲告诉他："我们只有一个权力，那就是为人民服务，因为做了一点工作就收礼物，这不是共产党人应该干的事。"革命家风的耳濡目染，让廉洁意识在李宏塔的心里扎了根。多年的工作、生活表明，对自己严，对百姓热——这就是李宏塔，为人朴实、做官干净，对党的事业忠诚，对人民感情至深。

——摘自中央纪委国家监委网站《李宏塔：发扬革命传统，涵养良好家风》(2022 年 8 月 8 日)

【材料 2】 "大国之大，也有大国之重。千头万绪的事，说到底是千家万户的事。"在 2022 年新年贺词中，习近平主席温暖的话语，真挚的感情，彰显大党大国领袖深厚的人民情怀，诠释中国共产党人不变的价值追求。

心系民生冷暖、情牵万家灯火。党的十八大以来，以习近平同志为核心的党中央高度重视家庭文明建设，积极回应人民群众对家庭建设的新期盼新需求，推动社会主义核心价值观在家庭落地生根，推动形成社会主义家庭文明新风尚。

"慈母手中线，游子身上衣。临行密密缝，意恐迟迟归。谁言寸草心，报得三春晖。"2015年春节前夕，习近平总书记在春节团拜会上引用诗人孟郊的名篇《游子吟》，表露出深厚的家庭情结。他强调，不论时代发生多大变化，不论生活格局发生多大变化，我们都要重视家庭建设，注重家庭、注重家教、注重家风。

家风的"家"，是家庭的"家"，也是国家的"家"。家风是社会风气的重要组成部分。广大家庭都要弘扬优良家风，以千千万万家庭的好家风支撑起全社会的好风气。

2016年12月12日，习近平总书记在会见第一届全国文明家庭代表时强调："家风好，就能家道兴盛、和顺美满；家风差，难免殃及子孙、贻害社会，正所谓'积善之家，必有余庆；积不善之家，必有余殃'"。

关于家风，总书记曾有形象的比喻："大家仔细看一看'家'和'冢'这两个字，它们很像，区别就在于那个'点'摆在什么位置。这就像家庭建设一样，对家属子女要求高一点才能成为幸福之家，低一点就可能葬送一个好家庭。"

——摘自《人民日报》《千家万户都好，国家才能好，民族才能好——习近平总书记这样重视和引领家庭家教家风建设》(2022年5月15日)

结合材料回答问题：

1. 结合材料，分析重视家风建设的重要性。

2. 如何通过好家风的传承弘扬社会主义核心价值观？

材料分析题 10

【材料 1】 社会公德、职业道德、家庭美德建设最终都要落实到个人品德的提升上，个人品德具有主体性、稳定性、实践性等突出特征，它涉及个人的道德信念、道德心理、道德行为、道德认知、道德情感、道德意志、道德修养等复杂内容。在全面建成小康社会和实现中华民族伟大复兴的新时代，个人品德建设的重心是牢固树立奋斗幸福观，坚信奋斗是幸福的源泉，幸福是奋斗的结果，一个人在其或长或短的人生经历中，只有敢于和善于应对各种挑战和风险，克服各种阻力和困难，坚持脚踏实地、勇于拼搏，才能获得最终的人生幸福。

——摘自《光明日报》《公民道德与培育时代新人》(2019年1月14日)

【材料 2】 用柔弱双肩为家庭撑起一片天的大学生刘義檼，帮助30余位残障人士就业的特殊教育教师贾君婷仙，从突发火情中勇救一家三口的快递员张裕……不久前，第二十六届"中国青年五四奖章"获奖名单公布，这些90后、00后年轻人，充分展现了当代中国青年的道德坚守和价值追求。……在庆祝中国共产主义青年团成立100周年大会上，习近平总书记要求新时代广大共青团员"做崇德向善、严守纪律的模范，带头明大德、守公德、严私德，严格遵纪守法，严格履行团员义务"。……"才者，德之资也；德者，才之帅也。"品德是为人之本，做人做事第一位的是崇德修身。"若无德，则虽体魄智力发达，适足助其为恶。"

一个民族的文明素养很大程度上体现在青年一代的道德水准和精神风貌上。广大青年是否崇德向善，不仅关乎人生道路能否走得正、走得远，更关乎整个社会是否风清气正、朝气蓬勃。

道不可坐论，德不能空谈。在运动场上争金夺银，彰显为国争光的家国情怀；在抗疫一线救死扶伤,折射一心为民的赤诚之心;在田间地头寒耕暑耘,体现勤劳坚韧的奋斗之美……正确的道德认知、自觉的道德养成、积极的道德实践是紧密结合、相辅相成的,一个人只有明大德、守公德、严私德,其才方能用得其所。崇尚对党忠诚的大德,才能筑牢理想信念、认清大是大非;崇尚造福人民的公德,才能以人民为中心、以天下为己任;崇尚严于律己的品德,才能清清白白做人、干干净净做事。以大德铸魂、公德善心、品德润身,就能激发出更多向上向善的力量。

回望历史,抗战时期进步青年即便长途跋涉也要"到延安去",新中国成立后青年突击队响应号召艰苦创业、建设国家,改革开放后爱岗敬业、服务人民的青年岗位能手纷纷涌现,新时代青年在党和人民最需要的时刻冲得出来、顶得上去,一代又一代青年在伟大事业中锤炼品德修为,把青春播撒在民族复兴的征程上。立大志、明大德、成大才、担大任,青年一代必将收获更有高度、更有境界、更有品位的人生,让青春绽放更为绚丽的光芒,用青春和汗水创造出让世界刮目相看的新奇迹。

——摘编自《人民日报》《崇德向善、严守纪律——把青春播撒在民族复兴的征程上⑤》(2022年5月20日)

结合材料回答问题:

1.为什么说"社会公德、职业道德、家庭美德建设最终都要落实到个人品德的提升上"?

2.联系实际,谈谈当代大学生应如何锤炼高尚的道德品格?

材料分析题 11

【材料1】 深入推进学雷锋志愿服务。学雷锋和志愿服务是践行社会主义道德的重要途径。要弘扬雷锋精神和奉献、友爱、互助、进步的志愿精神,围绕重大活动、扶贫救灾、敬老救孤、恤病助残、法律援助、文化支教、环境保护、健康指导等,广泛开展学雷锋和志愿服务活动,引导人们把学雷锋和志愿服务作为生活方式、生活习惯。推动志愿服务组织发展,完善激励褒奖制度,推进学雷锋志愿服务制度化常态化,使"我为人人、人人为我"蔚然成风。

——摘自《人民日报》《中共中央国务院印发新时代公民道德建设实施纲要》(2019年10月28日)

【材料2】 "你们为奥运会奉献了真情与激情,你们的表现和行为真正暖人心灵。运动员感受到了你们的温暖,我们在奥林匹克社会中的每一个人都感受到了你们的温暖。我们为此将永久感激你们!"北京冬残奥会闭幕近一个月后,国际奥委会主席托马斯·巴赫专门致信北京冬奥会、冬残奥会志愿者,对他们的付出和贡献再次表示感谢。

习近平总书记指出,要在全社会广泛弘扬奉献、友爱、互助、进步的志愿精神,更好发挥志愿服务的积极作用,促进社会文明进步。要弘扬奥林匹克精神,发挥奥林匹克促进人类和平发展的重要作用,为人类文明进步贡献更多中国智慧和中国力量。

北京冬奥会、冬残奥会的筹办举办,也使志愿服务精神在社会上进一步弘扬。北京冬奥会期间,1.8万余名赛会志愿者用热情专业的服务,为四海宾朋送上"微笑的名片"。截至2021年11月底,"志愿北京"信息平台实名注册志愿者人数突破448.9万,冬奥志愿服务带动了城市志愿服务开展。

——摘自《人民日报》《向世界发出一起向未来的时代强音》(2022年5月16日)

【材料3】"学雷锋不是喊口号,关键在于行动!"陈文学用他60年的点滴善行,生动诠释了这句话。

陈文学1935年出生于黑龙江省肇源县的一个小山村。新中国成立后,他光荣入伍,并于1954年来到南京工作。在那里,他带领30多名青年成立了"陈文学突击队",因为表现突出,1956年,他加入了中国共产党。

"那时工厂号召年轻人支援边疆建设,我作为共产党员,更要到最艰苦的地方去,到祖国最需要的地方去,所以我第一个报了名。"21岁的陈文学从江南水乡来到祖国北疆,支援内蒙古第二机械制造厂建设。"条件很艰苦,我们吃住在车间,昼夜奋战,圆满完成了各项任务。"陈文学说。

从1963年开始,陈文学响应号召,在日常工作中,以雷锋为榜样,无私奉献、乐于助人,无论是谁,无论认识与否,只要听说有困难,他都会竭尽所能去帮助。

12年前,陈文学得知一名重度烧伤的女孩因为缺少治疗费用,缺乏对生活的信心,他立刻为女孩送去500元钱和一本《雷锋日记》,鼓励她重新振作起来。他还四处奔走,前后组织三次募捐活动,最终筹集善款100多万元帮助女孩治病。直到现在,陈文学还常和爱心团队一起去看望她。

"碰到这件事捐几百,遇到那件事捐几千,这些年他几乎把家里买房子的钱都捐出去了。"李桂英说,粗略统计下来,几十年来陈文学捐款近30万元。

据统计,退休至今,陈文学先后帮助过88位病人、8名困难学生、8位90岁以上独居老人,参加各类捐赠活动数百次。"以前有人说我'傻',我不怕别人说,就是这股'傻'劲儿让我能坚持60年帮助别人。"陈文学坚定地说。

如今,陈文学除了帮助各类困难群体,还把更多精力放在了宣传、传承雷锋精神上。多年来,他义务向社会各界宣传雷锋精神,受益人数达20余万人次。

陈文学买了辆三轮车,制作了150多块雷锋事迹展板,购买了宣传画等40多种展示材料。"每年的学雷锋纪念日、国庆节,我都会带着展板到校园、工厂、社区等地点宣传雷锋事迹。"这些年来,陈文学累计组织展出400多次,行程万里,吸引数万人参观。

"我小时候吃过苦,在党的培养教育下成长起来,这让我无比珍惜今天的幸福生活。"聊起自己做好事的初衷,陈文学说,"我就是想通过做一些力所能及的事来报答党和人民的培养,尽可能去帮助更多人,把温暖带给更多人,让雷锋精神一代代传下去!"

——摘自《人民日报》《内蒙古包头退休老人陈文学,坚持学雷锋做好事60年——把温暖带给更多人》(2023年3月22日)

【材料4】"尽已所能,不计报酬,扎根西部,服务基层。践行志愿精神,传播先进文化,为实现中华民族伟大复兴的中国梦而奋斗。"这是西部计划志愿者的誓词,也是所有怀揣梦想奔赴西部、助力祖国建设的青年人的心声。

2021年,在全面推进乡村振兴的背景下,西部计划实施了乡村教育、服务乡村建设、健康乡村、基层青年工作、乡村社会治理、服务新疆、服务西藏7个专项,以更有力的举措,为乡村振兴贡献青春力量。

来自武汉大学的宋雨婷,今年赴西藏,成为一名西部计划志愿者。她说:"我父亲常年工作在西部驻村扶贫一线,耳濡目染中我也立下志愿,希望利用自己的经验,为西部建设贡献一份力量。"

即将赴新疆生产建设兵团第一师阿拉尔市服务的西部计划志愿者尹小东,是今年刚刚毕业的山东大学艺术学理论专业硕士研究生。"我想以自己的专业特长将阿拉尔的美描绘出来,为边疆建设尽一份绵薄之力。"尹小东说。

脚踏寸寸西部土地,心怀拳拳报国之心。2021年,又一批西部计划志愿者们怀揣梦想踏上行程,心怀"国之大者",把汗水挥洒在基层,践行志愿精神,贡献智慧力量,为实现中华民族伟大复兴中国梦不懈奋斗。

——摘自《人民日报》《践行志愿精神 贡献智慧力量》(2021年8月22日)

【材料5】 新征程上,要深刻把握雷锋精神的时代内涵,更好发挥党员、干部模范带头作用,加强志愿服务保障和支持,不断发展壮大学雷锋志愿服务队伍,让学雷锋在人民群众特别是青少年中蔚然成风,让学雷锋活动融入日常、化作经常,让雷锋精神在新时代绽放更加璀璨的光芒,为全面建设社会主义现代化国家、全面推进中华民族伟大复兴凝聚强大力量。

——摘自习近平对深入开展学雷锋活动作出的重要指示,据新华社北京2023年2月23日电

结合材料回答问题:

1. 阅读材料,如何理解志愿服务精神与雷锋精神的关系?

2. 联系实际,谈谈新时代大学生为什么要参与志愿服务?

推荐阅读文献

[1]中共中央党史和文献研究院.习近平关于社会主义精神文明建设论述摘编[M].北京:中央文献出版社,2022.

[2]新时代公民道德建设实施纲要[M].北京:人民出版社,2019.

[3]中共中央宣传部宣传教育局.新时代公民道德建设实施纲要学习读本[M].北京:人民出版社,2020.

[4]中共中央宣传部宣传教育局.崇德向善的引领:新时代公民道德建设理论文章汇编[M].北京:人民出版社,2020.

[5]中共中央宣传部宣传教育局.守正创新的践行:新时代公民道德建设评论员文章和工作实践体会汇编[M].北京:人民出版社,2020.

[6]中共中央党史和文献研究院.习近平关于注重家庭家教家风建设论述摘编[M].北京:中央文献出版社,2021.

[7]本书编写组.光辉的学习榜样[M].北京:人民出版社,2022.

[8]李洪峰.周恩来:永远的榜样[M].北京:人民出版社,2018.

[9]中国人民解放军新闻传播中心.坚守初心好榜样:张富清[M].北京:人民出版社,2019.

[10]中共中央宣传部宣传教育局.时代楷模·2020——黄诗燕、毛相林[M].北京:学习出版社,2021.

第五章　遵守道德规范　锤炼道德品格

推荐视频资料

1. 新华社《习近平讲述的故事："播火者"李大钊》,2022年8月1日。
2. 新华社《"七一勋章"获得者瞿独伊:百年丹心 从未改变》,2021年10月8日。
3. 新华社《龚全珍:原来你是这样的"老阿姨"》,2019年11月18日。
4. 中央广播电视总台舞台剧《李宏塔》,2021年12月22日。
5. 福建人民艺术剧院话剧《县委书记廖俊波》,2020年12月11日。
6. 江苏学习平台淮剧《杨根思》,2022年11月18日。
7. 中央广播电视总台《时代楷模:李桓英》,2021年8月21日。
8. 中央广播电视总台《时代楷模:钱海军》,2022年5月7日。
9. 中央广播电视总台《"信义老农"陈廷海》,2023年3月28日。

第六章　学习法治思想　提升法治素养

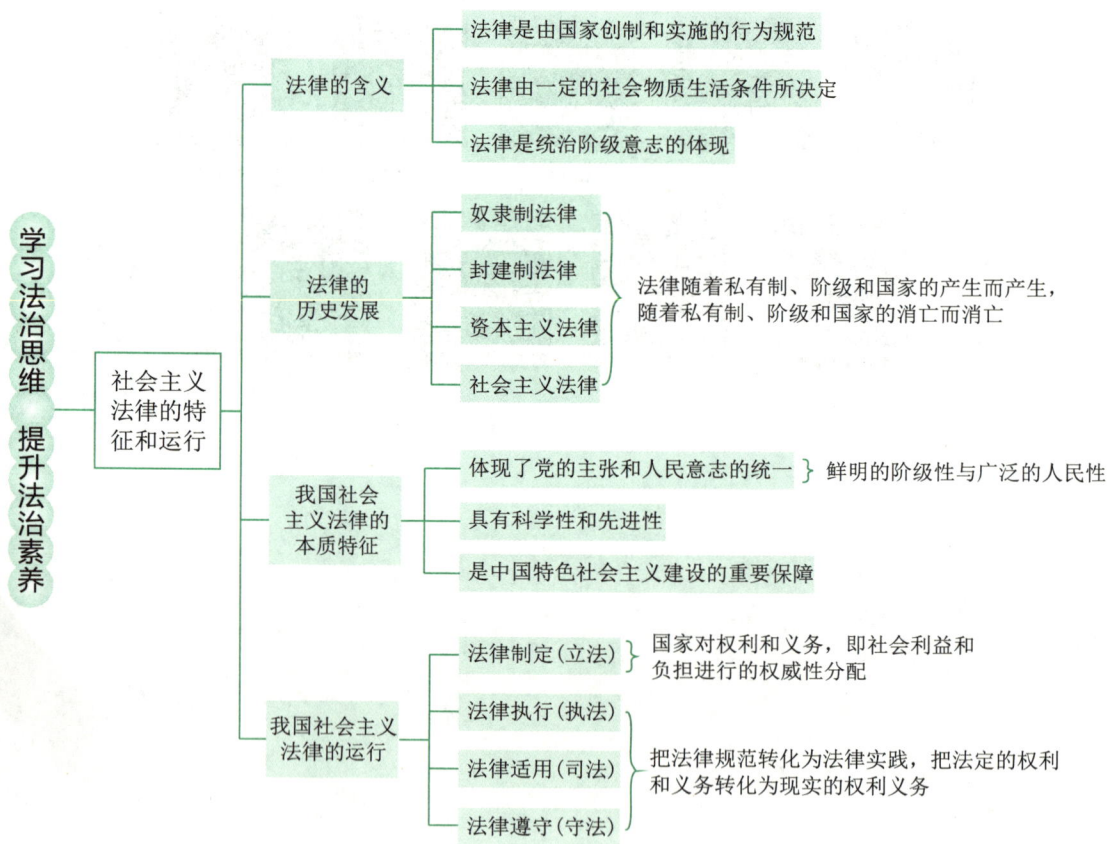

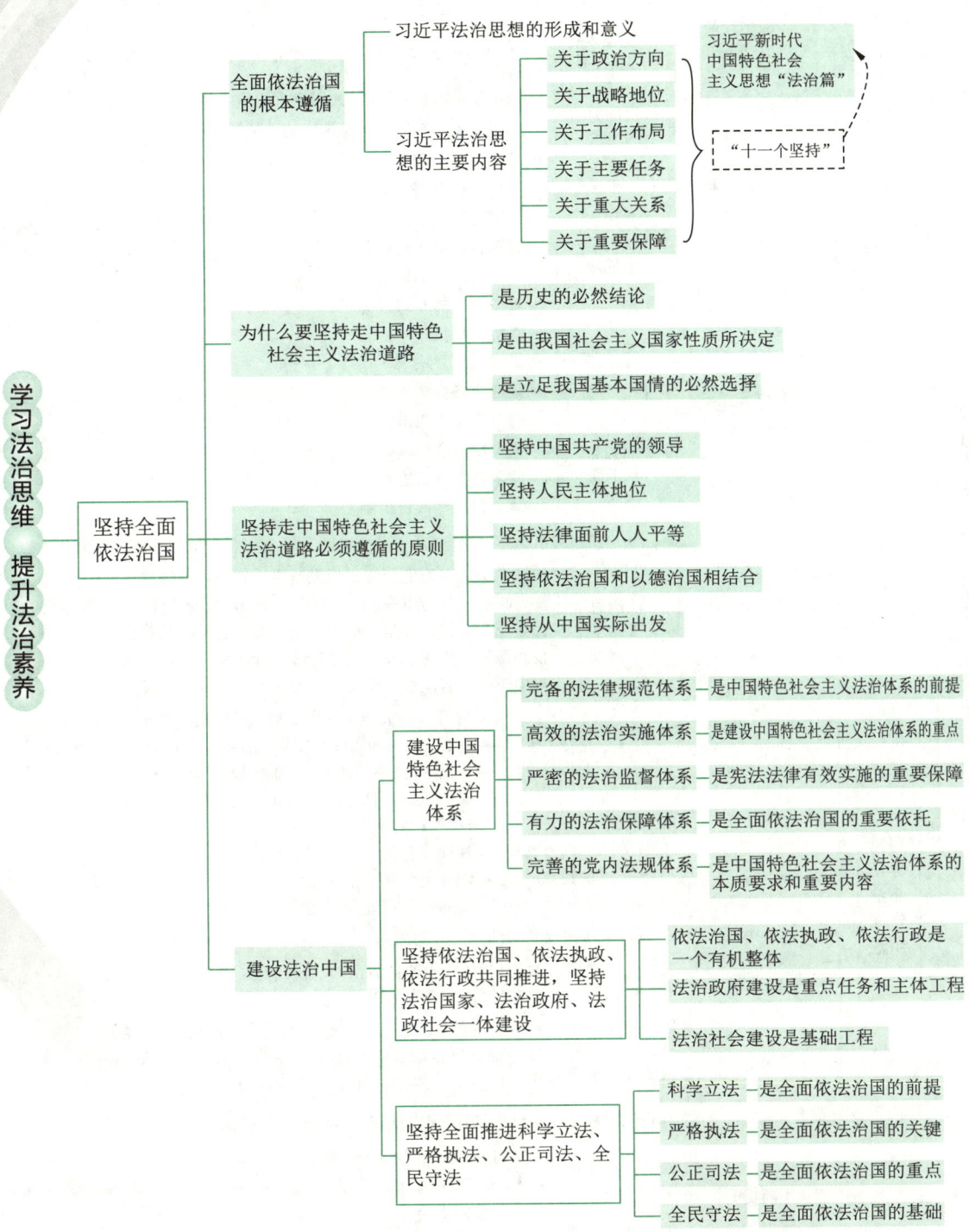

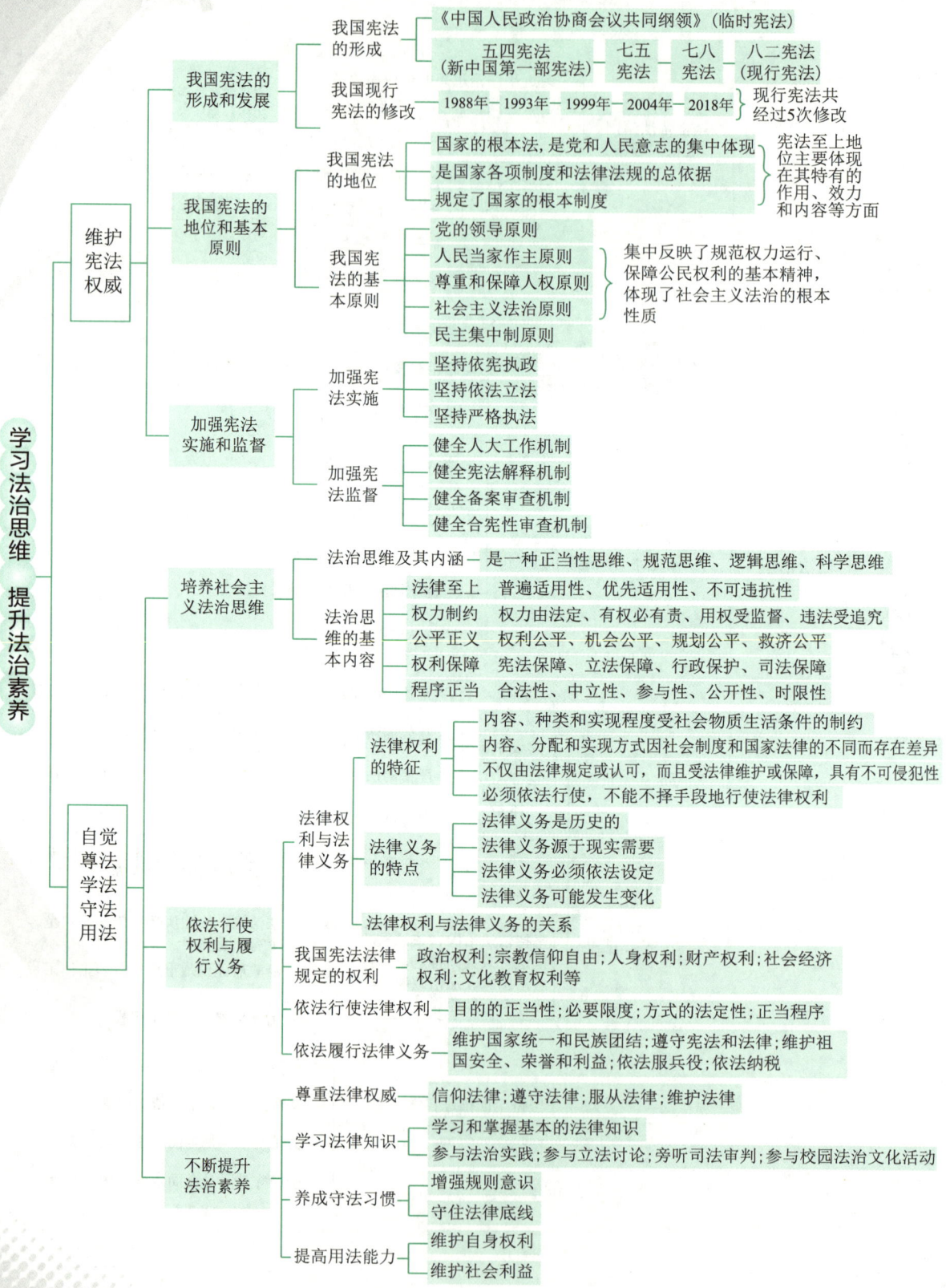

重要概念

(1)法律:是由国家制定或认可并以国家强制力保证实施的,反映由特定社会物质生活条件所决定的统治阶级意志的规范体系。

(2)法律制定:是指有立法权的国家机关,依照法定职权和程序,制定规范性法律文件的活动,是法律运行的起始性和关键性环节。

(3)法律执行:在广义上,法律执行是指国家机关及其公职人员,在国家和公共事务管理中依照法定职权和程序,贯彻和实施法律的活动。在狭义上,法律执行则是指国家行政机关执行法律的活动,也被称为行政执法。

(4)法律适用:是指国家司法机关及其公职人员依照法定职权和程序适用法律处理案件的专门活动。

(5)法律遵守:是指国家机关、社会组织和公民个人依照法律规定行使权力和权利以及履行职责和义务的活动。

(6)中国特色社会主义法律体系:以宪法为核心,以宪法相关法、民法商法、行政法、经济法、社会法、刑法、诉讼与非诉讼程序法等多个法律部门的法律为主干,由法律、行政法规、地方性法规等多个层次的法律规范构成的有机统一整体。

(7)中国特色社会主义法治体系:是指在中国共产党领导下,坚持中国特色社会主义制度,贯彻中国特色社会主义法治理论,形成完备的法律规范体系、高效的法治实施体系、严密的法治监督体系、有力的法治保障体系,形成完善的党内法规体系。

(8)宪法:宪法是国家的根本法,宪法是治国安邦的总章程,是党和人民意志的集中体现,是中国特色社会主义法律体系的核心,在全面依法治国中具有突出地位和重要作用。

(9)法治思维:是指以法治价值和法治精神为导向,运用法律原则、法律规则、法律方法思考和处理问题的思维模式。

重难点解析

(一)法律的含义

1. 法律是由国家创制和实施的行为规范

国家创制法律规范的方式主要有两种,一是国家机关在法定的职权范围内依照法律程序,制定、修改、废止规范性法律文件的活动;二是国家机关赋予某些既存社会规范以法律效力,或者赋予先前的判例以法律效力的活动。法律不但由国家制定和认可,而且由国家强制力保证实施。也就是说,法律具有国家强制性,这既表现为国家对合法行为的肯定和保护,也表现为国家对违法行为的否定和制裁。在保证法律实施的过程中,法律意识、道德观念、价值观念、纪律观念也发挥着重要作用。

2. 法律由一定的社会物质生活条件所决定

法律作为上层建筑的重要组成部分,不是凭空出现的,而是产生于特定社会物质生活条件基础之上。社会物质生活条件是指与人类生存相关的物质资料生产方式、地理环境和人口因素等。物质资料的生产方式既是决定社会面貌、性质和发展的根本因素,也是决定法律本质、内容和发展方向的根本因素。物质资料的生产方式对法律产生决定性影响。同时,生产力的发展水平也制约着法律的发展程度。

3. 法律是统治阶级意志的体现

法律所体现的统治阶级意志具有整体性,不是统治阶级内部个别人的意志,也不是统治者个人意志的简单相加。统治阶级不仅迫使被统治阶级服从和遵守法律,而且要求统治阶级的成员也遵守法律。法律所体现的统治阶级意志,并不是统治阶级意志的全部,仅仅是上升为国家意志的那部分意志。除了法律,统治阶级的意志还体现在国家政策、统治阶级的道德、最高统治者的言论等形式中。

综上所述,可以将法律定义为:法律是由国家制定或认可并由国家强制力保证实施的,反映由特定社会物质生活条件所决定的统治阶级意志的规范体系。

(二)我国社会主义法律的本质特征

1. 我国社会主义法律体现了党的主张和人民意志的统一

我国社会主义法律既具有鲜明的阶级性,又具有广泛的人民性,体现了阶级性与人民性的统一。我国是中国共产党领导下的社会主义国家,人民是国家的主人,制定法律的权力属于人民。中国共产党是中国工人阶级的先锋队,同时是中国人民和中华民族的先锋队,是中国特色社会主义事业的领导核心。社会主义法律维护人民的根本利益,巩固中国共产党的领导地位,体现了党的主张和人民意志的统一。党领导人民制定宪法法律,党领导人民实施宪法法律,党自身必须在宪法法律范围内活动,这就是党的领导力量的体现,也是我国社会主义法律最本质特征的具体表现。

2. 我国社会主义法律具有科学性和先进性

我国社会主义法律反映的不是少数人的特殊利益,而是全体人民的共同利益,尽管其具体内容会随着经济社会的发展而调整变化,但它与历史发展的基本方向和规律是一致的。因此,从本质上说,我国社会主义法律更能尊重和反映社会发展规律,具有科学性和先进性。我国法律坚持马克思主义世界观和方法论,并指导人们在法律实践中尊重和反映客观规律。我国法律适应时代发展要求,改革创新立法体制、立法程序、立法技术,使立法的质量和水平不断提高。

3. 我国社会主义法律是中国特色社会主义建设的重要保障

法的社会作用是从法在社会生活中要实现的目的角度来认识的。我国法律的社会作用体现了社会主义的本质要求,经济发展、政治清明、文化昌盛、社会公正、生态良好,都离不开社会主义法律的引领、规范和保障。

(三)我国社会主义法律的运行

法律的运行是一个从创制、实施到实现的过程。法律制定是国家对权利和义务,即社会利益和负担进行的权威性分配;法律的执行、适用、遵守则是把法律规范转化为法律实践,把法定的权利和义务转化为现实的权利和义务。

1. 法律制定

是指有立法权的国家机关,依照法定职权和程序,制定规范性法律文件的活动。立法是法律运行的起始性和关键性环节。根据宪法规定,全国人民代表大会和全国人民代表大会常务委员会行使国家立法权,全国人民代表大会负责修改宪法、制定基本法律,全国人民代表大会常务委员会负责解释宪法、制定其他法律。立法活动必须遵循法定程序,就全国人民代表大会的立法程序而言,大体包括法律案的提出、法律案的审议、法律案的表决和法律的公布4个环节。

2. 法律执行

在广义上,法律执行是指国家机关及其公职人员,在国家和公共事务管理中依照法定职权和程序,贯彻和实施法律的活动。在狭义上,法律执行则是指国家行政机关执行法律的活动,也被称为行政执法。行政执法是法律实施和实现的重要环节。行政执法的主体大体分为两类,一是中央和地方各级政府,包括国务院和地方各级人民政府;二是各级政府中享有执法权的下属行政机构。此外,法律授权的社会组织、行政机关依法委托的社会组织可以在一定范围内执行法律。

3. 法律适用

是指国家司法机关及其公职人员依照法定职权和程序适用法律处理案件的专门活动。在我国司法机关是指国家审判机关和检察机关。人民法院代表国家行使审判权,人民检察院代表国家行使法律监督权,不受行政机关、社会团体和个人的干涉。

4. 法律遵守

是指国家机关、社会组织和公民个人依照法律规定行使权力和权利以及履行职责和义务的活动。守法是法律实施和实现的基本途径。守法意味着一切组织和个人严格依法办事的活动和状态。依法办事就是依法享有并行使权利、依法承担并履行义务。

(四)习近平法治思想的主要内容

习近平在中央全面依法治国工作会议上的重要讲话中,用"十一个坚持"对全面依法治国进行了系统阐释、部署。"十一个坚持"是:①坚持党对全面依法治国的领导;②坚持以人民为中心;③坚持中国特色社会主义法治道路;④坚持依宪治国、依宪执政;⑤坚持在法治轨道上推进国家治理体系和治理能力现代化;⑥坚持建设中国特色社会主义法治体系;⑦坚持依法治国、依法执政、依法行政共同推进,法治国家、法治政府、法治社会一体建设;⑧坚持全面推进科学立法、严格执法、公正司法、全民守法;⑨坚持统筹推进国内法治和涉外法治;⑩坚持建设德才兼备的高素质法治工作队伍;⑪坚持抓住领导干部这个"关键少数"。这"十一个坚持"涉及的都是全面依法治国方向性、根本性、全局性的重大问题,从全面依法治国的政治方向、战略地位、工作布局、主要任务、重大关系、重要保障等方面提出了一系列新理念新观点新论断,构成了习近平法治思想的主要内容。

(1)关于政治方向:这一思想深刻回答全面依法治国由谁领导、依靠谁、走什么道路等大是大非问题,指明了中国特色社会主义法治的前进方向。

(2)关于战略地位:这一思想深刻回答为什么要全面依法治国的问题,深刻揭示全面依法治国是新时代坚持和发展中国特色社会主义的基本方略,是党领导人民治理国家的基本方式。

(3)关于工作布局：这一思想深刻回答全面依法治国如何谋篇布局的问题，明确全面依法治国的总目标、总抓手和基本思路。

(4)关于主要任务：这一思想深刻回答全面依法治国如何突破的问题，指明中国特色社会主义法治的战略安排。

(5)关于重大关系：这一思想深刻回答如何正确处理政治与法治、改革与法治、德治与法治等重大问题，揭示法治中国建设的认识论和方法论。

(6)关于重要保障：这一思想深刻回答全面依法治国需要什么保障的问题，指明全面依法治国的人才支撑和"关键少数"。

习近平法治思想，坚持马克思主义的立场、观点、方法，为马克思主义法治理论发展作出了独创性、原创性、集成性贡献，是习近平新时代中国特色社会主义思想的"法治篇"。

(五)为什么要坚持走中国特色社会主义法治道路

中国特色社会主义法治道路本质上是中国特色社会主义道路在法治领域的具体体现。中国特色社会主义法治道路的核心要义，就是要坚持党的领导，坚持中国特色社会主义制度，贯彻中国特色社会主义法治理论，这充分体现了我国社会主义性质，具有鲜明的中国特色、实践特色、时代特色。

1. 走中国特色社会主义法治道路，是历史的必然结论

要不要走法治道路、走什么样的法治道路，是近代以来中国人民面临的历史性课题。

2. 走中国特色社会主义法治道路，是由我国社会主义国家性质所决定的

我国宪法明确规定，社会主义制度是中华人民共和国的根本制度。这一根本制度保证了人民当家作主的主体地位，也保证了人民在全面依法治国中的中心地位，这是我们的最大制度优势。中国特色社会主义法治道路坚持人民主体地位，坚持法律面前人人平等，能够保证人民在党的领导下，依照法律规定，通过各种途径和形式管理国家事务，管理经济和文化事业，管理社会事务，本质上是中国特色社会主义道路在法治领域的具体体现。

3. 走中国特色社会主义法治道路，是立足我国基本国情的必然选择

走什么样的法治道路，脱离不开一个国家的基本国情。就我们这个14亿多人口的社会主义大国而言，我们有自己的历史文化传统，有长期积累的经验和优势，要在较短时间内建成法治国家，必须走中国特色社会主义法治道路。从国情实际出发，不等于关起门来搞法治，我们要坚持以我为主、为我所用，认真鉴别、合理吸收世界上优秀的法治文明成果。

(六)坚持走中国特色社会主义法治道路必须遵循的原则

中国特色社会主义法治道路，明确了建设社会主义法治国家的性质和方向，是社会主义法治建设成就和经验的集中体现，是中国特色社会主义道路在法治领域的具体体现，是建设社会主义法治国家的正确道路。走中国特色社会主义法治道路，必须坚持中国共产党的领导，坚持人民主体地位，坚持法律面前人人平等，坚持依法治国和以德治国相结合，坚持从中国实际出发。

1. 坚持中国共产党的领导

党的领导是中国特色社会主义最本质的特征,是社会主义法治最根本的保证。把党的领导贯彻到依法治国全过程和各方面,是我国社会主义法治建设的一条基本经验。我国是人民民主专政的社会主义国家,党的领导是中国特色社会主义法治之魂,是我们的法治同西方资本主义国家的法治最大的区别。坚持党中央权威和集中统一领导,是坚持党的领导的最高原则,是我国制度优势的根本保证。

具体要求:第一,运用法治思维和法治手段巩固执政地位、改善执政方式、提高执政能力,保证党和国家长治久安。第二,全面依法治国是要加强和改善党的领导,健全党领导全面依法治国的制度和工作机制,推进党的领导制度化、法治化,通过法治保障党的路线方针政策有效实施。

2. 坚持人民主体地位

全面依法治国最广泛、最深厚的基础是人民,必须坚持为了人民、依靠人民。推进全面依法治国,根本目的是依法保障人民权益。

具体要求:第一,必须始终牢牢把握坚持党的领导、人民当家作主、依法治国有机统一,不断发展社会主义民主政治并使之法治化、制度化。第二,要积极回应人民群众新要求新期待,系统研究谋划和解决法治领域人民群众反映强烈的突出问题,不断增强人民群众获得感、幸福感、安全感,用法治保障人民安居乐业。

3. 坚持法律面前人人平等

平等是社会主义法律的基本属性,是社会主义法治的基本要求。平等是社会主义法律的基本属性,是社会主义法治的基本要求。

坚持法律面前人人平等,对于坚持中国特色社会主义法治道路具有十分重要的意义:第一,它可以充分显示中国特色社会主义制度的优越性,使人民在依法治国中的主体地位得到尊重和保障,从而有利于增强人民群众的主人翁意识和责任感。第二,它鲜明地反对法外特权、法外开恩,对掌握公权力的人形成制约,从而有利于预防特权思想和各种潜规则的侵蚀。第三,它鲜明地反对法律适用上的各种歧视,有利于贯彻执行"以事实为根据,以法律为准绳"的司法原则。第四,它要求人人都严格依法办事,既充分享有法律规定的各项权利,又切实履行法律规定的各项义务,有利于维护法律权威、健全社会主义法治,确保实现全面依法治国的总目标。

具体要求:一方面要求违法必究,一切违反宪法法律的行为都必须予以追究。法治意味着不管什么人,不管涉及谁,只要违反法律就要依法追究责任。另一方面要求非歧视,即无差别对待。只要是正当权益诉求,就应当在法律上得到平等对待;只要是合法权益,就应当依法得到平等保护。

4. 坚持依法治国和以德治国相结合

法治和德治,是治国理政不可或缺的两种方式,如车之两轮或鸟之两翼,忽视其中任何一个,都将难以实现国家的长治久安。只有让法治和德治共同发挥作用,才能使法律与道德相辅相成,法治与德治相得益彰,做到法安天下,德润人心。

具体要求:第一,坚持依法治国和以德治国相结合,既要强化道德对法治的支撑作用,重视发挥道德的教化作用,提高全社会文明程度,为全面依法治国创造良好环境;又要把道德要求贯彻到法治建设中,以法治承载道德理念。第二,立法、执法、司法都要体现社会主义道德要求,都要把社会主义核心价值观贯穿其中,使社会主义法治成为良法善治,引导全社会崇德向善。第三,要运用法治手段解决道德领域突出问题,依法加强对群众反映强烈的失德行为的整治。

5. 坚持从中国实际出发

建设法治中国,必须从我国实际出发,同完善和发展中国特色社会主义制度、推进国家治理体系和治理能力现代化相适应,既不能罔顾国情、超越阶段,也不能因循守旧、墨守成规。坚持从实际出发,就是要突出法治道路的中国特色、实践特色、时代特色。

具体要求:第一,要传承中华优秀传统法律文化,从我国革命、建设、改革的实践中探索适合自己的法治道路,同时借鉴国外法治有益成果,为全面建设社会主义现代化国家、实现中华民族伟大复兴夯实法治基础。第二,要注意研究我国古代法制传统及其成败得失,挖掘和传承中华法律文化精华,汲取营养、择善而用。第三,要学习借鉴世界上优秀的法治文明成果,但必须坚持以我为主、为我所用,认真鉴别、合理吸收,不能搞"全盘西化",不能搞"全面移植",不能照搬照抄。

(七)建设中国特色社会主义法治体系

全面依法治国涉及很多方面,必须有一个总揽全局、牵引各方的总抓手,就是建设中国特色社会主义法治体系。建设中国特色社会主义法治体系,就是要形成完备的法律规范体系、高效的法治实施体系、严密的法治监督体系、有力的法治保障体系,形成完善的党内法规体系。

1. 完备的法律规范体系

完备的法律规范体系是中国特色社会主义法治体系的前提,是法治国家、法治政府、法治社会的制度基础。是以宪法为核心,由部门齐全、结构严谨、内部协调、体例科学、调整有效的法律及其配套法规所构成的法律规范系统。

完善法律规范体系的基本要求包括:坚持立法先行,发挥立法在改革开放和经济社会发展中的引领和推动作用,加快完善法律、行政法规、地方性法规体系,为全面依法治国提供基本遵循;科学立法、民主立法、依法立法,坚持上下有序、内外协调、科学规范、运行有效的原则,立改废释并举,实现从粗放立法向精细立法转变,提高立法质量和效率;实现立法和改革决策相衔接,做到重大改革于法有据、立法主动适应改革和经济社会发展需要。

2. 高效的法治实施体系

高效的法治实施体系是建设中国特色社会主义法治体系的重点。是指执法、司法、守法等各个环节有效衔接、协调高效运转、持续共同发力,实现效果最大化的法治实施系统。

完善法治实施体系的重点内容包括:健全宪法实施制度,把树立宪法权威作为全面推进依法治国重大事项抓紧抓好;加快建设职能科学、权责法定、执法严明、公开公正、廉洁高效、守法诚信的法治政府,依法全面履行政府职能,完善行政组织和行政程序法律制度,健全依法决策机制,深化行政执法体制改革,坚持严格规范公正文明执法;深化司法体制综合配套改革,规范司法行为,提高司法公信力,努力让人民群众在每一个司法案件中感受到公平正义;着力培育公民和社会组织自觉守法的意识和责任感,充分调动全社会自觉守法的积极性主动性,营造全社会共同守法的良好氛围。

3. 严密的法治监督体系

严密的法治监督体系是加强对权力运行制约和监督的迫切要求。是指以规范和约束公权力为重点建立的有效的法治化权力监督网络。它以有权必有责、用权受监督、违法必追究,坚决纠正有法不依、执法不严、违法不究行为等为主要任务。

完善法治监督体系的重点内容包括:健全宪法实施和监督制度;强化对行政权力的制约和监督;加强对司法活动的监督;发挥党内监督、人大监督、民主监督、行政监督、司法监督、审计监督、社会监督、舆论监督的合力,推进法治监督工作规范化、程序化、制度化,形成对法治运行全过程全方位的监督;深化国家监察体制改革,依法建立党统一领导的反腐败工作机构,构建集中统一、权威高效的国家监察体系,实现对所有行使公权力的公职人员监察全覆盖。

4. 有力的法治保障体系

有力的法治保障体系是全面依法治国的重要依托。是指在法律制定、实施和监督过程中形成的结构完整、机制健全、资源充分、富有成效的保障系统,包括政治和组织保障、人才和物质条件保障、法治意识和法治精神保障等。

完善法治保障体系的重点内容包括:切实加强和改进党对全面依法治国的领导,提高依法执政能力和水平,为全面依法治国提供有力的政治和组织保障;加强高素质法治专门队伍和法律服务队伍建设,提高法治工作队伍和法律服务队伍思想政治素质,为全面依法治国提供坚实的人才和物质保障;努力推动形成办事依法、遇事找法、解决问题用法、化解矛盾靠法的良好的守法社会氛围,为全面依法治国提供丰厚法治文化保障。

5. 完善的党内法规体系

完善的党内法规体系是中国特色社会主义法治体系的本质要求和重要内容。是指科学、程序严密、配套完备、运行有效的党内制度及其运行、保障体系。

完善党内法规体系的重点内容包括:党的组织法规制度、党的领导法规制度、党的自身建设法规制度、党的监督保障法规制度。

(八)坚持依法治国、依法执政、依法行政共同推进,坚持法治国家、法治政府、法治社会一体建设

1. 依法治国、依法执政、依法行政是一个有机整体

关键在于党要坚持依法执政,各级政府要坚持依法行政。法治国家、法治政府、法治社会相辅相成,法治国家是法治建设的目标,法治政府是建设法治国家的重点,法治社会是构筑法治国家的基础。

2. 法治政府建设是重点任务和主体工程

对法治国家、法治社会建设具有示范带动作用。要用法治给行政权力定规矩、划界限,规范行政决策程序,健全政府守信践诺机制,加快转变政府职能。推进严格规范公正文明执法,让执法既有力度又有温度,让违法者敬法畏法,增强人们对法治的信心。

3. 法治社会建设是基础工程

建设信仰法治、公平正义、保障权利、守法诚信、充满活力、和谐有序的社会主义法治社

会,是增强人民群众获得感、幸福感、安全感的重要举措。不断提升全体公民法治意识和法治素养,使法治成为社会共识和基本准则。要推动更多法治力量向引导和疏导端用力,完善预防性法律制度,促进社会和谐稳定。

(九)坚持全面推进科学立法、严格执法、公正司法、全民守法

科学立法是全面依法治国的前提,严格执法是全面依法治国的关键,公正司法是全面依法治国的重点,全民守法是全面依法治国的基础。全面依法治国,必须从立法、执法、司法、守法四个方面统筹推进。

1. 科学立法

法律是治国之重器,立法是法治的龙头环节。科学立法,要以完善以宪法为核心的中国特色社会主义法律体系、加强宪法实施为目标,坚持以民为本、立法为民理念,使每一项立法都符合宪法精神,反映人民意志,得到人民拥护。要把公正、公平、公开原则贯穿立法全过程,完善立法体制机制,增强法律法规的及时性、系统性、针对性、有效性。

2. 严格执法

法律的生命力在于实施,法律的权威也在于实施。严格执法,要依法全面履行政府职能,坚持法定职责必须为、法无授权不可为,健全依法决策机制,完善执法程序,严格执法责任。

3. 公正司法

公正是法治的生命线,是司法活动最高的价值追求。公正司法,是维护社会公平正义的最后一道防线。要深化司法体制综合配套改革,加强司法制约监督,健全社会公平正义法治保障制度,不断提高司法公信力,让人民群众在每一个司法案件中感受到公平正义。

4. 全民守法

法律的权威源自人民的内心拥护和真诚信仰,全民守法是法治社会的基础工程。全民守法要增强全民法治观念,推进法治社会建设,树立宪法法律至上、法律面前人人平等的法治理念,培育全社会法治信仰。

(十)我国宪法的地位

我国宪法实现了党的主张和人民意志的高度统一,具有显著优势、坚实基础、强大生命力。宪法至上地位主要体现在其特有的作用、效力和内容等方面。

1. 我国宪法是国家的根本法,是党和人民意志的集中体现

我国现行宪法颁布以来,在坚持中国共产党领导,保障人民当家作主,促进改革开放和社会主义现代化建设,推动社会主义法治国家建设进程,维护国家统一、民族团结、社会稳定等方面发挥了有力的推动作用。实践证明,我国现行宪法是符合国情、符合实际、符合时代发展要求的好宪法,是充分体现人民共同意志、充分保障人民民主权利、充分维护人民根本利益的好宪法,是推动国家发展进步、保证人民创造幸福生活、保障中华民族实现伟大复兴的好宪法,是我们国家和人民经受住各种困难和风险考验,始终沿着中国特色社会主义道路前进的根本法制保障。

2. 我国宪法是国家各项制度和法律法规的总依据

宪法在中国特色社会主义法律体系中居于核心地位。宪法确立了社会主义法治的基本

原则,明确规定中华人民共和国实行依法治国,建设社会主义法治国家,国家维护社会主义法制的统一和尊严。我国宪法具有最高的法律地位、法律权威、法律效力,具有根本性、全局性、稳定性、长期性。一切法律、行政法规、地方性法规的制定都必须以宪法为依据,遵循宪法的基本原则,不得与宪法相抵触。

3. 我国宪法规定了国家的根本制度

我国宪法规定了国家的根本制度。我国宪法确立了中国共产党的领导地位,规定了国家的根本任务、领导核心、指导思想、基本原则、发展道路、奋斗目标。我国宪法确立了工人阶级领导的、以工农联盟为基础的人民民主专政的国体,确立了社会主义制度是中华人民共和国的根本制度,确立了人民代表大会制度的政体,确立了中国共产党领导的多党合作和政治协商制度、民族区域自治制度以及基层群众自治制度,确立了公有制为主体、多种所有制经济共同发展,按劳分配为主体、多种分配方式并存,社会主义市场经济体制等社会主义基本经济制度。

4. 宪法是实现国家认同、凝聚社会共识、促进个人发展的基本准则,是维系一个国家、一个民族凝聚力的根本纽带

中国共产党领导人民制定的宪法,是中国历史上第一部真正的人民宪法,是规范国家权力运行、保障公民权利实现的根本活动准则。我们要以宪法为最高法律规范,充分发挥宪法的引领、规范和保障作用,把国家各项事业和各项工作全面纳入法治轨道,维护社会公平正义,实现国家和社会生活制度化、法治化,把依法治国、依宪治国工作提高到一个新水平。

(十一)我国宪法的基本原则

宪法的基本原则是贯穿宪法规范始终,对宪法的制定、修改、实施、遵守等环节起指导作用的基本准则。我国宪法的基本原则集中反映了规范权力运行、保障公民权利的基本精神,体现了社会主义法治的根本性质。

1. 党的领导原则

中国共产党是中国特色社会主义事业的领导核心。党的领导是人民当家作主的根本保证,是中国特色社会主义最本质的特征,是中国特色社会主义制度最大优势。

2. 人民当家作主原则

在我国,人民当家作主是社会主义民主政治的本质和核心。我国宪法体现了人民主权原则,强调国家的一切权力属于人民。

3. 尊重和保障人权原则

法治是人权得以实现的保障,我国宪法将"国家尊重和保障人权"规定为一项基本原则,对公民的基本权利和自由作出全面规定,依法保障公民的生存权和发展权。

4. 社会主义法治原则

我国宪法明确规定实行依法治国,建设社会主义法治国家。社会主义法治原则要求坚持宪法法律至上、法律面前人人平等,推进国家各项工作法治化,维护社会公平正义,维护社会主义法制的统一和尊严。任何组织和个人都要在宪法和法律范围内活动,一切违法行为都应受到法律的追究。

5.民主集中制原则

民主集中制是我国国家组织形式和活动方式的基本原则,是我国国家制度的突出特点和优势,也是集中全党全国人民集体智慧,实现科学决策、民主决策的基本原则和主要途径。

(十二)加强宪法实施和监督

我国宪法发展的历程说明,只要我们切实尊重和有效实施宪法,党和国家事业就能顺利发展。反之,如果宪法受到漠视、削弱甚至破坏,党和国家事业就会遭受挫折。因此,我们要采取更加有力的措施,加强宪法实施与监督。

1.加强宪法实施

(1)坚持依宪执政。宪法是我们党长期执政的根本法律依据,我们党首先要带头尊崇和执行宪法。要坚持党领导立法、保证执法、支持司法、带头守法,把依法治国、依法执政、依法行政统一起来,坚持党在宪法法律范围内活动。

(2)坚持依法立法。国家权力机关要加强和改进立法工作,继续完善以宪法为核心的中国特色社会主义法律体系,以良法促进发展、保障善治、维护人民民主权利,保证宪法确立的制度、原则和规则得到全面实施。

(3)坚持严格执法。国家行政机关要坚持依宪施政、依法行政,严格规范政府行为,深化行政执法体制改革,进一步提高科学决策、民主决策、依法决策水平。

2.完善宪法监督

(1)健全人大工作机制。全国人大及其常委会履行宪法赋予的宪法监督职责,要加强对宪法法律实施情况的监督检查,坚决纠正违宪违法行为。

(2)健全宪法解释机制。全国人大常委会根据宪法规定行使宪法解释权,依照宪法精神对宪法规定的内容、含义和界限作出解释。

(3)健全备案审查机制。将所有的法规规章、司法解释和各类规范性文件依法依规纳入备案审查范围,是宪法监督的重要内容和环节。建立健全党委、人大、政府、军队间备案审查衔接联动机制,加强备案审查制度和能力建设,实行有件必备、有备必审、有错必纠。

(4)健全合宪性审查机制。由有关权力机关依据宪法和相关法律的规定,对于可能存在违反宪法规定的法律法规、规范性文件以及国家机关履行宪法职责的行为进行审查,并对违反宪法的问题予以纠正。

(十三)法治思维的内涵

1.法治思维的概念

法治思维是指以法治价值和法治精神为导向,运用法律原则、法律规则、法律方法思考和处理问题的思维模式。法治思维将法律作为判断是非和处理事务的准绳,要求崇尚法治、尊重法律,善于运用法律手段协调关系和解决问题。

2.法治思维的含义

第一,法治思维以法治价值和法治精神为指导,蕴含着公正、平等、民主、人权等法治理念,是一种正当性思维;第二,法治思维以法律原则和法律规则为依据来指导人们的社会行为,是一种规范性思维;第三,法治思维以法律手段与法律方法为依托分析问题、处理问题、解决纠纷,是一种可靠的逻辑思维;第四,法治思维是一种符合规律、尊重事实的科学思维。因此,法治思维是一种融法律的价值属性和工具理性于一体的特殊的高级法律意识。

(十四)法治思维的基本内容

法治思维的内涵丰富、外延宽广,主要表现为价值取向和规则意识两个方面。价值取向是指如何看待和对待法律,规则意识是指如何用法律看待和对待自身。一般来讲,法治思维主要包括法律至上、权力制约、公平正义、权利保障、程序正当等内容。

1. 法律至上

法律至上指在国家或社会的所有规范中,法律是地位最高、效力最广、强制力最大的规范。法律至上要求所有其他社会规范都不得超越法律规范,不得与法律规范相抵触。法律至上尤其指宪法至上,因为宪法具有最高的法律效力,是其他一切法律的依据。法律至上具体表现为法律的普遍适用、优先适用和不可违反。

(1)法律的普遍适用性。是指法律在本国主权范围内对所有人具有普遍的约束力。所有国家机关、社会组织和公民个人都必须遵守法律,依法享有和行使法定职权与权利,承担和履行法定职责与义务。

(2)法律的优先适用性。是指当同一项社会关系同时受到多种社会规范的调整而多种社会规范又相互矛盾时,要优先考虑法律规范的适用。

(3)法律的不可违抗性。是指法律必须遵守,违反法律要受到惩罚。任何人不论权力大小、职位高低,只要有违法犯罪行为,就要依法追究其法律责任。

2. 权力制约

权力制约指国家机关的权力必须受到法律的规制和约束。在我国,国家权力是人民的,一切权力为民所有;国家权力是为人民服务的,即一切权力为民所用。只有依法对权力的配置和运行进行有效制约和监督,才能防止权力私用、权力滥用和权力腐败。权力制约包括权力由法定、有权必有责、用权受监督、违法受追究 4 项要求。

(1)权力由法定。即法无授权不可为,是指国家机关的职权必须来自法律明确的授予。国家机关必须严格依照法律规定的权限范围行使职权,而不得行使法律未授予的权力。

(2)有权必有责。是指国家机关在获得权力的同时必须承担相应的职责和责任。

(3)用权受监督。是指国家权力的运行和行使必须接受各种形式的监督,让人民监督权力,让权力在阳光下运行。

(4)违法受追究。是指国家工作人员违法行使权力必须受到法律的追究和制裁。

3. 公平正义

公平正义指社会的政治利益、经济利益和其他利益在全体社会成员之间合理、公平分配和占有。一般来讲,公平正义主要包括权利公平、机会公平、规则公平和救济公平。

(1)权利公平。包括三重含义:一是权利主体平等,国家对每个权利主体"不偏袒""非歧视";二是享有的权利特别是基本权利平等;三是权利保护和权利救济平等。

(2)机会公平。包括国家和社会要积极为社会成员的发展创造条件,并努力创造平等的起点;社会成员的发展进步权要受到同等尊重,不断拓展社会成员的发展领域;不仅要关注当代人的平等机会,还要考虑后代人的机会平等。

(3)规则公平。是指对所有人适用同一的规则和标准,不得因人而异。包括法律规则面前人人平等、法律内容面前人人平等和法律保护面前人人平等,任何人不得享有法律之外的特权,任何人也不会被法律排除在保护之外。

(4)救济公平。是指为权利受到侵害或处于弱势地位的公民提供平等有效的救济。包括司法救济公平、行政救济公平和社会救济公平。

4. 权利保障

权利保障指对公民权利的法律保障,具体包括公民权利的宪法保障、立法保障、行政保障和司法保障。

(1)宪法保障。是权利保障的前提和基础。宪法表明尊重和保障人权的鲜明态度,确立保障权利的有效机制,明确列出宪法保障的公民基本权利,能够推动整个国家和法律体系加强权利保障。

(2)立法保障。是权利保障的重要条件。宪法有关基本权利的规定一般较为原则,各项具体权利的保障由立法机关通过立法作出明确规定。

(3)行政保护。是权利保障的关键环节,行政机关在行使行政管理权的过程中必然要涉及处置社会成员的利益问题,很容易发生损害或侵犯公民权利的现象。行政机关是否能够有效地保护公民权利,直接反映出一个国家的权利保障状况。

(4)司法保障。是公民权利保障的最后防线,既是解决个人之间权利纠纷的有效渠道,也是纠正和遏制行政机关侵犯公民权利的有力机制。

5. 程序正当

程序正当指严格按照法律程序办事办案,保证处理结果的公正性、公信力和权威性。程序的正当,表现在程序的合法性、中立性、参与性、公开性、时限性等方面。

(1)合法性。即程序运行合乎法律规定,有关机关或个人不得违反或变相违反。

(2)中立性。即程序设计和运行应平等地对待双方当事人,不得偏向任何一方。

(3)参与性。即案件或纠纷的利害关系人都有机会进入办案程序,充分表达自己的利益诉求和意见主张,为解决纠纷发挥作用。

(4)公开性。即程序运行的过程和结果应当向当事人和社会公开,以接受各方监督,防止办案不公和暗箱操作,让正义以人们看得见的方式实现。

(5)时限性。即程序的运行必须有合理的期限,符合时间成本和效率原则的要求,不得无故拖延或没有终结。

(十五)法律权利的含义与特征

1. 法律权利的含义

法律权利的含义指由一定的社会物质生活条件所制约的行为自由,是法律所允许的权利人为了满足自己的利益而采取的、由其他人的法律义务所保障的法律手段。

2. 法律权利的特征

(1)法律权利的内容、种类和实现程度受社会物质生活条件的制约。不能脱离一个国家或地区的经济社会发展阶段和水平而空谈权利及其实现。

(2)法律权利的内容、分配和实现方式因社会制度和国家法律的不同而存在差异。同样一种权利,在不同的社会制度下和不同的国家法律中表现形式有所不同。

(3)法律权利不仅由法律规定或认可,而且受法律维护或保障,具有不可侵犯性。由国家强制力保障其实现,这是法律权利区别于其他权利的根本所在。

(4)法律权利必须依法行使,不能不择手段地行使法律权利。国家机关行使权力不得任性,公民个人行使法律权利也不得任性。

(十六)法律义务的含义与特征

1. 法律义务的含义

法律义务的含义指由一定的社会物质生活条件所制约的社会责任,是保证法律所规定的义务人按照权利人要求从事一定行为或不从事一定行为以满足权利人利益的法律手段。

2. 法律义务的履行表现形式

一是作为,指义务人实施积极的行为,如子女通过经常看望和提供财物等行为履行赡养父母的义务等。二是不作为,指义务人不作为,是指义务人不得实施某种行为,如未经许可不得公开他人的隐私等。法律义务具有法定的强制性,违反法律义务必须承担法律责任。

3. 法律义务的特点

(1)法律义务是历史的。法律义务的内容和履行方式随着经济社会的发展和人权保障的进步而不断调整和变化。

(2)法律义务源于现实需要。一个国家或地区的制度性质、历史传统、文化背景、宗教信仰和安全形势等因素,会对法律义务的设定发生重要影响。

(3)法律义务必须依法设定。法律义务必须由具有法律职权的国家机关依照法律程序设定,其他国家机关不得对公民违法设定法律义务。

(4)法律义务可能发生变化。公民和社会组织承担的法律义务,在履行的过程中可能会因法定情形变更、消灭,或产生新的法律义务。

(十七)法律权利与法律义务的关系

法律权利与法律义务就像一枚硬币的两面,不可分割,相互依存。在社会生活中,每个人既是享受法律权利的主体,又是承担法律义务的主体。在法治国家,不存在只享受权利的主体,也不存在只承担义务的主体。

1. 法律权利和法律义务是相互依存的关系

法律权利的实现必须以相应法律义务的履行为条件;法律义务的设定和履行也必须以法律权利的行使为根据。

2. 法律权利与法律义务是目的与手段的关系

离开了法律权利,法律义务就失去了履行的价值和动力;离开了法律义务,法律权利也形同虚设。

3. 有些法律权利和法律义务具有复合性的关系

有些法律权利和法律义务具有复合性的关系即一个行为可以同时是权利行为和义务行

为,如劳动的权利和义务、接受义务教育的权利和义务等。

(十八)依法行使法律权利

依法行使法律权利要求公民行使权利时应严格依据法律进行,以法律的相关规定为界限,超出这个界限就可能侵犯到他人的权利或者损害到国家、社会的利益。

1. 权利行使目的的正当性

行使法律权利要在形式上符合相关法律的规定,也要符合立法意图和精神,不得违反宪法法律确定的基本原则,保障权利行使的正当性。行使法律权利不得破坏公序良俗,妨碍法律的社会功能和法律价值的实现。

2. 权利行使的必要限度

任何权利的行使都不是绝对的,都有其相应的限度,必须依照法律规定的限度来行使权利。我国宪法规定:"中华人民共和国公民在行使自由和权利的时候,不得损害国家的、社会的、集体的利益和其他公民的合法的自由和权利。"

3. 权利行使方式的法定性

权利行使的方式分为口头方式、书面方式和行为方式,有时口头方式和书面方式可以兼用。权利行使还可分为直接行使和间接行使。

4. 权利行使的正当程序

由于一个人行使权利的过程可能就是另一个人履行义务的过程,所以程序正当原则同样适用于权利行使过程。通常情况下,行使权利的程序是法律规定的。

(十九)依法履行法律义务

法律权利的行使必须伴随着法律义务的履行,但法律义务更需要由法律加以规定。义务法定,一方面是说义务的设定必须有法律依据,另一方面是说法定的义务应当履行,否则会承担不利的法律后果。

1. 维护国家统一和全国各民族团结的义务

维护国家统一是整个社会共同体存在和发展的基础,也是以宪法为核心的整个法律制度存在的基础。同时,国家统一也是公民实现法律权利与自由的前提。宪法和相关法律规定,禁止对任何民族的歧视和压迫,禁止破坏民族团结和制造民族分裂的行为;一切破坏民族团结和制造民族分裂的行为都将受到法律的追究。

2. 遵守宪法和法律的义务

我国宪法规定了公民遵守宪法和法律的义务,还规定了若干具体义务,包括保守国家秘密、爱护公共财产、遵守劳动纪律、遵守公共秩序、尊重社会公德。

3. 维护祖国安全、荣誉和利益的义务

公民在享受宪法法律规定的权利与自由的同时,必须自觉地维护祖国利益,正确处理国家、集体与个人利益之间的关系,不得有危害祖国安全、荣誉和利益的行为,并同损害祖国利益的行为作斗争。

4. 依法服兵役的义务

我国实行义务兵与志愿兵相结合、民兵与预备役相结合的兵役制度。我国公民都有义务依法服兵役。

5. 依法纳税的义务

在现代社会中,税收是国家财政收入的主要来源,纳税是公民应该履行的一项基本义务。根据我国个人所得税法的规定,在中国境内有住所,或者无住所而在境内居住满一年的个人,从中国境内和境外取得的所得,依法缴纳个人所得税。

(二十)不断提升法治素养

1. 尊重法律权威

法律的权威源自人民的内心拥护和真诚信仰。人民权益要靠法律保障,法律权威要靠人民维护。人民是国家的主人,是法治国家的建设者和捍卫者,尊重法律权威是其法定义务和必备素质。

尊重法律权威的具体要求:①信仰法律,对法律常怀敬畏之心;②遵守法律,用实际行动捍卫法律尊严,保障法律实施;③服从法律,拥护法律的规定,接受法律的约束,履行法定的义务,服从依法进行的管理,承担相应的法律责任;④维护法律,争当法律权威的守望者、公平正义的守护者、具有良知的护法者。

2. 学习法律知识

学习和掌握基本的法律知识,是提升法治素养的前提。法律知识通常包括法律法规方面的知识和法律原理、原则方面的知识,只有既了解法律法规在某个问题上的具体规定,又了解法律的原理、原则,才能更好地领会法律精神,提升法治素养。除了从书本上获取法律知识,还可以通过收听收看法治广播电视节目、阅读法律类报纸杂志,尤其是运用新媒体等途径学习法律知识。

参与法治实践是大学生学习法律知识的有效途径。通过参与各种法律活动,在法律实践中运用法律知识和方法思考、分析、解决法律问题。参与法治实践的具体途径有:一是参与立法讨论。二是旁听司法审判。三是参与校园法治文化活动,如参与模拟法庭、法律诊所、法律辩论等。

3. 养成守法习惯

守法,就是任何组织或者个人都必须在宪法和法律范围内活动,任何公民、社会组织和国家机关都要以宪法和法律为行为准则,依照宪法和法律行使权利或权力、履行义务或职责。养成守法习惯,更要有遵守规则的意识,坚持从具体事情做起。

(1)增强规则意识。养成规则意识、坚持守法守规是每一个法治国家公民的基本素养。大学生参与社会活动,实施个人行为,都要以法律为依据,不得违反法律规范。学习和生活中,大学生应做到懂规矩、守规则、依规范,坚持依法办事。

(2)守住法律底线。法律红线不可逾越、法律底线不可触碰。法律不能成为"橡皮泥""稻草人",触犯法律底线就要受到追究。坚持从我做起,从身边做起,形成底线思维,严守法律底线,带头遵守法律。

4. 提高用法能力

学法是为了更好地用法,把对法治的尊崇、对法律的敬畏转化成思维方式和行为方式,做到在法治之下,而不是法治之外,更不是法治之上想问题、作决策、办事情。通过运用法律,提高解决问题的能力,使法律内化于心、外化于行。

(1)维护自身权利。大学生要增强权利意识,用法处理纠纷,依法维权护权。当自身的合法权益受到侵害或者威胁时,既要有遇事找法、解决问题用法、化解矛盾靠法的意识,又要掌握维护权利的途径和手段。在具体生活中,除了提高防范意识外,还要善于留存法律证据,通过法律途径解决问题,理性维权。

(2)维护社会利益。大学生除了要运用法律维护自身权利外,还要通过法律维护社会公共利益,对违法犯罪行为要敢于揭露、勇于抵制,消除袖手旁观、畏缩不前的恐惧心理,抵制遇事回避的惧法现象。大学生要遵法守规、遇事找法、善于用法,做新时代的守法人、护法人。

(一)单项选择题

[考查知识点:第一节]

1.【2022年考研真题】法律是上层建筑的重要组成部分,不是凭空产生的,也不是永恒不变的,是由一定的社会物质生活条件决定的,决定法律本质、内容和发展方向的根本因素是(　　)。

  A.地理环境　　　　　　　　B.物质资料的生产方式

  C.人口素质　　　　　　　　D.统治阶级的意志

2.法律不是从来就有的,是随着(　　)的出现而逐步产生的。

  A.人类的产生　　B.文明的产生　　C.社会的产生　　D.私有制、阶级和国家

3.法律所体现的统治阶级意志,并不是统治阶级意志的全部,仅仅是上升为(　　)的那部分意志。

  A.全民意志　　　B.党的意志　　　C.国家意志　　　D.最高统治者个人

4.法律是由国家制定或认可并由(　　)保证实施的,反映由特定社会物质生活条件所决定的统治阶级意志的规范体系。

  A.全民守法　　　B.风俗习惯　　　C.媒体监督　　　D.国家强制力

5.调整人们行为的社会规范有道德规范、宗教规范、纪律规范和法律规范等。法律规范与其他社会规范的不同之处在于(　　)。

  A.行为约束性　　B.国家强制性　　C.意识形态性　　D.物质决定性

6.关于法律的历史发展,以下说法不正确的是(　　)。

  A.奴隶制法律采用最极端的经济剥削和政治压迫的方式,具有原始习惯残留痕迹

  B.封建制法律是封建地主阶级意志的体现

  C.法律的基本内容和性质总是与所在社会的生产关系相适应的

  D.人类追求永恒的正义,因此法律是永恒存在的

7.关于社会主义法律下列说法,不正确的是(　　)。

A. 是最广大人民群众意志的集中体现
B. 是实现人民当家作主、实行人民民主专政的重要保证
C. 反映了社会主义生产关系的本质要求
D. 有着与资本主义法律制度相同的经济基础与阶级本质

8. 关于中国特色社会主义法律体系,下列说法不正确的是( )。
A. 以宪法为核心
B. 以多个法律部门的法律为主干
C. 由多个层次的法律规范构成的有机统一整体
D. 中国特色社会主义法律体系尚未形成

9. ( )是国家对权利和义务,即社会利益和负担进行的权威性分配。
A. 法律制定　　B. 法律执行　　C. 法律适用　　D. 法律遵守

10. 关于法律制定,下列说法不正确的是( )。
A. 是法律运行的起始性和关键性环节
B. 国务院各部门有权根据宪法和法律制定地方性法规
C. 全国人民代表大会及其常务委员会行使国家立法权
D. 立法程序包括法律案提出、法律案审议、法律案表决和法律公布4个环节

11. 有立法权的机关,依照法定职权和程序,创制、认可、修改和废止规范性法律文件的活动,称为( )。
A. 法律制定　　B. 法律执行　　C. 法律适用　　D. 法律遵守

12. 根据我国宪法、立法法等法律的规定,负责制定行政法规的主体是( )。
A. 全国人民代表大会　　　　B. 国务院各部门
C. 全民人民大会常务委员会　　D. 国务院

13. 在我国国家机构体系中,行使国家立法权、决定国家重大事项、监督其他国家机关工作等职权的是( )。
A. 国务院　　　　　　B. 全国人民代表大会
C. 最高人民检察院　　D. 最高人民法院

14. 根据《中华人民共和国宪法》的规定,有权制定自治条例的自治机关是( )。
A. 民族自治地方人民政府　　B. 民族自治地方人民检察院
C. 民族自治地方人民法院　　D. 民族自治地方人民代表大会

15. 国家机关及其公职人员,在国家和公共事务管理中依照法定职权和程序,贯彻和实施法律的活动,称为( )。
A. 法律制定　　B. 法律执行　　C. 法律适用　　D. 法律遵守

16. ( )是指国家司法机关及其公职人员依照法定职权和程序适用法律处理案件的专门活动。
A. 法律制定　　B. 法律执行　　C. 法律适用　　D. 法律遵守

17. 下列行为中,属于法律适用的是( )。
A. 某法官在家休息时主动为邻居调解纠纷
B. 检察机关以涉嫌贪污为由批准对某犯罪嫌疑人实施逮捕
C. 税务机关以涉嫌偷税为由对某企业的纳税情况进行检查

D. 婚姻登记机关以男女双方未达到法定结婚年龄为由拒绝颁发结婚证书

18. 法是一种行为规范，它在被制定出来以后，付诸实施之前，只是一种书本上的法律。而法律的实施，就是使法律从书本上的法律变成行动中的法律，使它从抽象的行为模式变成人们的具体行为，它是实现法的价值的必由之路。法律实施和实现的基本途径是（　　）。

　　A. 立法　　　　B. 执法　　　　C. 司法　　　　D. 守法

[考查知识点：第二节]

19. （　　）是坚持和发展中国特色社会主义的本质要求和重要保障，是国家治理的一场深刻变革。

　　A. 全面从严治党　B. 全面依法治国　C. 全面深化改革　D. 全面建成小康社会

20. 2020年11月，习近平总书记在中央全面依法治国工作会议上的重要讲话中，用（　　）对全面依法治国进行系统阐释、部署。

　　A. 十一个创新　　B. 十一个自信　　C. 十一个突破　　D. 十一个坚持

21. 确立为全面依法治国的指导思想和根本遵循的是（　　）。

　　A. 坚持依法治国和以德治国相结合　　B. 坚持法律面前人人平等
　　C. 习近平法治思想　　　　　　　　　D. 坚持人民主体地位

22. 以下关于习近平法治思想，说法错误是（　　）。

　　A. 习近平法治思想被确立为全面依法治国的指导思想和根本遵循
　　B. 习近平法治思想实现了马克思主义法治理论中国化时代化的新飞跃
　　C. 党的十八大正式提出习近平法治思想的主要内容
　　D. 深刻回答了新时代为什么实行全面依法治国、怎样实行全面依法治国等重大问题

23. 党的十八届四中全会提出全面依法治国必须坚持走中国特色社会主义法治道路，进一步明确了建设社会主义法治国家的性质和方向。社会主义法治最根本的保证是（　　）。

　　A. 坚持法律面前人人平等　　　　　　B. 坚持人民主体地位
　　C. 坚持中国共产党的领导　　　　　　D. 坚持依法治国和以德治国相结合

24. 党的十八届四中全会提出全面依法治国。推进全面依法治国，根本目的是（　　）。

　　A. 人人都严格依法办事　　　　　　　B. 坚持中国特色社会主义制度
　　C. 坚持法律面前人人平等　　　　　　D. 依法保障人民权益

25. （　　）是社会主义法律的基本属性，是社会主义法治的基本要求。

　　A. 自由　　　　B. 平等　　　　C. 公正　　　　D. 尊重和保障人权

26. 关于法律面前人人平等，下列说法不准确的是（　　）。

　　A. 使人民在依法治国中的主体地位得到尊重和保障
　　B. 鲜明地反对法律适用上的各种歧视
　　C. 凡是公民的法律诉求一律会得到法律支持
　　D. 鲜明地反对法外特权、法外开恩

27. 建设中国特色社会主义法治国家，必须一手抓法治、一手抓德治，坚持依法治国和以德治国相结合。以下说法错误的是（　　）。

　　A. 法安天下，德润人心
　　B. 既要强化道德对法治的支撑作用，又要重视发挥道德的教化作用
　　C. 德治与法治在调整范围和表现形式上是一致的

D.要把道德要求贯彻到法治建设中,以法治承载道德理念

28.法律是成文的道德,道德是内心的法律。这句话是要强调( )。

A.法律和道德两种规范的调节领域相同

B.法律和道德两种规范的实施载体相同

C.法律和道德两种规范的作用方式相同

D.法律和道德两种规范都有规范社会行为、维护社会秩序的作用

29.中华法系是在我国特定历史条件下形成的,彰显了中华民族的伟大创造力和中华法制文明的深厚底蕴。中华法系凝聚了中华民族的精神和智慧,有很多优秀的思想和理念值得我们传承。中华法系形成于( )。

A.秦朝　　　　B.汉朝　　　　C.唐朝　　　　D.宋朝

30.全面依法治国的宏伟目标是( )。

A.实现人民幸福,尊重和保障人权　　　B.建设法治中国

C.形成完备的法律规范体系　　　D.实现社会主义现代化

31.【2020年考研真题】全面推进依法治国,涉及立法、执法、司法、守法等各个方面,涉及中国特色社会主义事业"五位一体"总体布局的各个领域,必须加强顶层设计、统筹谋划,在实际工作中必须有一个总揽全局、牵引各方的总抓手。全面依法治国的总抓手是( )。

A.坚持有法可依、有法必依、执法必严、违法必究

B.建设中国特色社会主义法治体系

C.坚持依法治国和以德治国相结合

D.坚持科学立法、严格执法、公正司法、全民守法

32.全面依法治国涉及很多方面,必须有一个总揽全局、牵引各方的总抓手,这个总抓手就是建设中国特色社会主义法治体系。中国特色社会主义法治体系的本质要求和重要内容是( )。

A.完备的法律规范体系　　　B.高效的法治实施体系

C.有力的法治保障体系　　　D.完善的党内法规体系

33.党的十八大提出了"科学立法、严格执法、公正司法、全民守法"的十六字方针。党的十八届四中全会决定将其作为全面依法治国的基本格局,并作出了更加明确具体的部署。法治的龙头环节是( )。

A.立法　　　　B.司法　　　　C.执法　　　　D.守法

34.法律是治国之重器,"立善法于天下,则天下治;立善法于一国,则一国治。"指的是( )。

A.科学立法　　　B.严格执法　　　C.公正司法　　　D.全民守法

35.科学立法是全面依法治国的前提。以下关于科学立法,说法错误的是( )。

A.要以完善以宪法为核心的中国特色社会主义法律体系、加强宪法实施为目标

B.要以民为本、立法为民理念

C.要把公正、公平、公开原则贯穿立法全过程

D.要全面落实"谁执法谁普法"普法责任制

36.法律的生命在于实施,法律的权威也在于实施。"天下之事,不难于立法,而难于法之必行。"指的是( )。

A. 科学立法　　　　B. 公正司法　　　　C. 严格执法　　　　D. 全民守法

37.【2018年考研真题】中国共产党第十八届中央委员会第四次全体会议于2014年10月20日至23日在北京举行,习近平总书记在会上作了《关于〈中共中央关于全面推进依法治国若干重大问题的决定〉的说明》,其中引用英国哲学家培根的一段话:"一次不公正的审判,其恶果甚至超过十次犯罪。因为犯罪虽是无视法律——好比污染了水流,而不公正的审判则毁坏法律——好比污染了水源。"这说明公正司法的重要性。公正司法是(　　)。

　　A. 社会公正的唯一标准　　　　　　B. 社会公正的最终目标
　　C. 维护社会公平正义的最后一道防线　　D. 维护社会公平正义的决定因素

[考查知识点:第三节]

38.【2023年考研真题】党的二十大报告指出:"我们要坚持走中国特色社会主义法治道路,建设中国特色社会主义法治体系,建设社会主义法治国家,围绕保障和促进社会公平正义,坚持依法治国、依法执政、依法行政共同推进,坚持法治国家、法治政府、法治社会一体建设,全面推进科学立法、严格执法、公正司法、全民守法,全面推进国家各方面工作法治化。"坚持全面依法治国首先要(　　)。

　　A. 坚持依宪治国　　　　　　B. 坚持依法行政
　　C. 坚持依法执政　　　　　　D. 坚持公正司法

39. 在中国共产党进行制定和实施人民宪法的探索和实践过程中,起临时宪法作用的是(　　)。

　　A.《中华苏维埃共和国宪法大纲》
　　B.《俄罗斯苏维埃联邦社会主义共和国宪法》
　　C.《陕甘宁边区宪法原则》
　　D.《中国人民政治协商会议共同纲领》

40. 新中国第一部宪法于(　　)年通过。
　　A. 1949　　　　B. 1950　　　　C. 1952　　　　D. 1954

41. 我国现行宪法于(　　)年通过。
　　A. 1949　　　　B. 1954　　　　C. 1982　　　　D. 2018

42. 宪法修改是党和国家政治生活中的一件大事。宪法只有不断适应新形势、吸纳新经验、确认新成果,才能具有持久生命力。我国现行宪法迄今共经历过(　　)次修正。
　　A. 3　　　　　B. 4　　　　　C. 5　　　　　D. 6

43. 我国宪法是国家的根本法,是(　　)的集中体现。
　　A. 国家根本制度　　　　　　B. 中华民族团结
　　C. 中国政治体制　　　　　　D. 党和人民意志

44. 宪法在全面依法治国中具有突出地位和重要作用,以下对于我国宪法的地位说法错误的是(　　)。
　　A. 我国宪法是规范国家权力运行、保障公民权利实现的根本活动准则
　　B. 我国宪法是国家的根本法,是党和人民意志的集中体现
　　C. 我国宪法规定了国家的根本制度
　　D. 我国宪法是我国一切法律、行政法规、地方性法规的总和

45. 国体反映一国国家性质,体现社会各阶级在国家生活中的地位和作用。我国的国体

是( )。

A. 人民民主专政　　　　　　　B. 全国人民代表大会
C. 多党合作和政治协商　　　　D. 中国特色社会主义

46. 我国国家政权的阶级基础是( )。

A. 工人阶级　　B. 工农联盟　　C. 农民阶级　　D. 知识分子阶层

47. 我国宪法确立了( )是中华人民共和国的根本制度。

A. 社会主义制度　　　　　　　B. 全国人民代表大会
C. 人民民主专政　　　　　　　D. 民主集中制

48. 党的二十大报告指出,要健全人民当家作主制度体系,扩大人民有序政治参与,保证人民依法实行民主选举、民主协商、民主决策、民主管理、民主监督,发挥人民群众积极性、主动性、创造性,巩固和发展生动活泼、安定团结的政治局面。人民当家作主制度体系的根本制度体现是( )。

A. 人民民主专政　　　　　　　B. 人民代表大会制度
C. 基层群众自治制度　　　　　D. 按劳分配为主体、多种分配方式并存

49. 2023年3月,全国两会在北京召开。全国两会是指( )。

A. 全国人民代表大会、中国共产党全国代表大会
B. 中国人民政治协商会议、中国共产党全国代表大会
C. 全国人民代表大会、中国人民政治协商会议
D. 中国人民政治协商会议、全国人大常务委员会

50.【2018年考研真题】实行人民民主,保证人民当家作主,实现形式是丰富多样的。经过长期探索,我国在通过依法选举让人民的代表来参与国家生活和社会生活管理的同时,找到了一种保证人民在日常政治生活中有广泛持续深入参与权利的特有民主形式,这一特有民主形式是( )。

A. 协商民主　　B. 谈判民主　　C. 票决民主　　D. 竞争性民主

51. 我国宪法对中国共产党领导地位和执政地位的规定,既是对中国共产党领导人民在革命、建设、改革各个历史时期奋斗成果的确认,也是对国家性质和根本制度的确认,集中体现了党的主张和人民意志的高度统一。这体现了我国宪法基本原则中的( )。

A. 尊重和保障人权原则　　　　B. 人民当家作主原则
C. 党的领导原则　　　　　　　D. 社会主义法治原则

52. 我国宪法对公民的基本权利和自由做出全面规定,依法保障公民的生存权和发展权。这体现了我国宪法基本原则中的( )。

A. 党的领导原则　　　　　　　B. 尊重和保障人权原则
C. 人民当家作主原则　　　　　D. 社会主义法治原则

53. 我国宪法发展的历程说明,只要我们切实尊重和有效实施宪法,党和国家事业就能顺利发展。因此,我们要采取更加有力的措施,加强宪法实施与监督。以下做法不属于加强宪法实施的是( )。

A. 坚持依宪执政　　　　　　　B. 坚持依法立法
C. 坚持严格执法　　　　　　　D. 坚持以德治国

[考查知识点:第四节]

54. 法治思维是指以法治价值和法治精神为导向,运用法律原则、法律规则、法律方法思考和处理问题的思维模式。以下不属于法治思维基本内容的是(   )。
　　A. 法律至上　　　B. 权力制约　　　C. 权利保障　　　D. 党的领导

55. 在中国古典小说中常有"杀富济贫""大义灭亲""替天行道"等充满传统道义的故事,但在现代法治社会中,以上行为是不可取的。因为我们不仅要弘扬道德规范,更要遵守法律规范。这体现的法治思维是(   )。
　　A. 权力制约　　　B. 公平公正　　　C. 人权保障　　　D. 法律至上

56. 所有国家机关、社会组织和公民个人都必须遵守法律,依法享有和行使法定职权与权利,承担和履行法定职责和义务,这是法律至上具体体现的(   )。
　　A. 普遍适用性　　B. 优先适用性　　C. 不可违反性　　D. 鲜明阶级性

57. 当同一项社会关系同时受到多种社会规范的调整而多种社会规范又相互矛盾时,要优先考虑法律规范的适用,这是法律至上具体体现的(   )。
　　A. 普遍适用性　　B. 优先适用性　　C. 不可违反性　　D. 鲜明阶级性

58. 任何人不论权力大小、职位高低,只要有违法犯罪行为,就要受到法律制裁。这是法律至上具体体现的(   )。
　　A. 普遍适用性　　B. 优先适用性　　C. 不可违反性　　D. 鲜明阶级性

59. 国家机关在获得权力的同时必须承担相应的职责和责任,当发生了属于其职权范围内的事项时,国家机关必须履行相应的管理职责,这体现的是权利制约中的(   )要求。
　　A. 权力由法定　　B. 有权必有责　　C. 用权受监督　　D. 违法受追究

60. 关于权力制约,下列表述不准确的是(   )。
　　A. 权力由法定,即法无授权不可为,是指国家机关的职权必须来自法律明确的授予
　　B. 有权必有责,是指国家机关在获得权力的同时必须承担相应的职责和责任
　　C. 用权受监督,是指国家权力的运行和行使只需接受媒体部门监督
　　D. 违法受追究,是指国家工作人员违法行使权力必须受到法律的追究和制裁

61. 公平正义主要包括权利公平、机会公平、规则公平和救济公平,以下不属于权利公平主要含义的是(   )。
　　A. 权利主体平等,国家对每个权利主体"不偏袒""非歧视"
　　B. 享有的权利特别是基本权利平等
　　C. 要关注当代人的机会平等,还要考虑后代人的机会平等
　　D. 权利保护和权利救济平等

62. 国家和社会要积极为社会成员的发展创造条件,并努力创造平等的起点;社会成员的发展进步权要受到同等尊重,不断拓展社会成员的发展领域,这体现的是公平正义中的(   )。
　　A. 权利公平　　　B. 机会公平　　　C. 规则公平　　　D. 救济公平

63. 公平正义主要包括权利公平、机会公平、规则公平和救济公平。以下关于规则公平,说法不正确是(   )。
　　A. 规则公平是指对所有人适用同一规则和标准,不得因人而异
　　B. 在法律规则、法律内容、法律保护面前人人平等
　　C. 任何人不得享有法律之外的特权,任何人也不会被法律排除在保护之外

D. 为权利受到侵害或处于弱势地位的公民提供平等有效的救济

64. 权利保障的前提和基础是（ ），宪法表明尊重和保障人权的鲜明态度，确立保障权利的有效机制，明确列出宪法保障的公民基本权利，能够推动整个国家和法律体系加强权利保障。

  A. 宪法保障 B. 立法保障 C. 行政保障 D. 司法保障

65. 权利保障的关键环节是（ ），行政机关是否能够有效地保护公民权利，直接反映出一个国家的权利保障状况。

  A. 宪法保障 B. 立法保障 C. 行政保障 D. 司法保障

66. 权利保障的最后防线是（ ），既是解决个人之间权利纠纷的有效渠道，也是纠正和遏制行政机关侵犯公民权利的有力机制。

  A. 宪法保障 B. 立法保障 C. 行政保障 D. 司法保障

67. 做一件事情，往往需要按照一定的程序，只有按照程序做，才能防止主观任性、无序混乱。程序的正当，表现为程序的合法性、中立性、参与性、公开性、时限性等方面。程序运行合乎法律的规定，有关机关或个人不得违反或变相违反，指的是程序必须具有（ ）。

  A. 公开性 B. 合法性 C. 中立性 D. 参与性

68. 俗话说，正义不应缺席，也不应迟到，迟到的正义是有瑕疵的正义。这句话实际上说的是程序正当必须具有（ ）。

  A. 参与性 B. 公开性 C. 中立性 D. 时限性

69. 法律权利区别于其他权利的根本所在是（ ）。

  A. 受社会物质生活条件的制约 B. 由国家强制力保障其实现
  C. 源于现实需要 D. 随着历史发展而变化

70. 法律义务与法律权利相对应，是指法律关系主体依法承担的某种必须履行的责任。以下关于法律义务的说法错误的是（ ）。

  A. 法律义务具有法定强制性
  B. 法律义务的履行形式仅表现为义务人实施积极的行为
  C. 坚持义务法定是法治国家和人权保障的重要方面
  D. 法律权利的行使必须伴随着法律义务的履行

71. 古希腊有句谚语："自由的第一个意义就是担负自己的责任。"从法律的权利与义务的关系角度来看，对这句谚语理解不正确的是（ ）。

  A. 法律权利与义务就像一枚硬币的两面，密不可分，相互依存
  B. 法律权利的实现必须以相应法律义务的履行为条件
  C. 一个行为可以同时是权利行为和义务行为
  D. 在法律领域权利和义务两者不可兼得

72. 政治权利是公民参与国家政治活动的权利和自由的统称。以下不属于公民的政治权利的是（ ）。

  A. 选举权利 B. 表达权 C. 民主管理权 D. 人身自由权

73. 人身权利是指公民的人身不受非法侵犯的权利。下列选项不属于人身权利的有（ ）。

  A. 生命健康权 B. 宗教信仰自由权
  C. 人格尊严权 D. 住宅安全权

74. 通讯自由隶属于我国公民的哪项基本权利和自由（　　）。
    A. 政治权利　　　　B. 人身权利　　　　C. 财产权利　　　　D. 宗教信仰及文化权利

75. 住宅安全权是公民的一项基本权利。下列不属于侵犯公民的住宅安全权的行为是（　　）。
    A. 陌生男子闯入了老王的家　　　　B. 陌生男子查封了老王的家
    C. 国家机关为侦查犯罪进入老王的家　　D. 陌生男子闯入老王临时居住的宾馆

76. 我国宪法规定了公民的基本权利和义务。下列选项中，既属于公民权利，又属于公民义务的是（　　）。
    A. 接受义务教育　　B. 政治自由　　C. 人身自由　　D. 依法纳税

77. "法律既不是铭刻在大理石上，也不是铭刻在铜表上，而是铭刻在公民们的内心里。"卢梭这句话强调的是（　　）。
    A. 要用实际行动保障法律实施　　　　B. 应当自觉维护法律的规定，接受法律的约束
    C. 法律必须被信仰，否则形同虚设　　D. 对违法犯罪行为要敢于揭露、敢于反抗

78. 大学生在处理问题、作出决定时，要先问问在法律上"是什么"和"为什么"，是否合法可行。这体现了提升法治素养中（　　）的要求。
    A. 尊重法律权威　　B. 学习法律知识　　C. 养成守法习惯　　D. 提高用法能力

79. 大学生应通过法律维护社会公共利益，对违法犯罪行为要敢于揭露、勇于抵制，消除袖手旁观、畏缩不前的恐惧心理，抵制遇事回避的惧法现象。如帮扶弱者、见义勇为，这体现了提升法治素养中（　　）的要求。
    A. 尊重法律权威　　B. 学习法律知识　　C. 养成守法习惯　　D. 提高用法能力

80. 通过参与各种法律活动，在实践中运用法律知识和方法思考、分析、解决法律问题，才能养成自觉的法治思维习惯，提升法治素养。下列不属于大学生参与法治实践的方式和途径的是（　　）。
    A. 参与立法讨论　　　　　　　　B. 参与校园法治文化活动
    C. 旁听司法审判　　　　　　　　D. 参与法庭讨论

(二)多项选择题

[考查知识点：第一节]

1. 下列关于法律的说法正确的是（　　）。
    A. 法律是统治阶级意志的体现　　　　B. 法律是由国家创制和实施的行为规范
    C. 法律由一定的社会物质生活条件决定　D. 法律与人类社会的产生是同步的

2. 法律的国家强制性表现为（　　）。
    A. 国家对合法行为的肯定和保护
    B. 国家对违法行为的否定和制裁
    C. 国家是保证法律实施的唯一力量
    D. 法律的每一个实施过程都要借助于国家的强制力

3. 马克思主义的唯物史观告诉我们，法律作为政治上层建筑，是由当时社会的经济基础抑或是生产关系决定的。从马克思主义的科学立场出发，下列关于法律与统治阶级关系的说法正确的是（　　）。
    A. 法律体现的是统治阶级意志具有整体性

B. 法律是专门为被统治阶级而制定的

C. 法律所体现的仅仅是上升为国家意志的那部分统治阶级意志

D. 统治阶级的意志就是法律

4. 法律是由国家创制和实施的行为规范。法律是由国家创制和实施的行为规范,国家创制法律规范的方式主要有(　　)。

A. 制定、修改、废止规范性文件

B. 赋予某些既存社会规范法律效力

C. 赋予先前的判例法律效力

D. 司法机关依法进行司法活动

5. 关于法律的产生与发展下列说法正确的是(　　)。

A. 法律不是从来就有的,也不是永恒存在的

B. 法律是从来就有的,也会永恒存在下去

C. 法律随着私有制、阶级和国家的产生而产生

D. 法律将随着私有制、阶级和国家的消亡而消亡

6.【2017年考研真题】我国法律文化有悠久的历史和传承,据《说文解字》阐释,汉语中"法"的古体是"灋","灋,刑也,平之如水,从水;廌,所以触不直者去之,从去。"在古代,"法"主要表现在为"刑"或"刑律","刑"既有刑戮,罪罚之意,也有规范之意;"廌"也称"獬豸",是神话中的独角兽,它公正不阿,善断是非曲直。上述材料表明,在传统文化中人们对法律的理解和诉求是(　　)。

A. 法律具有至高无上的地位

B. 法律体现了君权神授的思想

C. 法律寄托着惩恶扬善、匡扶正义的价值追求

D. 法律富含着公正如水、正义神圣的深刻意蕴

7. 下列关于奴隶制法律叙述正确的有(　　)。

A. 是奴隶主阶级对广大奴隶实行统治的工具

B. 具有明显的原始习惯残留痕迹,否认奴隶的法律人格

C. 存在严格的等级划分,刑罚方式极其残酷

D. 通常采用最极端的经济剥削和政治压迫的方式

8. 下列关于封建制法律叙述正确的是(　　)。

A. 维护封建地主阶级的共同利益　　B. 封建地主阶级完全占有农奴和农民

C. 维护专制皇权,实行封建等级制度　　D. 与奴隶制法律相比刑罚依旧严酷

9. 资本主义法律归根结底是为了维护资产阶级的根本利益,资本主义法律的基本特征主要体现为(　　)。

A. 与资本主义私有制相适应的私有财产神圣不可侵犯原则

B. 与资本主义市场经济相适应的契约自由原则

C. 与资本主义民主政治相适应的法律面前人人平等原则

D. 与资产阶级人道主义相适应的人权保障原则

10. 马克思曾说:"法律应当以社会为基础,法律应该是社会共同的、由一定的物质生产方式所产生的利益和需要的表现。"我国社会主义法律的本质特征是(　　)。

A.具有继承性和创造性　　　　　　　B.体现党的主张和人民意志的统一
C.具有科学性和先进性　　　　　　　D.是中国特色社会主义建设的重要保障

11.法律的运行是一个从创制、实施到实现的过程,其中,把法定的权利和义务转化为现实的权利和义务,把文本上的法律转化为现实中的法律的是(　　)。
　　A.法律遵守　　　B.法律制定　　　C.法律执行　　　D.法律适用

12.下列属于法律运行环节的有(　　)。
　　A.立法　　　　B.守法　　　　C.执法　　　　D.司法

13.国家机关的立法活动必须遵守法定程序。就全国人民代表大会的立法程序而言,其环节大体包括(　　)。
　　A.法律案的提出　　B.法律案的审议　　C.法律案的表决　　D.法律的公布

14.下列选项属于行政执法的是(　　)。
　　A.工商部门吊销了某个体经营者的营业执照
　　B.民政部门委托基层群众性自治组织代为发放救灾物资
　　C.人民法院判处某国家工作人员5年有期徒刑和没收财产
　　D.食品卫生部门授权卫生防疫站对食品卫生进行检查监督

15.关于法律执行下列说法正确的是(　　)。
　　A.狭义上法律执行又被称为行政执法,行政执法的主体通常是国家行政机关
　　B.各级政府中享有执法权的下属行政机构属于行政执法主体
　　C.广义上法律执行是指国家立法机关执行法律的活动
　　D.行政执法是法律实施和实现的重要环节,是最经常、最大量的工作

16.司法是指国家司法机关及其公职人员依照法定职权和程序适用法律处理案件的专门活动,下列属于我国司法原则的有(　　)。
　　A.司法公正　　　　　　　　　　　B.公民在法律面前一律平等
　　C.以事实为依据,以法律为准绳　　D.科学立法,民主立法,依法立法

17.建设高效的法治实施体系,是建设中国特色社会主义法治体系的重点。高效的法治实施体系是指执法、司法、守法等各个环节有效衔接、协调高效运转、持续共同发力,实现效果最大化的法治实施系统。其中,司法发挥着影响深远、不可或缺的重要作用。下列关于司法说法正确的有(　　)。
　　A.公正司法是维护社会公平正义的最后一道防线
　　B.法律执行是国家行政机关执行法律的活动
　　C.我国的司法机关包括人民法院和人民检察院
　　D.公民在法律面前一律平等是一项司法原则

18.我国的司法机关是指(　　)。
　　A.国家检察机关　　　B.国家审判机关　　　C.海关　　　D.公安机关

19.【2018年考研真题】"天下之事,不难于立法,而难于法之必行。"法律的生命力在于实施,法律的权威也在于实施,守法是法律实施和实现的基本途径。对守法的正确理解是(　　)。
　　A.守法的主体是一切组织和个人
　　B.守法是行使法定的权利,履行法定的义务
　　C.守法意味着一切组织和个人严格依法办事的活动和状态

D. 守法是遵守宪法和法律

20. 守法意味着一切组织和个人严格依法办事的活动和状态。依法办事的含义是（　　）。
A. 守法只是履行义务　　　　　　B. 守法只是行使权力
C. 依法享有并行使权力　　　　　D. 依法承担并履行义务

[考查知识点：第二节]

21. 以下关于习近平法治思想，说法正确的是（　　）。
A. 习近平法治思想正式提出的时间是中央全面依法治国工作会议上
B. 习近平法治思想的主要内容可以精辟概括为"十一个坚持"
C. 习近平法治思想被确立为全面依法治国的基本格局
D. 习近平法治思想实现了马克思主义法治理论中国化时代化的新飞跃

22. 习近平总书记用"十一个坚持"精辟概括和系统阐述了新时代全面依法治国的重要思想和战略部署，形成了习近平法治思想，立足新时代中国特色社会主义伟大实践，全面系统地创新发展了中国特色社会主义法治理论，实现了马克思主义法治理论中国化时代化的新飞跃。习近平法治思想的重要意义在于（　　）。
A. 为建设法治中国指明了前进方向
B. 在中国特色社会主义法治建设进程中具有重大政治意义、理论意义、实践意义
C. 深刻揭示社会主义法治的生命力和优越性，推动中国特色社会主义法治理论创新发展
D. 是马克思主义法治理论中国化时代化的最新成果

23. 【2022年考研政治真题】习近平法治思想是全面依法治国的根本遵循和行动指南。2020年11月，习近平在中央全面依法治国工作会议上，用"十一个坚持"对全面依法治国进行了系统阐释、部署，从全面依法治国的政治方向、战略地位、工作布局、主要任务、重大关系、重要保障等方面提出了一系列新理念新观点新论断。其中，关于全面依法治国政治方向是（　　）。
A. 坚持党对全面依法治国的领导　　B. 坚持以人民为中心
C. 坚持中国特色社会主义法治道路　　D. 坚持统筹推进国内法治和涉外法治

24. 党的二十大报告指出，要坚持走中国特色社会主义法治道路，建设中国特色社会主义法治体系、建设社会主义法治国家。中国特色社会主义法治道路，就是要坚持党的领导，坚持中国特色社会主义制度，贯彻中国特色社会主义法治理论，走中国特色社会主义法治道路是（　　）。
A. 由我国社会主义国家性质决定的　　B. 立足我国基本国情的必然选择
C. 历史的必然结论　　　　　　　　　D. 对西方法治道路的彻底否定

25. 走中国特色社会主义法治道路，必须坚持（　　）。
A. 中国共产党的领导　　　　　　　B. 人民主体地位、法律面前人人平等
C. 依法治国和以德治国相结合　　　D. 从中国实际出发

26. 【2021年考研真题】2020年颁布的《中华人民共和国民法典》是新中国第一部以法典命名的法律。这部法典共7编1260条，包括总则、物权、合同、人格权、婚姻家庭、继承、侵权责任以及附则，被称为"社会生活的百科全书"。它系统地整合了新中国成立70多年来司法实践中形成的民事法律规范，汲取和借鉴了中外优秀法治文明建设的有益成果，是一部具有鲜明中国特色、实践特色、时代特色的民法典，开创了我国法典编纂立法的先河。编纂民法典

的重大意义是（　　）。

　　A. 推进全面依法治国、推进国家治理体系和治理高质量发展的客观要求

　　B. 坚持和完善中国特色社会主义制度的现实需要

　　C. 坚持和完善社会主义基本经济制度、推动经济

　　D. 增进人民福祉，维护广大人民根本利益的必然能力现代化的重大举措

27. 走中国特色社会主义法治道路，必须坚持从中国实际出发，坚持（　　）。

　　A. 中国共产党的领导　　　　　　　　B. 坚持人民主体地位

　　C. 坚持法律面前人人平等　　　　　　D. 坚持依法治国和以德治国相结合

28. 坚持法律面前人人平等，对于坚持走中国特色社会主义法治道路具有十分重要的意义，关于坚持法律面前人人平等的意义，以下说法正确的是（　　）。

　　A. 有利于增强人民群众的主人翁意识和责任感

　　B. 有利于预防特权思想和各种潜规则的侵蚀

　　C. 有利于贯彻执行"以事实为依据、以法律为准绳"的司法原则

　　D. 有利于维护法律权威、健全社会主义法治，确保实现全面依法治国的总目标

29.《人民日报》在评论某明星偷税漏税一事时指出："法律面前人人平等"。在我国，坚持法律面前人人平等，要求公民不分民族、种族、性别、职业、家庭出身、宗教信仰、教育程度、财产状况、居住期限等，都应当平等享受公民权利、平等履行公民义务。下列说法中正确的是（　　）。

　　A. 坚持法律面前人人平等，要坚决反对特权思想和特权现象

　　B. 平等是社会主义法治的基本要求

　　C. 平等是社会主义法律的基本属性

　　D. 平等是社会主义法治最根本的保证

30.【2022年考研真题】2020年我国颁布的民法典具有鲜明道德导向。如第7条"民事主体从事民事活动，应当遵循诚信原则，秉持诚实，恪守承诺。"第8条"民事主体从事民事活动不得违反法律，不得违背公序良俗。"第184条"因自愿实施紧急救助行为造成受助人损害的，救助人不承担民事责任。"法律对道德的导向主要表现为（　　）。

　　A. 法律助推个人品德养成　　　　　　B. 法律决定道德传承的效果

　　C. 法律助推社会公德水平提升　　　　D. 法律为弘扬美德提供保障

31. 我国民法通则、合同法、物权法中，都有要求民事主体在进行民事活动时应当尊重社会公德，不得损害公共利益和经济秩序的内容，已经具有"公序良俗"的含义。2017年10月1日起施行的民法总则明确规定"民事主体从事民事活动，不得违反法律，不得违背公序良俗"，从民法基本原则的高度确立了禁止违反公序良俗的原则。这一规定体现了（　　）。

　　A. 依法治国和以德治国的有机统一　　B. 对传统民法上的公序良俗原则的继承和发展

　　C. 法律为道德建设提供制度保障　　　D. 以法治承载道德理念

32.【2019年考研真题】中国特色社会主义法治道路的一个鲜明特点，就是坚持依法治国和以德治国相结合。法治和德治是治国理政不可或缺的两种方式。这是因为法治和德治（　　）。

　　A. 发挥作用方式不同　　　　　　　　B. 实现途径不同

　　C. 所处地位不同　　　　　　　　　　D. 调整范围不同

33.2018年,沈阳基层法院宣判了三起拉拽公交司机,甚至暴力抢夺公交车方向盘案件。法院认为:三名被告在公交车行驶过程中拉拽驾车司机,导致车辆失控,司乘人员受伤,其行为均已构成以危险方法危害公共安全罪。这一结果,让密切关注公共安全的人们感到宽慰。法治和德治,是治国理政不可或缺的两种方式,忽视其中的任何一个,国家的长治久安都将难以实现。推动法治和德治的相互促进,要(　　)。

　　A.强化道德对法治的支撑作用　　B.把道德要求贯彻到法治建设中

　　C.运用法治手段解决道德领域的突出问题

　　D.立法、执法、司法都要体现社会主义道德要求,引导社会崇德向善

34.党的十八届四中全会提出和确立了建设中国特色社会主义法治体系、建设社会主义法治国家的总目标,开启了建设社会主义法治国家的新征程。建设中国特色社会主义法治体系的重要意义在于(　　)。

　　A.是中国特色社会主义的本质要求

　　B.是推进国家治理体系和治理能力现代化的重要举措

　　C.全面依法治国的总抓手

　　D.是中国特色社会主义的重要保障

35.建设中国特色社会主义法治体系的内容之一是形成完备的法律规范体系。此外,这个法治体系的内容还包括(　　)。

　　A.高效的法治实施体系　　B.严密的法治监督体系

　　C.有力的法治保障体系　　D.完善的党内法规体系

36.关于推进全面依法治国,以下说法正确是(　　)。

　　A.法治政府建设是重点任务和主体工程,对法治国家、法治社会建设具有示范带动作用

　　B.法治社会建设是基础工程,是增强人民群众获得感、幸福感、安全感的重要举措

　　C.依法治国、依法执政、依法行政是一个有机整体

　　D.法治国家、法治政府、法治社会相辅相成

37.党的十八大提出了"科学立法、严格执法、公正司法、全民守法"的十六字方针。以下说法正确的是(　　)。

　　A.科学立法是全面依法治国的前提　　B.严格执法是全面依法治国的关键

　　C.公正司法是全面依法治国的重点　　D.全民守法是全面依法治国的基础

38."天下之事,不难于立法,而难于法之必行。"关于严格执法以下做法正确的是(　　)。

　　A.坚持法定职责必须为、法无授权不可为

　　B.完善司法机关依法独立公正行使审判权和检察权的制度

　　C.深化行政执法体系改革,坚持严格规范公正文明执法

　　D.建立行政机关内部重大决策合法性审查机制

39."理国要道,在于公平正直。"关于公正司法以下说法正确的是(　　)。

　　A.公正司法是维护社会公平正义的最后一道防线

　　B.公正是司法活动最高的价值追求

　　C.公正司法是司法活动的唯一原则

　　D.公正是法治的生命线

40.习近平总书记说过:"要懂得'100－1＝0'的道理,一个错案的负面影响足以摧毁九十

九个公正审判积累起来的良好形象。执法司法中万分之一的失误,对当事人就是百分之百的伤害。"与这句话所蕴含的思想一致的是( )。

A. 公正司法是维护社会公平正义的最后一道防线

B. "一次不公正的审判,其恶果甚至超过十次犯罪"

C. 公正是法治的生命线,是司法活动最高的价值追求

D. 法律的生命力在于实施,法律的权威也在于实施

[考查知识点:第三节]

41. 1954年宪法是中华人民共和国第一部宪法,关于"五四宪法",以下说法正确的是( )。

A. 以1949年通过的《中国人民政治协商会议共同纲领》为基础并加以发展而来

B. 规定了国家在过渡时期的总任务,确定了建设社会主义制度的道路和目标

C. 确立了适合中国国情的国体和政体,同时较完整地规定了公民的基本权利和义务

D. 由第一届全国人大一次会议通过

42. 关于宪法修正,以下说法正确的是( )。

A. 宪法只有不断适应新形势、吸纳新经验、确认新成果,才能具有持久生命力

B. 我国现行宪法迄今共经历过4次修正

C. 我国现行宪法最近一次修正是在1982年

D. 宪法修正使宪法在保持稳定性和权威性的基础上紧跟时代前进步伐,不断与时俱进

43. 2018年第十三届全国人大一次会议通过了宪法修正案,反映了党的十九大确定的重大理论观点和重大方针政策,以及党和国家事业发展的新成就新经验新要求。以下属于此次宪法修正内容的是( )。

A. 确立科学发展观、习近平新时代中国特色社会主义思想的指导地位

B. 将完善国家主席任期制、深化国家监察体制改革载入宪法

C. 将新发展理念、建设社会主义现代化强国等载入宪法

D. 将实现中华民族伟大复兴、倡导社会主义核心价值观、确立宪法宣誓制度载入宪法

44. 2015年7月1日十二届全国人大常委会第十五次会议表决通过了全国人大常委会关于实行宪法宣誓制度的决定。决定于2016年1月1日起施行。决定彰显宪法权威,激励和教育国家工作人员忠于宪法、遵守宪法、维护宪法、加强宪法实施。因为宪法( )。

A. 是国家的根本法　　　　　　　B. 是国家各项制度和法律法规的总依据

C. 规定了国家的根本制度　　　　D. 是中国特色社会主义法律体系的主干

45. 宪法是国家的根本法,是治国安邦的总章程。下列关于宪法的说法中,正确的是( )。

A. 宪法具有最高的法律效力、法律权威、法律效力

B. 宪法在中国特色社会主义法律体系中居于核心地位

C. 宪法与普通法律有着同样的立法和修改程序

D. 宪法规定了公民的基本权利和义务

46. 宪法在全面依法治国中具有突出地位和重要作用。下列关于宪法的地位说法错误的是( )。

A. 宪法具有根本性、全局性、稳定性、长期性

B. 宪法只规定国家生活中某一方面的问题

C. 宪法规定公民的一切权利

D.宪法是党和人民意志的集中体现

47.下列选项,属于我国的国家制度的有( )。
A.人民民主专政制度　　　　　　　B.人民代表大会制度
C.民族区域自治制度　　　　　　　D.基层群众自治制度

48.人民代表大会制度是我国的( )。
A.国家性质　　B.根本政治制度　　C.政体　　D.国家结构形式

49.我国宪法确立的基本政治制度主要有( )。
A.人民代表大会制度　　　　　　　B.中国共产党领导的多党合作和政治协商制度
C.民族区域自治制度　　　　　　　D.基层群众自治制度

50.2018年3月11日,第十三届全国人民代表大会第一次会议经投票表决,通过了《中华人民共和国宪法修正案》。着眼新时代坚持和发展中国特色社会主义的新形势新任务对宪法作出适当修改,是时代必然、实践必要、法治必需。宪法是我国的根本大法,我国宪法的基本原则包括( )。
A.党的领导原则　　　　　　　　　B.人民主权原则
C.尊重和保障人权原则　　　　　　D.民主集中制原则

51.全国各族人民、一切国家机关和武装力量、各政党和各社会团体、各企业事业组织,都必须以宪法为根本活动准则,并且负有维护宪法尊严、保证宪法实施的职责。加强宪法实施,我们首先要( )。
A.坚持以德治国　　　　　　　　　B.坚持依法立法
C.坚持严格执法　　　　　　　　　D.坚持依宪执政

52.在新的历史条件下,推进全面依法治国、加强宪法实施,对宪法监督提出了新的更高要求。以下关于完善宪法监督做法正确的是( )。
A.健全人大工作机制　　　　　　　B.健全宪法解释机制
C.健全备案审查机制　　　　　　　D.健全合宪性审查机制

[考查知识点:第四节]

53.法治思维是指以法治价值和法治精神为导向,运用法律原则、法律规则、法律方法思考和处理问题的思维模式。是一种融法律的价值属性和工具理性于一体的特殊的高级法律意识。法治思维含义包括( )。
A.法治思维以法治价值和法治精神为指导,是一种正当性思维
B.法治思维以法律原则和法律规则为依据来指导人们的社会行为,是一种规范性思维
C.法治思维以法律手段与法律方法为依托,是一种可靠的逻辑思维
D.法治思维是一种符合规律、尊重事实的科学思维

54.下列选项,属于法治思维的基本内容的有( )。
A.法律至上　　B.权力制约　　C.权利保障　　D.正当程序

55.法律至上是指在国家或社会的所有规范中,法律是地位最高、效力最广、强制力最大的规范。法律至上具体表现为( )。
A.法律的普遍适用性　　　　　　　B.法律的优先适用性
C.法律的不可违反性　　　　　　　D.法律的相对稳定性

56."吃百姓之饭,穿百姓之衣,莫道百姓可欺,自己也是百姓;得一官不荣,失一官不辱,

勿说一官无用,地方全靠一官"。这幅流传至今的对联,蕴含着官自民来、官为表率的朴素道理。推进全民守法,必须抓住领导干部这个"关键少数"。各级领导干部要带头依法办事,带头遵守法律。法律是约束权力最大的"笼子",具有制约公权力的重要功能。权力制约原则可以概括为( )。

　　A. 权力由法定　　B. 有权必有责　　C. 用权受监督　　D. 违法受追究

57. 公平正义是中国共产党一贯坚持的政治主张和价值追求。党的二十大报告指出,我们要坚持走中国特色社会主义法治道路,建设中国特色社会主义法治体系、建设社会主义法治国家,围绕保障和促进社会公平正义,坚持依法治国、依法执政、依法行政共同推进,坚持法治国家、法治政府、法治社会一体建设,全面推进科学立法、严格执法、公正司法、全民守法,全面推进国家各方面工作法治化。作为法治思维基本内容之一的"公平正义"的主要包括( )。

　　A. 机会公平　　B. 规则公平　　C. 权利公平　　D. 救济公平

58. 权利公平的含义包括( )。

　　A. 发展机会和发展前景平等　　　B. 权利主体平等
　　C. 享有的权利特别是基本权利平等　　D. 权利保护和权利救济平等

59. 机会公平是指生活在同一社会中的成员拥有相同的发展机会和发展前景,反对任何形式的歧视,以下属于机会公平内容的是( )。

　　A. 努力创造起点的平等　　　B. 社会成员的发展进步权平等
　　C. 努力创造结果的平等　　　D. 当代人和后代人的机会平等

60. 权利保障是法治思维的基本内容之一,权利保障主要是指对公民权利的法律保障,具体包括( )。

　　A. 宪法保障　　B. 立法保障　　C. 行政保护　　D. 司法保障

61. 程序正当是法治思维的基本内容之一,程序具有独立的价值和意义,只有严格按照法律程序办事办案,处理结果才可能公正并具有公信力和权威性。程序正当的具体表现,除合法性外,还包括( )。

　　A. 中立性　　B. 参与性　　C. 公开性　　D. 时限性

62. 法律权利是指由一定的社会物质生活条件所制约的行为自由,是法律所允许的权利人为了满足自己的利益而采取的、由其他人的法律义务所保障的法律手段。关于法律权利具有的特征,下列说法正确的是( )。

　　A. 法律权利的内容、种类和实现程度受社会物质生活条件的制约
　　B. 法律权利的内容、分配和实现方式因社会制度和国家法律的不同而存在差异
　　C. 法律权利不仅由法律规定或认可,而且受法律维护或保障,具有不可侵犯性
　　D. 法律权利必须依法行使,不能不择手段地行使法律权利

63. 义务与权利相对应,是指政治上、法律上、道义上应当承担的责任。法律义务具有的特点有( )。

　　A. 法律义务是历史的　　　B. 法律义务源于现实需要
　　C. 法律义务必须依法设定　　D. 法律义务可能发生变化

64.【2023年考研真题】法律义务是指由一定的社会物质生活条件所制约的社会责任,是保证法律所规定的义务人按照权利人要求从事一定行为或不从事一定行为以满足权利人利益的法律手段。以下关于法律义务的表述正确的有( )。

A.法律义务必须依法设定　　　　　　B.法律义务是一成不变的
C.法律义务源于现实需要　　　　　　D.法律义务是义务人自主实施的行为

65.法律权利和法律义务的关系,就像一枚硬币的两面,密不可分。二者之间关系的正确表述是(　　)。
　　A.法律权利与法律义务是相互依存的关系
　　B.法律权利与法律义务是目的与手段的关系
　　C.法律权利与法律义务具有先后性
　　D.法律权利与法律义务具有二重性

66.公共生活中个人权利与他人权利发生冲突在所难免,比如学生宿舍里有人看书,有人休息,有人要听音乐……对解决权利冲突要有正确的认识。虽然每个人都有行使个人权利的自由,但也要尊重他人的权利。这是因为(　　)。
　　A.不尊重他人权利,就可能丧失自己的权利
　　B.尊重他人权利是公民权利意识的重要内容
　　C.权利实现的内在动力是人们彼此之间对各自权利的相互尊重
　　D.尊重他人权利既是一项法律义务,也是一项道德义务

67.【2020年考研真题】法律规定公民有表达权,但权利依然要依法行使,尤其是"自媒体"时代,人人都有"麦克风",处处都是"直播间"。这支"麦克风"并不是可以随心所欲使用的,应以法律的相关规定为界限。对公民行使法律权利界限的正确理解是(　　)。
　　A.权利行使不能超过法定的限度　　B.权利行使的方式具有唯一性
　　C.权利行使要有目的的正当性　　　D.权利行使要遵循程序正当的原则

68.依法行使法律权利要求公民行使权利时应严格依据法律进行,以法律的相关规定为界限,超出这个界限就可能侵犯到他人的权利或者损害到国家、社会的利益,包括(　　)。
　　A.权利行使的目的的正当性　　　　B.权利行使的必要限度
　　C.权利行使方式的法定性　　　　　D.权利行使的正当程序

69.1763年,老威廉·皮特在《论英国人个人居家安全的权利》的演讲中说:"即使最穷的人,在他的小屋里也能够对抗国王的权威。屋子可能很破旧,屋顶可能摇摇欲坠;风可以吹进这所房子,雨可以淋进这所房子,但是国王不能踏进这所房子,他的千军万马也不敢跨进这间破房子的门槛。"这段话后来被浓缩成"风能进,雨能进,国王不能进"。这凸显了权力与权利的关系是(　　)。
　　A.权力必须受到权利的制约　　　　B.权力优先于权利
　　C.权力应当以权利为界限　　　　　D.权利服务于权力

70.下列属于我国宪法规定的公民的基本权利的有(　　)。
　　A.宗教信仰自由　　B.政治权利　　C.人身权利　　D.文化教育权利

71.政治权利是公民参与国家政治活动的权利和自由的统称,它的行使主要表现为公民参与国家、社会组织与管理的活动。这一基本权利具体包括(　　)。
　　A.人身自由权　　B.选举权与被选举权　　C.表达权　　D.民主管理权

72.人身权利是指公民的人身不受非法侵犯的权利。它是公民参加国家政治、经济与社会生活的基础,是公民权利的重要内容。人身权利的主要内容,不仅包含人身自由权,还包括(　　)。

A. 生命健康权　　　B. 人格尊严权　　　C. 通信自由权　　　D. 住宅安全权

73. 以下关于公民财产权利,说法正确的是(　　)。

A. 财产权是公民、法人或其他组织通过劳动或其他合法方式取得财产和占有、使用、收益、处分财产的权利

B. 财产权是公民在社会生活中获得自由与实现经济利益的必要途径

C. 财产权主要包含私有财产权和继承权

D. 财产权仅保护物权、生活资料和生产资料,债权和知识产权不属于财产权保护

74. 下列选项属于我国宪法规定的社会经济权利的有(　　)。

A. 物质帮助权　　　B. 劳动权　　　C. 休息权　　　D. 社会保障权

75. 下列选项属于我国宪法规定的公民的基本义务的有(　　)。

A. 依法纳税　　　　　　　　　B. 维护国家统一和民族团结

C. 维护祖国安全、荣誉和利益　　　D. 依法服兵役

76.【2021年考研真题】法律权威是指法律在社会生活中的作用力、影响力和公信力,是法律应有的尊严和生命。法律是否具有权威取决于(　　)。

A. 法律在实践中的实施程度　　　B. 法律本身的科学程度

C. 法律在国家和社会治理体系中的地位和作用

D. 法律被国际社会认同和尊崇的程度

77. 大学生作为公民,要在尊重法律权威方面加强砥砺,在学习和生活中积极作为,养成敬畏法律的良好品质,努力成为尊重法律权威、信仰法律的先锋。尊重和维护法律权威的基本要求是(　　)。

A. 信仰法律　　　B. 遵守法律　　　C. 服从法律　　　D. 维护法律

78. 新时代大学生的法治素养,关系全民族法治素养的总体水平,关系法治中国建设的进程。提升法治素养是大学生成长成才的内在需要。在日常生活中,大学生不断提升法治素养的途径有(　　)。

A. 尊重法律权威　　B. 学习法律知识　　C. 养成守法习惯　　D. 提高用法能力

(三)简答题

1. 简述法律的含义。

2. 简述为什么我国社会主义法律是党的主张和人民意志的共同体现?

3. 简述我国社会主义法律的本质特征。

4. 简述我国社会主义法律的运行。

5. 简述为什么要走中国特色社会主义法治道路?

6. 简述坚持走中国特色社会主义法治道路必须遵循的原则。

7. 简述应从哪些方面统筹推进全面依法治国？

8. 简述我国宪法的基本原则。

9. 简述应如何加强宪法实施和监督？

10. 简述法治思维的内涵。

11. 简述法律权利的含义与特征。

12. 简述法律义务的含义与特征。

(四)论述题

1. 2020年11月，中国共产党历史上首次召开中央全面依法治国工作会议，将习近平法治思想明确为全面依法治国的指导思想。谈谈你对习近平法治思想核心要义的理解。

2. 如何理解"坚持法律面前人人平等"？请联系历史与现实谈谈你的看法。

3. 法治和德治，是治国理政不可或缺的两种方式。结合实际生活中的具体事例，谈谈如何推进法治和德治相互结合？

4. 试论建设中国特色社会主义法治体系的主要内容。

5. 试论如何坚持依法治国、依法执政、依法行政共同推进，坚持法治国家、法治政府、法治社会一体建设。

6. 有人说，宪法规定的大多是一些原则性内容且很抽象，而且司法判决一般也不援引宪法条文，因而宪法是与公民生活关系不大、高高在上的"闲法"，谈谈你如何看待这一说法？

7. 论述法治思维的基本内容。

8. 请结合具体案例谈谈你对法律权利和法律义务关系的理解。

9. 请结合具体案例谈谈大学生应如何依法行使法律权利？

10. 作为公民应当如何依法履行法律义务，请联系实际谈谈你的看法。

11. 大学生应当如何提升法治素养，请联系实际谈谈你的看法？

(五)材料分析题

材料分析题 1

【材料1】 2014年10月闭幕的十八届四中全会,是党在中央全会上第一次专题讨论依法治国的问题,体现了对法治的高度重视。会议结束后,微博上的各种评论满是对法治进步的热望:"想要法治的果实,就要给它阳光雨露""期待法治进入与人民互动的2.0时代""法治不仅是宏大的,也是具体的;它关乎国家治理,更关于百姓福祉"……

《韩非子》有句名言"国无常强,无常弱。奉法者强则国强,奉法者弱则国弱"。尊奉法律,需要执政者,治理者发力,引导之,提倡之,遵守法律,需要全体公民给力,用法律来定分止争,维护之,践行之。网络上已经有人以普通人"小明"为例,演绎"四中全会与你我有啥关系"。有认识,法治于人就如同空气,你可能不会时时刻刻意识到它的存在,可一旦缺少就立刻窒息。的确,从出生到成长,从成家到立业,都步需要法治的护航:加强对财产权的保护,完善教育、医疗、视频安全等方面的法律法规,提高环境污染的违法成本……四中全会促动"法治的春天"有着温暖人心的春意。当越来越多人在法治的护佑下感受着畅快的呼吸,法治才能成为内心时时恪守的律令。

也不用回避中国的法治还有很多问题,从"暂行50多年"的高温条例,到保护个人信息安全等方面尚无完善法律,中国的法治进程需要紧跟时代的步伐。四中全会从立法、司法、执法、守法等方面开出来药方,但最根本的还是提升全社会对法治的信心与信任,正如党的十八届四中全会公报所说,法律的权威源自于人民内心的拥护和真诚信仰。这才是法治的力量所在,尊严所系。

——摘自《人民日报》《让法治成为现代中国的"国家信仰"》(2014年10月24日)

【材料2】 法治是人类为了征服自己,由人类自己立法进行自我管理,这远比征服自然困难得多。特别是约束公权力,非有高度的觉悟,顽强的毅力和坚强的意志难以成其事。任何国家法治的确立都不是在一盘散沙的状态下随随便便建立起来的,而是必须有坚定有力的集中统一领导和部署。

迄今为止,尚未有法治成功的国家是在群龙无首,四分五裂的状态下实现法治的。恰恰相反,就法治发达国家的经验来看,这些国家的法治之所以能够最终确立,都是自上而下,从官到民表现出对法治制作的追求,付出巨大的努力。在中国这个拥有13亿人口,情况极其复杂的大国建设法治,更需要有自上而下将强统一的领导,要有统一的意志,坚决果断一体推行。正是基于这样的情况,十八界四中全会指出,全面推进依法治国,必须坚持党的领导。

——摘自《人民日报》《党的领导决定依法治国成败》(2014年10月29日)

结合材料回答问题:

1. 如何理解"法治关乎国家治理,更关乎百姓福祉"?

2. 为什么"全面推进依法治国,必须坚持党的领导"?

材料分析题 2【2019年考研真题】

2018年9月30日,在我国第五个烈士纪念日到来之时,党和国家领导人同各界代表向天安门广场人民英雄纪念碑敬献花篮,表达着13亿多人民对英烈的深切缅怀和崇高敬意。

人民英雄纪念碑基座上镶嵌的8幅革命历史浮雕，镌刻了从虎门销烟到解放战争时期为争取民族独立和人民幸福而牺牲的人民英雄。这一纪念中国革命胜利的全景图，凝聚了无数先烈的铁骨精魂，更象征着中国人民不忘历史、砥砺奋进的民族精神。

欲知大道，必先为史。习近平总书记指出："历史是一面镜子。以史为鉴，才能避免重蹈覆辙。对历史，我们要心怀敬畏、心怀良知。历史无法改变，但未来可以塑造。"

"天地英雄气，千秋尚凛然。"一个有希望的民族不能没有英雄，一个有前途的国家不能没有先锋。英雄烈士的事迹和精神是中华民族共同的历史记忆和宝贵的精神财富。

一段时间以来，历史虚无主义思潮沉渣泛起。社会上质疑英雄烈士、歪曲历史的现象和行为不时出现，造成了极其恶劣的社会影响，引起了社会舆论的高度关注。

在社会各界不断的呼声中，2018年4月27日，十三届全国人大常委会第二次会议全票表决通过了《中华人民共和国英雄烈士保护法》，英雄烈士的姓名、肖像、名誉、荣誉受法律保护，禁止歪曲、丑化、亵渎、否定英雄烈士的事迹和精神，宣扬、美化侵略战争和侵略行为将被依法惩处直至追究刑责。

英雄烈士保护法生效一个月后，最高人民法院、最高人民检察院相继下发通知要求依法惩处侵害英雄烈士权益、形象等违法行为；文化和旅游部部署查处抹黑英雄烈士等违法违规经营行为；各主要互联网文化单位纷纷采取措施清理违规信息、视频和账号；多地检察机关针对侵害英雄烈士名誉等问题依法启动诉讼程序。

"昨天你用生命捍卫我们，今天我们用法律保护你。"网友真挚的话语道出了人们对英雄烈士的敬意和爱戴。

从设立烈士纪念日"立大德于社会"，到缅怀英雄烈士仪式"扬大义于国家"，再到制定英雄烈士保护法"布大信于天下"，一系列致敬英烈、崇尚英雄的国家行动，筑起了民族复兴征程的闪亮灯塔。

——摘自《光明日报》（2018年4月6日），《人民日报》（2018年6月13日、10月1日等）

结合材料回答问题：

1. 如何理解"英雄烈士的事迹和精神是中华民族共同的历史记忆和宝贵的精神财富"？

2. 从法律社会作用的角度，分析为什么要以法律的名义保护英雄烈士？

材料分析题3

【材料1】 罗某在火车上无故霸座，拒绝配合列车工作人员开展检查，并现场发生争执。中央电视台对该事件进行了报道，罗某认为央视的报道行为侵犯了其名誉权。一审法院以央视报道客观、真实，不存在过错为由驳回罗某的诉讼请求。罗某不服一审判决提出上诉。2021年12月6日，北京市第一中级人民法院终审驳回了罗某的全部上诉请求，维持原判。

罗某乘坐火车时，在其所持车票对应车站并未下车，而是擅自更换车厢并继续乘坐。在被列车乘务员发现后，罗某拒绝补票并拒绝配合乘警开展检查，过程中与列车长和乘警发生争执。央视在对罗某隐名并对其面部进行马赛克处理后，在栏目中对该事件进行报道。罗某认为，央视的报道是对其的诽谤，侵犯了其名誉权，故诉至法院，要求央视赔礼道歉并赔偿损失。

审理法院认为，央视作为新闻媒体，发挥舆论监督作用是其重要职能。央视对整个事件的报道客观、真实,对罗某的评价中并不存在侮辱、诽谤性的语言,并最大程度地保护了罗某的隐私。罗某社会评价降低系因其自身不当言行所致,与央视的报道行为之间不具有因果关系,故判决:驳回上诉,维持原判。

——摘自最高人民法院新闻局《"高铁霸座案"判央视报道不侵权 法律为正当舆论监督"撑腰"》(2022年7月20日)

【材料2】 马年春晚最受观众好评的语言类节目无疑是开心麻花的小品《扶不扶》,在各大门户网站推出的观众投票中,这个小品都高居榜首。"人倒了可以扶起来,人心要是倒了就扶不起来了!"堪称"金句",直指人心,令人动容。

"如果我看见老人倒地,我去不去扶?"这是今天所有中国人都不得不问自己的问题,虽然每个人的回答可能会因道德选择不同而不同,但问题本身是难以回避的。扶危济困、见义勇为本是常识,为什么今天我们却要讨论老人倒地要不要扶?一个社会如果连老人倒地要不要扶都要讨论,那一定是哪里出了问题。

——摘自《人民日报》《〈扶不扶〉让人服》(2014年2月13日)

【材料3】 近年来,开"摩的"老人救横穿马路女童、退役老兵不顾严寒下河施救古稀老人等一批批见义勇为的事迹不断涌现,引领了良好的社会风尚。但是,个别地方也出现见义勇为、做好人好事被误解、被讹诈的现象。不能让见义勇为者"流血流汗又流泪",成为公众的强烈呼声。

党的十八大以来,以习近平同志为核心的党中央高度重视立德树人、以德铸魂。2021年中央政法委召开全国见义勇为工作会议,提出要充分发挥思想、榜样、政策、法治、道德、舆论、社会、组织等"八大力量",让见义勇为成为新时代社会风尚。

——摘自《人民政协报》《不能让见义勇为者"流血流汗又流泪"》(2022年3月24日)

【材料4】 遇到打人事件害怕受伤不敢上前劝架?看见摔倒老人害怕被讹不敢上前搀扶?"帮不帮""救不救"仍是不可忽视的社会痛点。那么如何重塑社会信任?如何鼓励见义勇为? 别担心,《民法典》为你撑腰!

《民法总则》首次确定了见义勇为救助行为人的责任豁免规则,《民法典》再次明确保护救助人的权益,"好人条款"顺应社会正义期待,真正给见义勇为者吃了颗"定心丸",最大限度免除"好人"仗义出手的现实之忧,不再让"英雄流血又流泪"。

《民法典》第一百八十三条 因保护他人民事权益使自己受到损害的,由侵权人承担民事责任,受益人可以给予适当补偿。没有侵权人、侵权人逃逸或者无力承担民事责任,受害人请求补偿的,受益人应当给予适当补偿。《民法典》第一百八十四条 因自愿实施紧急救助行为造成受助人损害的,救助人不承担民事责任。

——摘自北京政法网《遇人有难不敢帮?民法典为你撑腰》(2022年7月10日)

【材料5】 发挥好道德的教化作用,必须以道德滋养法治精神、强化道德对法治文化的支撑作用。再多再好的法律,必须转化为人们内心自觉才能真正为人们所遵行。

"不知耻者,无所不为。"没有道德滋养,法治文化就缺乏源头活水,法律实施就缺乏坚实社会基础。在推进依法治国过程中,必须大力弘扬社会主义核心价值观,弘扬中华传统美德,培育社会公德、职业道德、家庭美德、个人品德,提高全民族思想道德水平,为依法治国创造良好人文环境。

——《习近平谈治国理政:第二卷》,外文出版社2017年版,第116~117页

结合材料回答问题:

1.结合现实,谈谈为什么必须坚持依法治国和以德治国相结合?

2.从国家、社会、个人等角度,谈谈在当今社会怎样践行见义勇为、助人为乐的美德?

材料分析题 4

【材料1】 文明其表,制度其里。任何一种文明的成长和成熟,都离不开规则和制度的支撑。正因如此,我们信仰法治、遵守规则,是为了让公共空间变得稳定、可预期。规则是文明的内化,被普遍遵行的规则就像安全带一样,是社会健康运行的安全保障。

——摘自《人民日报》《构建匹配时代的精神文明》(2018年11月19日)

【材料2】 重庆公交坠江悲剧发生后,许多人也在悲痛之中追问:面对流动社会,公共安全该如何保障?在道德教化之外,怎么做才能惩前毖后?对此,近日辽宁省沈阳高新技术产业开发区法院用法槌作出回应:法治。在三起与之类似的拉拽公交司机案件中,被告人均构成以危险方法危害公共安全罪。这一结果,让密切关注公共安全的人们感到宽慰。

法治社会不能仅仅寄希望于"君子慎独",而有赖于制度化约束。这也意味着,涵养法治意识,离不开一以贯之的落实。正如飞机、高铁上对吸烟的"零容忍",让烟瘾再大的烟民也能在旅途中安分守己。制度的刚性,不仅树立了稳定的法治预期,也助推了文明的"提速"。正因如此,当"高铁霸座"连续刷屏,绝大多数人倾向于要亮剑、要刚性执法。保持权利边界的清晰可见,避免不文明对文明的挤出效应,以严格执法捍卫守法者的权益,是一个法治社会的应有之义。

——摘自《人民日报》《涵养全社会的法治意识》(2018年11月13日)

结合材料回答问题:

1.为什么说"任何一种文明的成长和成熟,都离不开规则和制度的支撑"?

2.如何理解"法治社会不能仅仅寄希望于'君子慎独',而有赖于制度化约束"?

材料分析题 5

【材料1】 獬豸,是中国古代神话传说中的"法兽",据《论衡》中描述,其双目明亮有神,独角,能辨是非曲直,能识善恶忠奸,有勇猛、公正的寓意。在我国一些法院门口,往往能看到獬豸的雕像,象征着对公平正义的守护。推进全面依法治国,要紧紧围绕保障和促进社会公平正义来进行,把这一价值追求贯穿到立法、执法、司法、守法的全过程和各方面。公正司法是维护社会公平正义的最后一道防线。

——摘自《人民日报》《"四个全面"擘宏图》(2021年8月12日)

【材料2】 "一次不公正的裁判,其恶果甚至超过十次犯罪。因为犯罪虽是无视法律——好比污染了水流,而不公正的审判则毁坏了法律——好比污染了水源。"多年来,这句著名法谚不断提醒世人并警醒司法机关,枉法裁判造成的恶劣影响难以估量,同时折射出一条定理:纠正冤假错案的态度和力度是衡量国家法治水平的重要标尺。

——摘自人民法院报《纠正冤错："疑罪从无"从纸面到实践》(2019年9月13日)

【材料3】 十年来，人民法院坚持以习近平法治思想指导树立正确司法理念，把习近平总书记提出的"努力让人民群众在每一个司法案件中感受到公平正义"作为工作目标，紧紧围绕这个目标来改进工作。确立"司法为民、公正司法"的工作主线，依法保障人民权益，恪守司法职业良知，对群众深恶痛绝的事零容忍、对群众急需急盼的事零懈怠。严格公正司法，以事实为根据、以法律为准绳，审判案件不为纷繁所扰、不为压力所阻，始终保持法治定力，坚决维护法治权威。兼顾国法天理人情，切实纠正偏离人民立场、机械司法、就案办案等错误做法，努力实现裁判法律效果、政治效果、社会效果相统一。准确把握宽严相济刑事政策，正确适用刑事附带民事调解制度，坚决防止在社会上传递出"花钱买命""以钱买刑""以官抵罪"等错误导向，尊重人民群众朴素公平正义观。坚决守住防止冤假错案底线，加强人权司法保障和产权司法保护，依法纠正呼格吉勒图案、聂树斌案、张文中案等一批冤错案件。坚持依法治国和以德治国相结合，大力弘扬社会主义核心价值观，发挥司法断案惩恶扬善功能，促进实现法安天下、德润人心。依法审理"狼牙山五壮士"等英烈名誉荣誉案，狠刹历史虚无主义歪风，捍卫英雄尊严荣光。通过"小案件大道理"，着力破解长期困扰群众的"扶不扶""劝不劝""追不追"等法律和道德风险，坚决同"和稀泥"做法说不，立"明规则"、破"潜规则"，努力让全社会充满正气、正义。坚持以公开促公正、树公信，建成审判流程、庭审活动、裁判文书、执行信息四大公开平台，构建开放、动态、透明、便民的阳光司法机制，让公平正义的阳光照进人民心田。十年来，全国法院以正确司法理念指导司法实践，用有力量、有是非、有温度的新时代司法回应人民关切，让人民群众切实感受到公平正义就在身边。

——摘自《民主与法制》《坚决贯彻全面依法治国战略部署　努力让人民群众在每一个司法案件中感受到公平正义》(2022年第42期)

结合材料回答问题：

1. 如何理解"一次不公正的裁判,其恶果甚至超过十次犯罪"这其中的深刻道理？

2. 为什么要"努力让人民群众在每一个司法案件中感受到公平正义"？

材料分析题 6

【材料1】 "有的同志习惯于把分管工作当成自己的禁脔，觉得既然分管就没有必要报告了，也不希望其他人来过问，有的甚至不愿意党委过问，不然就是党政不分了""'党大还是法大'是一个政治陷阱，是一个伪命题；对这个问题，我们不能含糊其辞、语焉不详，要明确予以回答"……

坚持党的全面领导，必须不断改善党的领导，让党的领导真正落到实处。习近平总书记明确指出："加强党对一切工作的领导，这一要求不是空洞的、抽象的，要在各方面各环节落实和体现。"针对党内存在的对坚持党的领导认识模糊、行动乏力问题，落实党的领导弱化、虚化、淡化、边缘化问题，特别是对党中央重大决策部署执行不力，有的搞上有政策、下有对策，甚至口是心非、擅自行事等问题，习近平总书记坚持问题导向，深入剖析、尖锐批评，推动党的领导得到全面加强。

——摘自《求是》《万山磅礴有主峰》(2022年第2期)

【材料2】 十三届全国人大第一次会议表决通过了《中华人民共和国宪法修正案》，这是以习近平同志为核心的党中央从新时代坚持和发展中国特色社会主义全局和战略高度作出的重大决策,是推进全面依法治国、推进国家治理体系和治理能力现代化的重大举措。宪法修正案把"中国共产党领导是中国特色社会主义最本质的特征"写入宪法总纲第一条第二款,体现了对习近平新时代中国特色社会主义思想和党的十九大精神的贯彻落实,为坚持党的领导提供了强有力的宪法保障。

——摘自人民网《把"中国共产党领导是中国特色社会主义最本质的特征"写入宪法的重大意义》(2018年5月7日)

结合材料回答问题:

1. 为什么说"'党大还是法大'是一个政治陷阱,是一个伪命题"?

2. 分析"中国特色社会主义最本质的特征是中国共产党领导"写入宪法的必要性何在?

材料分析题 7

【材料 1】 2023年3月13日,北京,人民大会堂。十四届全国人大一次会议,高票表决通过关于修改《中华人民共和国立法法》的决定。这是全面依法治国进程中又一个标志性成果。立法法,被称为"管法的法"。这部在法律规范体系中起支架性作用的重要法律,被赋予新的时代内涵,必将更好地发挥立法引领保障作用,深入推进科学立法、民主立法、依法立法,使法律规范体系更加科学完备。

法律是治国之重器,良法是善治之前提。建设中国特色社会主义法治体系,首要的是完善以宪法为核心的中国特色社会主义法律体系。2021年10月,习近平总书记在中央人大工作会议上指出:"改革开放以来,在党的领导下,经过各方面努力,我国用30多年时间形成了中国特色社会主义法律体系,这是人类法治史上一项了不起的成就。同时,也要看到,时代在进步,实践在发展,不断对法律体系建设提出新需求,法律体系必须与时俱进加以完善。"

《中华人民共和国民法典》是新中国成立以来第一部以"法典"命名的法律。2020年5月28日,十三届全国人大三次会议高票表决通过民法典。7编、1260条、10万余字,这部具有中国特色、体现时代精神、反映人民意愿、保障民事权利、维护社会公平正义的法典就此诞生。

习近平总书记指出:"人民群众对立法的期盼,已经不是有没有,而是好不好、管用不管用、能不能解决实际问题;不是什么法都能治国,不是什么法都能治好国;越是强调法治,越是要提高立法质量。"

——摘自《人民日报》《良法善治开新篇》(2023年3月15日)

【材料 2】 良法是善治之前提。立法是国家的重要政治活动,是把党的主张和人民的意志通过法定程序转化为国家意志的过程,关系党和国家事业发展全局。立法法是规范国家立法制度和立法活动、维护社会主义法治统一的基本法律。越是强调法治,越是要提高立法质量。立法法的修改完善,对于发挥立法引领和保障作用,弘扬社会主义法治精神、增强全民法治观念有着重要意义。

法治的根基在人民。法治为了人民、依靠人民、造福人民、保护人民,今天的立法活动和立法工作各个环节都能听到来自人民的声音、都能了解来自基层的情况,积极回应人民群众新要求新期待。人民权益要靠法律保障,法律权威要靠人民维护。从守护"舌尖上的安全"到保护母亲河长江,立法在不断解决好人民群众最关心最直接最现实的利益问题的过程中,凝聚起最广大人民群众的智慧和力量,使全体人民都成为社会主义法治的忠实崇尚者、自觉遵守者、坚定捍卫者。

只有铭刻在人们心中的法治,才是真正牢不可破的法治。如今人们对立法的期待,不仅是把法律写在条文里,更是把法治刻入人的心中。以良法促进发展保障善治,培育全社会办事依法、遇事找法、解决问题用法、化解矛盾靠法的法治环境,才能真正使尊法学法守法用法成为全体人民的共同追求,让法治成为全民思维方式和行为习惯。

——摘自《人民日报》《让立法成为主动的"法治课"》(2023年3月11日)

结合材料回答问题:

1. 为什么说"良法是善治之前提",请从全面推进依法治国的角度谈谈对这句话的理解。

2. 请从坚持中国特色社会主义法治道路必须遵循的原则角度,谈谈如何理解"法治的根基在人民"。

材料分析题 8

【材料1】 党的二十大对新时代新征程党和国家事业发展作出全面部署,强调要更好发挥宪法在治国理政中的重要作用,更好发挥法治固根本、稳预期、利长远的保障作用,在法治轨道上全面建设社会主义现代化国家。我们要贯彻落实党的二十大精神,坚定不移走中国特色社会主义法治道路,增强宪法自觉,加强宪法实施,履行宪法使命,谱写新时代中国宪法实践新篇章。

——摘自《人民日报》《谱写新时代中国宪法实践新篇章——纪念现行宪法公布施行40周年》(2022年12月20日)

【材料2】 2023年3月10日上午,全票当选中华人民共和国主席、中华人民共和国中央军事委员会主席的习近平总书记,左手抚按宪法,右手举拳宣读誓词。

"我宣誓:忠于中华人民共和国宪法,维护宪法权威,履行法定职责,忠于祖国、忠于人民,恪尽职守、廉洁奉公,接受人民监督,为建设富强民主文明和谐美丽的社会主义现代化强国努力奋斗!"

铿锵的誓言,郑重的承诺,充分体现了习近平同志作为党、国家、军队最高领导人尊崇宪法、维护宪法、恪守宪法的高度政治自觉,充分体现了习近平同志作为党的核心、人民领袖、军队统帅身体力行、率先垂范的政治品格和崇高风范,充分体现了以习近平同志为核心的党中央坚持依宪治国、依宪执政、维护宪法权威的坚定意志和坚强决心。

——摘自《人民日报》《弘扬宪法精神 彰显宪法权威》(2023年3月11日)

【材料3】 习近平总书记指出,要加强宪法学习宣传教育,弘扬宪法精神、普及宪法知识,为加强宪法实施和监督营造良好氛围。宪法法律的权威源自人民的内心拥护和真诚信仰,加强宪法学习宣传教育是实施宪法的重要基础。要在全社会广泛开展尊崇宪法、学习宪法、遵守宪法、维护宪法、运用宪法的宣传教育,弘扬宪法精神,弘扬社会主义法治意识,增强广大干部群众的宪法意识,使全体人民成为宪法的忠实崇尚者、自觉遵守者、坚定捍卫者。要坚持从青少年抓起,把宪法法律教育纳入国民教育体系,引导青少年从小掌握宪法法律知识、树立宪法法律意识、养成遵法守法习惯。

——摘自新华网《习近平在中共中央政治局第四次集体学习时强调 更加注重发挥宪法

重要作用 把实施宪法提高到新的水平》(2018年2月25日)

结合材料回答问题:

结合宪法宣誓制度谈谈如何理解"宪法法律的权威源自人民的内心拥护和真诚信仰"这其中的深刻道理?

材料分析题9

【材料1】 武汉市作为最早报告新冠病毒感染病例的城市,在疫情防控的关键时刻依法临时实施人员进出管控措施,主要是暂停运营城市公交、地铁、轮渡、长途客运,暂时关闭机场、火车站、高速公路等通道。这是严格控制传染源,阻断传染链,有效防止传染病大面积扩散的重要举措,减少了病例向中国其他地区和国外输出,对疫情防控发挥了积极作用。

中国政府及时采取了最全面、最严格、最彻底的防控措施,有效切断了病毒传播链,得到广大科学界认可。世界卫生组织驻华代表高力博士在采访中提出,武汉采取的封城措施有望有效控制新冠肺炎疫情的传播,暂时的牺牲将有力促进全球公共卫生安全。

生命权是最基本的人权,中国政府坚持人民至上、生命至上。为保护人民生命健康安全,中国暂停社会和经济运行,依法果断采取隔离等措施,遵循世卫组织的专业建议,科学施策,阻断病毒传播,不惜一切代价拯救生命。上到108岁的老人,下至出生仅30个小时的婴儿,都得到全力救治。疫情发生以来,湖北省成功治愈3000余位80岁以上、7位百岁以上新冠肺炎患者,多位重症老年患者是从死亡线上抢救回来的。一位70岁老人身患新冠肺炎,10多名医护人员精心救护几十天,终于挽回了老人生命,治疗费用近150万元全部由国家承担。

——摘自外交部网站《关于涉华人权问题的各种谬论及事实真相》(2020年7月2日)

【材料2】 法治是人类文明进步的标志。习近平总书记强调,"法治是人权最有效的保障""要加强人权法治保障,深化法治领域改革,健全人权法治保障机制"。中国人权发展道路是一条以法治为准绳的道路。自新中国成立以来,我国一直高度重视以法治保障人权。第一届全国人民代表大会通过的《中华人民共和国宪法》,设立专章规定公民的基本权利和义务。党的十八大以来,以习近平同志为核心的党中央坚持以人民为中心的发展思想,从推进国家治理体系和治理能力现代化的高度,作出全面依法治国的重大战略部署,将尊重和保障人权置于社会主义法治国家建设更加突出的位置,开启了中国人权法治化建设的新时代。从编纂民法典,到全面实施《法治政府建设实施纲要(2015—2020年)》,从坚定不移推进司法体制改革,到全面推进法治社会建设……中国的人权法治化保障取得巨大成就,中国人民的各项基本权利和自由得到更加切实保障,中国特色社会主义人权发展道路越走越宽广。

——摘自《人民日报》《法治是人权最有效的保障》(2022年7月11日)

结合材料回答问题:

1. 如何理解"生命权是基本的人权,中国政府坚持人民至上生命至上"?

2. 请结合宪法的基本原则,谈谈我国为什么要尊重和保障人权。

材料分析题10

【材料1】 "熟人社会"的运行规则大大弱化了"法治"的功能,它以"关系"代替"规则",以

"熟人"的情面代替了法律的威严,使得社会公平正义的天平在"人情"的左右中常常倾斜。特别是在经济活动过程中,将亲情、交情、友情这些温情脉脉的手段移植到公共权力的行使中来,淡化了竞争激励,引发了腐败泛滥,导致整个社会风气败坏。因此,"熟人社会"的过分发育,是对社会秩序的瓦解、市场竞争的摧残、法制社会的腐蚀。

究其根源,"熟人社会"的运行规则是"人治"超越"法治",人们办事多凭借人与人之间关系的生熟程度、感情的深浅程度,因"熟悉"而模糊了责、权、利的界线,在公共事务中公权私用、任人唯亲、特权寻租、徇私舞弊也就见怪不怪。在现实生活中,越封闭的区域"熟人社会"的特征越为明显。比如在一个县城,几乎所有的人都相互"认识",遇到"麻烦",总能拐弯抹角地找到"关系",同乡、同学、同事、战友、邻居、姻亲,或者是一起开过会、吃过饭、散过步,抬头不见低头见,于是打通关节、疏通关系、超越规则、办成事情也就顺理成章。

——摘自人民网《从"熟人社会"走向"法治社会"》(2013年8月29日)

【材料2】 "办事不求人"的改革,既是法治建设的过程也是反腐倡廉的过程,既是行政改革的过程也是转变观念的过程,涉及行政服务与社会生活的方方面面,其复杂性与实施难度不容小觑。因此,必须把"办事不求人"改革,与正风反腐结合起来,与法治改革和法治建设结合起来,将办事群众之所需、市场主体之所盼、经济社会发展之关键作为净化政治生态的重点和方向。改革不可能一蹴而就,需要付出长期的、渐进的、耐心细致的努力。坚持不懈,久久为功,才能把权力关进制度笼子,让"门好进、脸好看、事好办"成常态。

一个"办事不求人"的社会,必是一个清明、轻松、公平、幸福的社会。"办事不求人",是百姓的渴望与期盼,也是以人民为中心理念的具体落实。因此,这项改革不能止于营商环境的改善,还应该向更加广泛的社会生活领域延伸,向具有持久性、稳定性的思想文化领域延伸。进一步增强人们的法治意识,转变人们的文化观念,改进人们的办事习惯,不仅将助力打造一个"办事不求人"的良好环境,也会让中国社会从根本上摆脱千百年来的人情之困。

——摘自《人民日报》《倡导"办事不求人"的风气》(2020年1月10日)

结合材料回答问题:

1. 如何理解"一个'办事不求人'的社会,必是一个清明、轻松、公平、幸福的社会"?

2. 作为大学生在遇事办事过程中如何增强规则意识,守住法律底线?

材料分析题 11

【材料1】《我不是药神》在网络上刷屏,这部口碑爆棚的国产电影改编自一个真实的故事。格列卫是一种"明星抗癌药",它成功地把致命的慢粒白血病变成了一种仅需规范服药即可控制病情的慢性病,可以说是不折不扣的"救命药"。然而,这个药物价格相当昂贵:2013年以前在国内,格列卫一个月药量的售价是2万多人民币。

2002年,陆勇被查出患有慢粒白血病,由于必须服用格列卫控制病情,他两年就花了50多万人民币。后来,陆勇接触到了印度药企生产的一款仿制药,并把自己作为实验对象,测试药物的有效性。幸运的是,这款仿制药的药效不错。之后,陆勇开始把药物推荐给更多病友,并帮他们从印度代购仿制的格列卫。

2014年,陆勇由于帮助白血病病友从印度规模性地购入格列卫的便宜仿制药,被湖南省沅江市检察院以涉嫌"妨碍信用卡管理罪"和"销售假药罪"提起公诉。得知陆勇被诉,上千名病友集体写信请求对陆勇从轻处罚。经调查,检察院认为,陆勇的行为违反了《中华人民共和国药品管理法》的相关规定和金融管理法规,但尚不构成犯罪。最后,公检部门撤销了起诉,陆勇被释放。

——摘自新华社微博《〈我不是药神〉刷屏,然而这些你未必都知道》(2018年7月7日)

【材料2】"陆勇案当时引起社会各界广泛关注,对陆勇是否犯罪有两种分歧意见。当时一种意见认为陆勇帮助销售未予批准的进口药品,从司法解释规定是假药,所以他是销售假药;但是另外一种意见认为陆勇利用自己的英语特长帮助白血病患者从境外购买药品,他没有赚取差价,因此陆勇行为是购买行为。我们反复研究认为第二种意见是合理的,因此认为陆勇不构成犯罪。"此后,湖南省检察院在自己的官方微博上公示了检察机关对陆勇案的《不起诉决定书》,被网友评价为"具有司法的温度"。

"我们当时关注这个案子时就觉得有些不同。"湖南省检察院副检察长卢乐云介绍道,"但各方都有不同的认识,这种现象一般是基于对事实把握不准确,或对法条理解不全面不深刻。"卢乐云说,比如,有网民会猜测,检察机关对案件进行不起诉处理,是否被舆情左右,是否属于跟风舆情?"当然不是这样的!"他的回答斩钉截铁,"我们追求的是事实真相,是精准适用法律。"

"坚持司法为民,就是要把握住法治的出发点落脚点都是为了"依法"保障和维护人民的权利。陆勇案之所以倍受关注,聚焦核心就是民情的诉求。所以我们办案要体现司法为民,对人民负责,对事实负责,对法律负责。"

——摘自最高人民检察院网站《"药神案"办案检察官:一纸不起诉决定书为绝命人开生门》(2018年9月29日)

结合材料回答问题:

1. 结合法治思维的内涵,谈谈为何公检部门最终认定陆勇的行为不构成犯罪?

2. 陆勇从被诉到被无罪释放的曲折经历,一定程度上体现了道德与法律的冲突,结合现实谈谈建设法治中国应如何坚持依法治国和以德治国相结合?

材料分析题12

备受全国关注的"电梯劝烟猝死案"在河南郑州市中级人民法院驻经开区综合审判庭二审公开宣判,法院驳回了死者家属田女士的诉讼请求,一审判决判令杨某补偿田女士1.5万元,二审法院依法予以纠正,一审二审共计1.4万余元诉讼费由田女士承担。

去年5月,由于深知抽二手烟的危害,郑州的杨先生在小区电梯里劝一名老汉不要抽烟,引发争执,老人情绪激动心脏病发作离世。后来老人家属将其告上法庭,要求40余万元的赔偿。

此案后来分别经郑州市金水区人民法院、郑州市中级人民法院驻经济技术开发区综合审判庭审理。2017年9月4日,金水区人民法院对此案做出一审判决,法院酌定杨先生向去世老人家属补偿1.5万元。

杨先生当时认为,老人突然离世,他也很难过,即便家属不索赔,他发自内心也想给予家属一定补偿,但这个补偿是出于人道主义的捐赠,不是赔偿。"我认为这件事情我没有过错!"随后,老人家属提起上诉。

"我劝他不要在电梯内抽烟,老人可能觉得伤了自尊,情绪比较激动,说我没资格管他,两人因此产生分歧。"杨先生曾解释,"我只是善意提醒他,吸烟对他和大家身体不好。"并说"在电梯间吸烟是不文明行为",无其他过激的语言。

——摘自观察者网《"电梯劝烟猝死案"二审宣判:劝烟者无责,不用赔钱》(2018年1月31日)

结合材料回答问题:

1. 我国公民是否享有在电梯里吸烟或拒绝被动吸烟的权利?

2. 结合自身实际,谈谈我们在现实生活中如何依法行使权利?

材料分析题 13

【材料1】 罗昌平也许不会想到,为了博取关注,在微博上发布侮辱抗美援朝志愿军"冰雕连"英烈的言论,会在网上迅速扩散,引起公众愤慨,最终被依法惩处。即便其有自首情节,自愿认罪认罚,并赔偿8万元公益损害赔偿金,也只能被减轻处罚。今年5月5日,海南省三亚市城郊法院采纳检察机关的量刑建议,以侵害英雄烈士名誉、荣誉罪,判处被告人罗昌平有期徒刑七个月,并责令其公开赔礼道歉。

侮辱英烈的行为受到法律严惩,源于以习近平同志为核心的党中央对英烈保护的高度重视,以及相关领域法律制度的逐步完善。2018年5月1日,英雄烈士保护法正式实施,其以特别法授权的方式赋予了检察机关提起该领域公益诉讼的重要职能,英烈权益迎来"国家队"的守护。2021年出台的刑法修正案(十一)增设了侵害英雄烈士名誉、荣誉罪,检察机关可以据此提起公诉,保护英烈权益有了更多手段。

罗昌平案只是检察机关保护英烈名誉荣誉的一个缩影。早在2019年,面对多人在社交媒体发布侮辱诋毁在四川省凉山州木里县雅砻江镇森林火灾中牺牲烈士的不当言论,福建、浙江、河北、云南、天津等地检察机关及时"亮剑",对上述违法行为依法立案,提起民事公益诉讼,法院最终判令被告赔礼道歉、消除不良影响。2021年2月,最高人民检察院指导江苏省检察机关办理了网络大V"辣笔小球"诋毁卫国戍边烈士案。该案是刑法修正案(十一)实施后,检察机关适用侵害英雄烈士名誉、荣誉罪罪名办理的第一起案件。"辣笔小球"不仅被追究刑事责任,还被以附带民事公益诉讼的方式追究了民事责任。

——摘自《检察日报》《以法治力量捍卫英烈荣光——写在英雄烈士保护法实施四周年》(2022年5月15日)

【材料2】 进入21世纪以来,我国社会思想意识日益活跃,本土与外来、传统与现代,不同思想观念的交流交融交锋不断加强,一些反对马克思主义的错误思潮和观点时有抬头,其中历史虚无主义错误思潮持续活跃。一些人以所谓"重新评价"为名,歪曲马克思主义发展史,歪曲党史国史、近现代革命史。以所谓"揭秘历史""还原历史"为名,精心裁剪、拼接甚至篡改、编造史料,美化帝国主义侵略、吹捧反动人物、贬低革命党人。还有一些人恶搞经典、亵渎英雄,以文艺影视作品、娱乐节目、"内涵段子"等方式戏说历史、含沙射影,搞"软性历史虚无主义"。他们的目的在于歪曲、丑化、否定党的领袖和英模先烈,解构党史国史,消解人们的共同理想信念和社会主义核心价值体系,企图从根本上否定党的历史地位和作用,否定党执政的合法性。

——摘自共产党员网《批驳历史虚无主义　依法捍卫英烈尊严》(2019年7月16日)

结合材料回答问题：

1. 请从道德和法治的角度分析侵害英雄烈士名誉、荣誉案带给我们的启示。

2. 大学生为什么要旗帜鲜明地反对历史虚无主义？

材料分析题 14

【材料1】　近日，多起造黄谣、P图牟利事件引发关注。南华大学一位何姓男生，被指恶意造女生黄谣，将女生在朋友圈发的照片恶意P图，并且还出售相关信息给他人。3月22日，中国科学技术大学发布关于取消何某某推免生录取资格的通告。3月21日，南华大学给予该校本科应届毕业生何某某开除学籍处分。"众议成林，无翼而飞。""人人都有麦克风"的社交媒体时代给谣言治理带来了新的挑战。恶意P图造谣事件为何屡屡发生？智能化网络谣言究竟该怎么治？

——摘自人民论坛网《警惕网络谣言新变种》(2023年3月26日)

【材料2】　近年来网络暴力事件层出不穷，值得我们深思与反省。随着网络越来越发达，类似女生被造黄谣事件在互联网上不断出现，给女性受害者身心、名誉带来严重伤害。甚至有受害者不堪网暴，结束了自己的生命。

2021年4月30日，"杭州取快递女子被造谣"案在浙江省杭州市余杭区人民法院一审开庭审理。两被告人郎某、何某犯诽谤罪，判处有期徒刑1年，缓刑2年，两被告表示服从判决，认罪认罚。

2022年7月，杭州女孩郑灵华考取研究生，收到通知书后，她第一时间来到医院，与病床上80多岁的爷爷分享喜事，并拍下照片，发到社交平台留作纪念。可令郑灵华没想到的是，这些照片和视频，给她带来了极大的困扰。

第二天，郑灵华发现，自己的照片被盗用，并在各个平台扩散。一群好事之徒见她染着粉发、年轻漂亮，大肆在网络上污蔑、造谣，"陪酒女""老少恋""不正经"……铺天盖地的恶意言论逐渐发展成大规模网暴。这件事情给郑灵华的学习和生活带来了巨大的负面影响，以致郑灵华患上了严重的抑郁症。

2023年1月23日，郑灵华结束了自己的生命。然而，在郑灵华去世后，仍有网友恶言相向"网暴真的能骂死人吗？是她太脆弱了"。

——摘自中国网《一张照片便被造黄谣，她做错了什么？》(2023年3月20日)

【材料3】　网络不是法外之地，网络曝光不能触碰法律"红线"。公民的隐私权、肖像权、名誉权以及个人信息权益等是人们的基本权利，也是人们正常生活的保证，必须得到充分尊重和保护。

在现代信息社会中，必须严守法律底线，依法处理好公民自由表达和隐私权等合法权利保护之间的关系。虽然，目前我国没有针对网络曝光的专门性法律，但根据我国的民法典、个人信息保护法，以及《网络信息内容生态治理规定》等相关法律法规，网络信息内容生产者不得在网络平台上散布谣言，扰乱经济秩序和社会秩序，不得制作、复制、发布侮辱或者诽谤他人、侵害他人名誉、隐私和其他合法权益的内容。与此同时，民法典规定任何组织或者个人

171

"不得以刺探、侵扰、泄露、公开等方式侵害他人的隐私权""不得以丑化、污损,或者利用信息技术手段伪造等方式侵害他人的肖像权"等。曝光视频的发布者如果违反相关法律法规,对当事人造成严重不良影响,很可能被追究相关民事乃至刑事责任。

——摘自《人民日报》《网络曝光不能触碰法律"红线"》(2022年12月29日)

结合材料回答问题:

1. 为什么说"网络不是法外之地,网络曝光不能触碰法律'红线'"?

2. 请从提升法治素养的角度,谈谈你从上述案例中可吸取哪些经验教训。

材料分析题 15

【材料1】 党的十八大以来,习近平同志为核心的党中央以前所未有的力度推进全面依法治国,把实施宪法摆在全面依法治国的突出位置,采取一系列有力措施加强宪法实施和监督工作,维护宪法法律权威。

从新中国历史上首次举行国家领导人宪法宣誓仪式,到开展国家宪法日活动,从修改国旗法、国徽法,到制定香港特别行政区维护国家安全法,从健全备案审查制度,到开通国家法律法规数据库……十三届全国人大及其常委会履职以来,认真履行推动宪法实施、加强宪法监督的法定职责,有力维护了宪法尊严和权威,维护了国家法治统一。

——摘自《人民日报》《有力维护宪法尊严和权威》(2021年10月8日)

【材料2】 法律的权威源自人民的内心拥护和真诚信仰。人民权益要靠法律保障,法律权威要靠人民维护。必须弘扬社会主义法治精神,建设社会主义法治文化,增强全社会厉行法治的积极性和主动性,形成守法光荣、违法可耻的社会氛围,使全体人民都成为社会主义法治的忠实崇尚者、自觉遵守者、坚定捍卫者。

——摘自《中共中央关于全面推进依法治国若干重大问题的决定》(2014年10月23日中国共产党第十八届中央委员会第四次全体会议通过)

【材料3】 全面推进依法治国需要全社会共同参与,需要全社会法治观念增强,必须在全社会弘扬社会主义法治精神,建设社会主义法治文化。要在全社会树立法律权威,使人民认识到法律既是保障自身权利的有力武器,也是必须遵守的行为规范,培育社会成员办事依法、遇事找法、解决问题靠法的良好环境,自觉抵制违法行为,自觉维护法治权威。

——摘自《习近平谈治国理政(第二卷)》,外文出版社2017年版,第120页

结合材料回答问题:

1. 谈谈什么是法律权威,为什么说"人民权益要靠法律保障,法律权威要靠人民维护"?

2. 结合自身,谈谈作为新时代大学生应当如何用实际行动维护和尊重法律权威。

推荐阅读文献

[1]本书编委会.中华人民共和国宪法[M].北京:人民出版社,2018.

[2]中共中央宣传部,中央全面依法治国委员会办公室.习近平法治思想学习纲要[M].北京:

人民出版社,2021.

[3]中央全面依法治国委员会办公室.中国共产党百年法治大事记:1921年7月—2021年7月[M].北京:人民出版社,2022.

[4]习近平.论坚持全面依法治国[M].北京:中央文献出版社,2020.

[5]本书编写组.习近平法治思想概论[M].北京:高等教育出版社,2021.

[6]最高人民法院、中国特色社会主义法治理论研究中心.法治中国:学习习近平总书记关于法治的重要论述[M].北京:人民法院出版社,2017.

[7]习近平.谱写新时代中国宪法实践新篇章:纪念现行宪法公布施行40周年[N].人民日报,2022-12-20.

[8]习近平.坚持走中国特色社会主义法治道路,更好推进中国特色社会主义法治体系建设[J].求是,2022(4):4-9.

[9]习近平.坚定不移走中国特色社会主义法治道路 为全面建设社会主义现代化国家提供有力法治保障[J].求是,2021(5):4-15.

[10]习近平.推进全面依法治国,发挥法治在国家治理体系和治理能力现代化中的积极作用[J].求是,2020(22):4-7.

1. 央视网政论专题片《法治中国》
2. 央视网系列节目《法治的精神》
3. 央视网系列节目《法治在线》
4. 央视网系列节目《今日说法》
5. 央视网政论专题片《扫黑除恶——为了国泰民安》

法治中国　　　法治的精神　　　法治在线　　　今日说法　　　扫黑除恶

参考答案

绪 论

(一)单项选择题
1～5. CDABA   6～10. BCADB   11～13. ADB

(二)多选题
1. ABCD   2. ABCD   3. ABC   4. ACD   5. ABCD   6. BCD   7. ABC   8. AC
9. ABCD   10. ABCD   11. ACD   12. ABCD

(三)简答题
1. 答案见重难点解析(一)。
2. 答案见重难点解析(四)。
3. 答案见重要概念。
4. 答案见重难点解析(五)。

(四)论述题
1.(1)要成为担当民族复兴大任的时代新人,大学生应通过思想道德素质和法治素养的不断提升,切实提高思想觉悟、道德水准和文明素养,夯实全面发展的基础,展现新时代奋进者、开拓者、奉献者的新风貌和新姿态。

(2)一个人要安身立命、成长成才、贡献社会,需要不断地调整自身与他人的关系,不断实现人的社会化。其中最为重要的,就是要正确认识自己、认识他人、认识社会,学习掌握运用道德和法律规范,正确调整自己的行为。

(3)是否具备良好的思想道德素质和法治素养,是一个人能否被社会接纳并更好实现自身价值和社会价值的关键。大学生成长成才的过程是一个思想道德素质和法治素养不断提升的过程。良好的思想道德素质和法治素养,是新时代大学生把握发展机遇、做好人生规划、书写时代华章的必备条件,需要在学习中养成、在自律中锤炼、在实践中升华。

2.答案见重难点解析(三)。

(五)材料分析题

材料分析题1

1.答案要点:中国曾经走在世界前列,但到近代落后了。鸦片战争后,随着帝国主义的入侵,中国逐步沦为半殖民地半封建社会,面临亡国灭种的危机,争取民族独立、人民解放和实现国家富强、人民富裕,成为近代以来中华民族面临的两大历史任务。实现中华民族伟大复兴是近代以来包括普通民众、资产阶级革命派和中国共产党人在内的全体中国人民的最大梦想和共同追求。同时,中国青年不懈追求的梦想始终与振兴中华的责任担当紧密相连。

(1)在革命战争年代,青年一代满怀革命理想,为争取民族独立、人民解放冲锋陷阵、抛洒热血。

(2)在社会主义革命和建设时期,青年一代响应党的号召,向困难进军,向荒原进军,保卫祖国,建设祖国,在新中国的广阔天地忘我劳动、艰苦创业。

(3)在改革开放和社会主义现代化建设新时期,青年一代发出团结起来、振兴中华的时代强音,争当改革先锋,为祖国的繁荣富强开拓奋进、锐意创新。

(4)在中国特色社会主义新时代,广大青年接过历史的接力棒,为实现民族复兴的历史宏愿矢志不渝,用臂膀扛起如山的责任,用青春和汗水创造新的奇迹。

2.答案要点:大学生是国家宝贵的人才资源,肩负着人民的重托、历史的重任。我们要肩负历史使命,坚定前进信心,立大志、明大德、成大才、担大任,努力成为堪当民族复兴重任的时代新人。

(1)立大志,有崇高的理想信念,牢记使命,自信自励。

(2)明大德,锤炼高尚品格,崇德修身,启润青春。

(3)成大才,有高强的本领才干,勤奋学习,全面发展。

(4)担大任,有天下兴亡、匹夫有责的担当精神,讲求奉献,实干进取。

材料分析题 2

1.答案要点:中国特色社会主义进入了新时代这一重大政治判断,既不是凭空产生的,更不是一个简单的新概念表述,而是具有丰富深厚的思想内涵。

(1)这个新时代,是承前启后、继往开来、在新的历史条件下继续夺取中国特色社会主义伟大胜利的时代。

(2)这个新时代,是决胜全面建成小康社会、进而全面建设社会主义现代化强国的时代。

(3)这个新时代,是全国各族人民团结奋斗、不断创造美好生活、逐步实现全体人民共同富裕的时代。

(4)这个新时代,是全体中华儿女勤力同心、奋力实现中华民族伟大复兴的中国梦的时代。

(5)这个新时代,是我国不断为人类作出更大贡献的时代。

2.答案要点:要想让青春在全面建设社会主义现代化国家的火热实践中绽放绚丽之花,必须按照习近平总书记的要求,立志做有理想、敢担当、能吃苦、肯奋斗的新时代好青年。具体表现在以下几个方面。

(1)有理想。在今天这个瞬息万变的世界,需要我们始终坚持中国共产党的领导,树立共产主义远大理想和中国特色社会主义的共同理想,确立自己的人生目标,并为之奋斗。

(2)敢担当。在新时代,需要我们担负起责任,敢于做出重要的决定,并肩同伴战胜困难。这样,我们才能够为社会作出贡献,成为真正的青年先锋。

(3)能吃苦。在实现人生目标的过程中,我们必定会遇到困难和挑战。这时,我们需要有耐心和毅力,敢于吃苦、受累,不断努力,终于实现目标。

(4)肯奋斗。在实现人生目标的过程中,我们不仅需要有理想,更需要有行动。我们要敢为人先,勇于创新,不断努力,为实现目标而奋斗。

第一章

(一)单项选择题

1~5. ABBBB　　6~10. CCBBC　　11~15. CCBCC　　16~20. BDCAA　　21~25. BBDAB

(二)多项选择题

1. ACD　　2. ABC　　3. ABC　　4. BCD　　5. ABCD　　6. AD　　7. ABC　　8. ABC　　9. ABCD
10. ACD　　11. BD　　12. AD　　13. BD　　14. ABD　　15. ACD　　16. ABCD　　17. ABD
18. AC　　19. ACD　　20. ACD　　21. ABC　　22. ABCD　　23. BCD

(三)简答题

1.答案见重难点解析(一)。

2.答案见重难点解析(二)。

3.答案见重难点解析(三)。

4.答案见重难点解析(三)。

5.答案见重难点解析(三、五)。

6.答案见重难点解析(四)。

7.答案见重难点解析(五)。

8.答案要点:

(1)社会主义市场经济鼓励人们追求个人的正当利益,因为只有各市场主体的正当利益得到满足,经济才更有活力。

(2)但各市场主体正当利益的满足,不仅有赖于其他人的劳动和付出,而且需要公平有序的市场环境。只有每个个体尽心尽力地为他人、为社会付出应有劳动,才能保证社会主义市场经济的良好运行,个体也才能在为社会发展进步作贡献的同时满足自身利益。

(3)因此,服务人民、奉献社会的人生追求与社会主义市场经济并不矛盾、并未过时。

9.答案见重难点解析(五)。

10.答案见重难点解析(五)。

(四)论述题

1.答案要点:

(1)人生观是人们在实践中形成的关于人生目的、人生态度、人生价值等问题的总观点和总看法。人生目的决定着人生道路的方向,也决定着人们行为选择的价值取向和用什么样的方式对待实际生活。

(2)树立正确的人生观,明确人生目的、端正人生态度、认识人生价值,才能为创造有意义有价值的人生奠定良好的基础。

(3)有什么样的人生观就会有什么样的人生。人的生命只有一次,理应严肃认真地思考人生,努力领悟人生的真谛,选择正确的人生道路,树立崇高的人生追求,实现应有的人生价值。

2.答案要点见重难点解析(六)

3.答案要点见重难点解析(七)

4.答案要点:

(1)马克思主义认为,人的本质属性是社会性,个人与社会是对立统一的关系。两者相互依存、相互制约、相互促进。社会是由一个个具体的个人组成的,离开了人就没有社会。同时,人是社会的人,离开了社会,人也无法生活,社会是人的存在形式。

(2)人是社会的人,这不仅意味着个体的物质和精神需要必须在社会中才能得到满足,还意味着以怎样的方式和在多大程度上得到满足也是由社会决定的。个人与社会的相互依赖关系决定了个体的人生活动不仅具有满足自我需要的价值属性,还必然地包含着满足社会需要的价值属性。个体通过努力提高自我价值的过程,也是其创造社会价值的过程。换言之,人生价值内在地包含了人生的自我价值和社会价值两个方面。

(3)人生的自我价值和社会价值的关系:①人生的自我价值是个体生存和发展的必要条件,人生的自我价值的实现是个体为社会创造更大价值的前提。②人生的社会价值是社会存在和发展的重要条件,人生社会价值的实现是个体自我完善、全面发展的保障。

5.答案要点见重难点解析(八)。

(五)材料分析题

材料分析题1

1.答案要点:(1)"那时我是被保护的人,如今,我是保护别人的人"形象地体现了个人与社会的关系:两者是对立统一的关系,相互依存、相互制约、相互促进。(2)人是社会的人,离不开社会中其他人的保护和帮助,离开了社会,人就无法生活,社会是人的存在形式。(3)社会是由一个个具体的人组成的,依托于一个个具体的人的活动来维持其运转,离开了人就没有社会。

2.答案要点:黄俊和杨宁等人都是我们身边的普通人,但是,平凡的人却有着不平凡的人生。他们的事迹启示我们:

(1)评价人生价值,不是看职业地位的高低、能力的大小,最根本的尺度是看一个人的实践活动是否符合社会发展的客观规律,是否促进了历史的进步。在今天,衡量人生价值的标准,最重要的就是看一个人是否用自己的劳动和聪明才智为国家和社会真诚奉献,为人民群众尽心尽力服务。

(2)准确地评价社会成员人生价值的大小,除了要掌握科学的标准外,还需要掌握恰当的评价方法:既要看贡献的大小,也要看尽力的程度;既要尊重物质贡献,也要尊重精神贡献;既要注重社会贡献,也要注重自身完善。

(3)要在实践中创造有价值的人生。①实现人生价值要从社会客观条件出发。②实现人生价值要从个体自身条件出发。大学生要客观认识自己,准确把握影响人生价值实现的自身条件。③不断增强实现人生价值的能力和本领。大学生要通过各种方式和途径,增长才干、增强本领,提高自身各方面的能力,为实现人生价值做好充分准备,奠定扎实的基础。

材料分析题 2

1.答案要点:(1)"躺平"作为一种生活态度,往往与年轻人身处"内卷"严重的特定行业领域,面对竞争压力,主动选择放弃、回避与退却有关。个人在法律和道德允许的范围内选择自己生活方式的权利应受到尊重,但能否把"躺平"作为生活方式和人生道路来选择,值得我们深入思考。

(2)人们在成长的过程中,总会面临各种各样的现实压力,甚至还会遭遇挫折,以"躺平"的方式主动退缩、选择放弃,无益于解决问题,甚至会使问题更加复杂和严重。唯有树立积极面对、主动进取的人生态度,才能够克服前进道路上的种种困难。

2.答案要点:走好人生之路,需要大学生正确认识、处理生活中各种各样的困难和问题,保持认真务实、乐观向上、积极进取的人生态度。

(1)人生须认真。以认真的态度对待人生,就是要严肃思考人的生命应有的意义,明确生活目标和肩负的责任,既要清醒地看待生活,又要积极认真地面对生活。

(2)人生当务实。务实,就是要遵循客观规律,一切从实际出发,不图虚名,不务虚功,以科学的态度看待人生,以务实的精神创造人生。

(3)人生应乐观。只有热爱生活的人,才能真正拥有生活。乐观豁达、热爱生活、对人生充满自信,体现了对自己、对生活、对社会的积极态度,这种态度是人们承受困难和挫折的心理基础。

(4)人生要进取。人生实践是一个创造的过程。适应历史发展的趋势,以开拓进取的态度迎接人生的各种挑战,才能不断领悟美好人生的真谛,体验生活的快乐和幸福。

材料分析题 3

1.答案要点:攻克技术难题的过程虽然艰辛,需要付出极大精力和努力,但付出的过程也让韩磊暂时忘记了疾病带来的痛苦,甚至感觉身体状况很好。这形象地说明了痛苦与快乐的辩证关系:

(1)苦与乐既对立又统一,在一定条件下可以相互转化。

(2)真正的快乐往往由奋斗的艰苦转化而来。不经历风雨怎能见彩虹,不经人生的苦难,怎能享受到人生的乐趣。

(3)我们要准确把握苦与乐的辩证关系,努力做迎难而上、艰苦奋斗的开拓者。

2.答案要点:韩磊在两次对抗病魔的阶段里自强不息、顽强拼搏,不仅战胜了病魔,而且在科研上取得优异成绩。他的经历说明,无论是顺境还是逆境,对人生的作用都可能是双面的,关键是怎样去认识和对待它们。

(1)在顺境中前进,天时、地利、人和等有利因素,使人们更容易接近和实现目标。但是,顺境中的宽松气氛、优越条件,又容易使人滋生骄娇二气,自满自足,意志衰退。

(2)在逆境中奋斗,需要付出更大的努力和更多的艰辛才可能成功,但也会有顺境中难以得到的获得感和成就感。逆境的恶劣环境,对于挑战者而言,可以磨炼意志、陶冶品格、积累战胜困难的经验、丰富人生阅历。

(3)顺势而快上,乘风而勇进,这是身处顺境的学问,是善于抓住机遇不断丰富与完善自己的途径;处低谷而力争,受磨难而奋进,这是身处逆境的学问,是将压力变成动力之所为。只有善于利用顺境,勇于正视逆境、战胜逆境,人生价值才能够实现。

材料分析题 4

1.答案要点:(1)有人认为,人生的意义体现为消费的质和量,消费得越多,人生就越幸福。这属于消费主义思潮的一种观点,这种观点是错误的。

(2)从人生观层面来看,消费主义思潮把占有和消费物质产品作为个人自我满足和快乐的第一位要求,通过物质的占有和消耗来达到心理上的满足、感官上的享受,把消费当作人生的终极目标,把消费看作人生最大的幸福。

(3)受消费主义思潮影响,一些人会产生错误的想法和做法:一是出现超前消费、攀比消费等非理性消费行为;二是产生错误的价值观,表现为贪图享乐、爱慕虚荣、功利心作祟等;三是产生错误的认同倾向,表现为通过消费来"从众"或"立异";四是过度被动消费,影响正常工作生活。

2.答案要点:(1)金钱作为物质财富,为人所创造并为人服务。人应当是金钱的主人,而不是金钱的奴隶;人应当依靠自己的劳动创造财富,合理合法获取金钱。同时,金钱不是万能的,生活中还有许多远比金钱更有意义的东西值得我们去追寻。

(2)当代社会分工日趋细化,人与人相互依赖程度高,我们往往通过消费来获得生存和发展所需的各种资源,满足自身物质和精神需要。适度消费是正当合理的,也有利于促进经济社会的发展;但我们需要警惕把消费当作人生终极目标,视为人生最大幸福的消费主义思潮。

(3)人的幸福不能仅仅局限于物质方面,精神需要的满足、精神生活的充实也是幸福的重要方面。在追求物质生活水平提高的同时,要更加注重追求德行和人格的高尚,注重追求健康向上的精神生活,不断提升精神境界,才能拥有更为深刻持久的幸福感。

第二章

(一)单项选择题

1~5. DCBCD 6~10. BDBDB 11~15. ADBBD 16~20. BADBC 21~25. CBDCB 26~27. CC

(二)多项选择题

1. ABCD 2. BC 3. ABC 4. ABCD 5. ACD 6. ABCD 7. ABC 8. ABCD
9. AC 10. ABCD 11. ABC 12. ABCD 13. ABC 14. ACD 15. ACD 16. BD
17. CD 18. ABCD 19. ABCD 20. ABD 21. ACD 22. ACD 23. ABCD

(三)简答题

1.答案见重难点解析(一)。
2.答案见重难点解析(二)。
3.答案见重难点解析(三)。
4.答案见重难点解析(四)。
5.答案见重难点解析(五)。
6.答案见重难点解析(六)。
7.答案见重难点解析(六)。
8.答案见重难点解析(七)。

(四)论述题

1.答案要点:

实现中华民族伟大复兴的中国梦需要一代又一代青年矢志奋斗,当代青年学生肩负重任,应当志存高远、脚踏实地,切实增强对马克思主义、共产主义的信仰,增强对中国特色社会主义的信念,增强对实现中华民族伟大复兴的信心,把个人理想追求融入党和国家事业之中。

(1)当代大学生应坚定对马克思主义的信仰和对社会主义、共产主义的信念。马克思主义是科学的理论、人民的理论、实践的理论、不断发展的开放的理论,对马克思主义的信仰,对社会主义和共产主义的信念,是共产党人的政治灵魂,是共产党人经受住任何考验的精神支柱。背离或放弃马克思主义,就会失去灵魂、迷失方向。大学生坚定马克思主义信仰,最重要的是学习和掌握马克思主义的立场、观点、方法,准确把握时代发展潮流,以科学的理想信念指引人生前进的道路和方向。

(2)当代大学生应增强对中国特色社会主义的信念。中国特色社会主义,承载着几代中国共产党人的理想和探索,凝聚着亿万人民的奋斗和牺牲,是近代以来中国社会发展的必然选择。在中国共产党领导下,坚持和发展中国特色社会主义,实现中华民族伟大复兴,要求我们必须增强对中国特色社会主义的坚定信念。

(3)当代大学生还应增强对实现中华民族伟大复兴的信心。实现中华民族伟大复兴,是中华民族近代以来最伟大的梦想。这个梦想,就是要实现国家富强、民族振兴、人民幸福,它凝聚了几代中国人的夙愿,体现了中华民族和中国人民的整体利益,是全体中华儿女的共同期盼。

2.答案要点:
(1)个人理想与社会理想的关系实质上是个人与社会关系在理想层面的反映,两者之间相互联系、相互影响、相互制约。个人理想以社会理想为指引,社会理想是个人理想的凝聚和升华。

(2)中国梦是历史的、现实的,也是未来的;是国家的、民族的,也是每一个中国人的。只有每个人都为美好梦想而奋斗,才能汇聚起实现中国梦的磅礴力量。作为实现民族复兴的先锋力量,青年不懈追求的梦想始终与振兴中华的责任担当紧密相连。在改革开放和社会主义现代化建设新时期,青年一代发出团结起来、振兴中华的时代强音,争当改革先锋,为祖国的繁荣富强开拓奋进、锐意创新;在中国特色社会主义新时代,广大青年接过历史的接力棒,为实现民族复兴的历史宏愿矢志不渝,用臂膀扛起如山的责任,用青春和汗水创造新的奇迹。

3.答案见重难点解析(八)。

(五)材料分析题
材料分析题1
1.答案要点:青年时期是人生的关键阶段。青年时期是形成理想的重要时期,也是立志的关键阶段。青年时期确立的理想信念能够为人一生提供"无穷力量"。理想信念具有独特的作用,作为一种精神力量在人一生的发展中具有突出作用:

(1)理想信念昭示奋斗目标;
(2)理想信念催生前进动力;
(3)理想信念提供精神支柱;
(4)理想信念提高精神境界。

总之,青年时期确立正确的理想信念能够为人的一生提供无穷的精神力量,火热的青春,需要坚定的理想信念。

2.答案要点:(1)离开了祖国需要和人民利益,孤芳自赏地追求个人理想,实质上是将个人理想与社会理想割裂开来,如同沙上建塔,注定无法实现。(2)个人理想与社会理想的关系实质上是个人与社会关系在理想层面的反映。二者不是彼此孤立的,它们之间相互联系、相互影响、相互制约。个人理想以社会理想为指引,社会理想是个人理想的汇聚和升华。(3)得其大者可以兼其小。个人只有把人生理想融入国家和民族的事业中,才能最终成就一番事业。

材料分析题2
1.答案要点:(1)"志不求易者成,事不避难者进",说的是立志不贪求容易实现的目标,行事不躲避风险困难。这句话体现了将立足高远与始于足下相结合的人生哲理。理想与现实的辩证统一关系,要求我们既要立足高远,又要脚踏实地。(2)理想与现实是对立统一的。理想与现实存在对立的一面,二者的矛盾和冲突,属于"应然"和"实然"的矛盾。假如理想与现实完全等同,那么理想的存在就没有意义了,因此,立志当高远,"志不求易者成";理想与现实又是统一的,理想受现实的规定和制约,是在对现实认识的基础上发展起来的,在一定的条件下,理想就可以转化为未来的现实。(3)实现理想具有长期性、艰巨性和曲折性。理想的实现是一个过程。一般来说,理想越是远大,它的实现过程就越复杂,需要的时间也就越漫长。理想变为现实不是一帆风顺的,往往会遭遇波澜和坎坷,需要我们"事不避难者进",通过艰苦奋斗来实现理想,通过实践化理想为现实。

2.答案要点见重难点解析(八)。

第三章

(一)单项选择题
1~5. CCCAC　　6~10. ABDAB　　11~15. BCDAA　　16~20. BBCCA　　21~26. BBBDCC

(二)多项选择题
1. ABC　　2. ACD　　3. ABCD　　4. ABCD　　5. ABCD　　6. ABCD　　7. ABC　　8. ABCD
9. ABCD　　10. ABC　　11. ABCD　　12. ABCD　　13. ABCD　　14. ABCD　　15. BCD
16. ABCD　　17. ABCD　　18. ABCD　　19. ABC　　20. ABCD　　21. ABD　　22. ABCD
23. ABCD　　24. ABCD　　25. ABCD　　26. ABCD　　27. BCD　　28. AC　　29. ABC
30. ABC　　31. ABCD

(三)简答题
1.答案见重难点解析(一)
2.答案见重要概念(四)
3.答案见重难点解析(三)
4.答案见重难点解析(四)
5.答案见重难点解析(六)
6.答案见重难点解析(七)
7.答案见重难点解析(七)
8.答案见重难点解析(七)

(四)论述题
1.答案分别见重要概念(四)及重难点解析(四)。
2.(1)答案见重难点解析(五)。
(2)爱国主义的时代要求。

新时代的爱国主义,其既承接了中华民族的爱国主义优良传统,又体现了鲜明的时代特征,内涵更加丰富。新时代爱国主义的要求是:①坚持爱国爱党爱社会主义相统一;②维护祖国统一和民族团结;③尊重和传承中华民族历史文化;④坚持立足中国又面向世界。

3.答案要点:对祖国悠久历史、深厚文化的理解和接受,是培育和发展爱国主义情感的重要条件。作为中华儿女,我们要了解中华民族历史,传承中华文化基因,提升民族自豪感和文化自信心,增强做中国人的志气、骨气、底气。

(1)不断推进中华优秀传统文化创造性转化和创新性发展。
(2)旗帜鲜明反对历史虚无主义。
(3)新时代大学生要树立大历史观和正确党史观。

4.答案见重难点解析(七)。

(五)材料分析题

材料分析题1

1.答案要点:"全国人民都'为热干面加油'"体现的抗疫精神,是中国精神的生动诠释,丰富了民族精神和时代精神的内涵。彰显了大爱无疆、共克时艰的爱国主义精神;彰显了舍生忘死、命运与共的集体主义精神;彰显了生命至上、奉献社会并充分发挥制度优势的社会主义精神;彰显了尊重科学、勇于创新的时代精神。

2.答案要点:新时代青年要深刻把握抗疫精神的文化底蕴和思想精粹,厚植家国情怀,自觉把个人理想融入到实现中华民族伟大复兴中国梦的奋斗当中;要在牢记使命、自信自励中确立理想,要在求真务实、磨砺意志中练就本领,在实干奉献、担当进取中放飞青春梦想。

材料分析题 2

1.答案要点:(1)英雄是历史的重要体现,是民族精神的重要来源,是弥足珍贵的精神财富。(2)近代以来,为了争取民族独立和人民解放,实现国家富强和人民幸福,促进世界和平和人类进步而毕生奋斗、英勇献身的英烈们,功勋彪炳史册,精神永垂不朽。(3)英雄烈士的事迹和精神是中华民族共同的历史记忆和宝贵的精神财富,是中国共产党领导中国各族人民不懈奋斗伟大历程、可歌可泣英雄史诗的缩影和代表,是实现中华民族伟大复兴的强大精神动力。

2.答案要点:首先,要明确历史虚无主义的表现:一些人打着所谓"重评历史"的幌子,否定近现代中国革命历史、中国共产党历史和中华人民共和国历史,抹黑英雄,诋毁革命领袖,企图混淆视听、扰乱人心,从根本上否定马克思主义的指导地位和中国走向社会主义的历史必然性,否定中国共产党的领导。其次,祖国是人民最坚实的依靠,英雄是民族最闪亮的坐标。抛弃传统、丢掉根本,就等于割断了自己的精神命脉。我们不能数典忘祖、妄自菲薄。再次,历史和现实都表明,一个抛弃了或者背叛了自己历史文化的民族,不仅不可能发展起来,而且很可能上演一场历史悲剧。一个有希望的民族不能没有英雄,一个有前途的国家不能没有先锋。我们要对中华民族的英雄心怀崇敬,自觉传承好中华民族辉煌灿烂的历史文化。

材料分析题 3

1.答案要点:中兴事件再次说明,关键核心技术是要不来、买不来、讨不来的。只有把关键核心技术掌握在自己手中,才能从根本上保障国家经济安全、国防安全和其他安全。在当代中国,社会发展离不开改革创新,改革创新是社会发展的重要动力,坚持改革创新是新时代的迫切要求。①创新是推动人类社会发展的重要力量;②创新能力是当今国际竞争新优势的集中体现;③改革创新是赢得未来的必然要求。

2.答案要点:"周虽旧邦,其命维新"体现了创新创造精神。在几千年历史长河中,中国人民始终辛勤劳作、发明创造,创新创造精神是中华民族最深沉的民族禀赋,成就了辉煌灿烂的中华文明。今天,中国人民的创造精神正在前所未有地迸发出来,推动我国日新月异向前发展,大踏步走在世界前列。

3.答案要点:做改革创新生力军。

(1)树立改革创新的自觉意识。①增强改革创新的责任感;②树立敢于突破陈规的意识;③树立大胆探索未知领域的信心。

(2)增强改革创新的能力本领。①夯实创新基础;②培养创新思维;③投身改革实践。

材料分析题 4

1.答案要点:实现中华民族伟大复兴,是全体中国人共同的梦想。世界上只有一个中国,台湾是中国领土不可分割的一部分,台湾问题事关中国主权和领土完整,中国没有任何妥协退让的余地。我们必须坚决反对台独势力分裂活动和外部势力干涉,具体原因如下:

(1)"统则强、分必乱。""台独"分裂势力及其分裂活动是对台海和平的现实威胁,必须反对和遏制任何形式的"台独"分裂主张和活动,不能有任何妥协。

(2)"台独"分裂行径损害国家主权、领土完整,破坏台海和平稳定,挑动两岸对抗紧张,损害两岸同胞共同利益。只有坚决维护国家主权和领土完整,国家分裂的历史悲剧才不能重演。

(3)斗争形势最复杂、最严峻的时候,往往也是最考验战略智慧、战略耐心和战略定力的时候。佩洛西窜访台湾,是在给台独分子撑腰打气,向台独分子发出错误信号。一切分裂祖国的活动必将遭到全体中国人坚决反对。

2.答案要点:解决台湾问题、实现祖国完全统一,是党矢志不渝的历史任务,是全体中华儿女的共同愿望,是实现中华民族伟大复兴的必然要求。要坚持贯彻新时代党解决台湾问题的总体方略,牢牢把握两岸关系主导权和主动权,坚定不移推进祖国统一大业。

首先,坚持一个中国原则和"九二共识",这是两岸关系的政治基础。大陆和台湾同属一个中国,是不可分割的整体,这个事实从未改变,也不可能改变。"和平统一、一国两制"方针是实现两岸统一的最佳方式,对两岸同胞和中华民族最有利。

其次,推进两岸交流合作。在两岸关系大局稳定的基础上,双方应该为深化经济、科技、文化、教育等领域合作采取更多积极举措,提供更多政策支持,创造更加便利的条件,共同推动两岸关系和平发展、推进祖国和平统一进程。

最后,促进两岸同胞团结奋斗。两岸同胞血脉相连,是血浓于水的一家人,有着共同的血脉、共同的文化、共同的连结、共同的愿景,这是推动两岸相互理解、携手同心、一起前进的重要力量。双方应秉持"两岸一家亲"的理念,巩固和扩大两岸关系发展成果。凡是有利于增进两岸同胞共同福祉的事情,我们都应尽最大努力做好。要切实保护台湾同胞权益,团结台湾同胞,维护好、建设好中华民族的共同家园。

材料分析题 5

1.答案要点:新中国是中国共产党领导的社会主义国家,祖国的命运和党的命运、社会主义的命运密不可分。当代中国,爱国主义的本质就是坚持爱国和爱党、爱社会主义高度统一。

(1)我们爱的"国"是中国共产党领导的社会主义中国。拥护国家的基本制度,遵守国家的宪法法律,维护国家安全和统一,捍卫国家的利益,为国家繁荣发展贡献自己的力量,是爱国主义的基本要求。社会主义制度的建立,为中国的繁荣发展提供了可靠的保障。社会主义在中国不是一句空洞的口号,而是集中代表着、体现着、实现着国家、民族和人民的根本利益。爱国主义与爱社会主义的统一是中国历史发展的必然结果。

(2)中国共产党是中国工人阶级的先锋队,是中国人民和中华民族的先锋队,是中国特色社会主义事业的领导核心。没有中国共产党,就没有新中国,就没有中华民族伟大复兴,这是中国的历史和现实所昭示的真理。中国共产党的历史就是一部为实现民族独立和人民解放,为实现中华民族伟大复兴而奋斗的历史。在现阶段,爱国主义主要表现为在中国共产党领导下,献身于建设新时代中国特色社会主义伟大事业,献身于实现中华民族伟大复兴的中国梦的实践,献身于促进祖国统一大业。

(3)可结合孟晚舟回国背后的力量是中国共产党领导的社会主义中国,论述爱国爱党爱社会主义的统一。

2.答案要点:改革创新是新时代的迫切要求。创新决胜未来,改革关乎国运。在当代中国,经济社会发展离不开改革创新。

(1)创新是推动人类社会发展的重要力量。

(2)创新能力是当今国际竞争新优势的集中体现。

(3)改革创新是赢得未来的必然要求。

第四章

(一)单项选择题

1~5. BCCBD 6~10. ADDCB 11~15. ADCBD 16~20. ACCAB 21~23. BDC

(二)多项选择题

1. ABCD 2. ABD 3. BCD 4. ABCD 5. ABC 6. ABD 7. ABCD 8. ACD
9. ABCD 10. ABCD 11. ABCD 12. ABCD 13. ABCD 14. ABCD 15. ABC
16. ACD 17. ABC 18. ABCD 19. ABC 20. BCD 21. ABC 22. ABCD

(三)简答题

1.答案见重难点解析(一)
2.答案见重难点解析(二)
3.答案见重难点解析(三)
4.答案见重难点解析(四)

5.答案见重难点解析(六)

(四)论述题
1.答案见重难点解析(五)
2.答案见重难点解析(七)

(五)材料分析题
材料分析题1
1.答案要点:任何一种价值观都不可能凭空产生,总是有其特定的历史底色和精神脉络。牢固的核心价值观都有其固有的根本。抛弃传统、丢掉根本就等于割断了自己的精神命脉。源远流长的中华优秀传统文化,是中华民族发展壮大的独特优势,也是社会主义核心价值观历史底蕴的集中体现。

(1)中华优秀传统文化是涵养社会主义核心价值观的重要源泉。

(2)培育和弘扬社会主义核心价值观,必须从中华优秀传统文化中汲取丰富营养。

2.答案要点:对于青年学生而言,就是要切实做到勤学、修德、明辨、笃实,使社会主义核心价值观成为一言一行的基本遵循。学生可以分别从勤学、修德、明辨、笃实等4个方面展开回答。

材料分析题2
1.答案要点:西方"普世价值"就是一种极具迷惑性、欺骗性并且带有鲜明政治倾向的价值观。其本质体现在如下方面。

(1)"普世价值"在理论上的虚伪性。西方国家所谓的"普世价值"并非指人类道德评价、审美评价的普遍性或共性,而是特指资本主义价值观;推行的并不是人类共同的价值观,而是特定的价值观及其背后的经济政治文化制度。西方所谓的"普世价值"从抽象的"人性论"出发,将人看作无差别的价值符号。事实上根本不存在抽象的人性,也没有放之四海而皆准的价值观及其相应的制度。

(2)"普世价值"在实践上的虚伪性。西方所谓的"普世价值",在他们自己的世界里都未能真正"普适"。种族歧视、劳资对立、金钱政治、贫富分化、社会撕裂、人权无保障等问题,在一些西方国家长期存在且愈演愈烈,与他们所标榜的"普世价值"形成鲜明对照。

2.答案要点:社会主义核心价值观倡导的民主指的是社会主义民主,是人民当家作主,不是由别人作主,也不是由少数人作主。

(1)作为一种政治实践、价值理念,人民民主是社会主义的生命,没有民主就没有社会主义,就没有社会主义现代化。人民民主反映了人民群众的历史主体地位,是人民群众创造历史的集中体现。中国共产党领导人民实行的民主是全过程人民民主。全过程人民民主,实现了过程民主和成果民主、程序民主和实质民主、直接民主和间接民主、人民民主和国家意志相统一,是全链条、全方位、全覆盖的民主,是最广泛、最真实、最管用的社会主义民主。

(2)社会主义核心价值观倡导的民主是最广泛的民主,绝不以牺牲多数人利益为代价来保护少数人的利益,同时又尊重和照顾少数人,充分反映和协调各方面的意愿和利益;社会主义核心价值观倡导的民主是最真实的民主,没有门槛,不受财产、地位、民族、性别、宗教等因素限制,使每个人都享有平等的政治权利;社会主义核心价值观倡导的民主是最管用的民主,既真切全面地反映人民意愿,又致力于尽快形成统一意志、统一行动,以解决实际问题。

材料分析题3
1.答案要点:可以从"爱国、敬业、诚信、友善"等方面,分别阐述上述材料中体现出来社会主义核心价值观的内容。

2.答案要点:在全社会培育和弘扬社会主义核心价值观,需要大学生始终走在时代前列,成为培育和践行社会主义核心价值观最积极、最活跃的青年先进代表。

(1)扣好人生的扣子

大学时期是价值观养成的关键阶段。当代大学生要意识到自身肩负的历史使命,自觉加强价值观养成,树立正确的价值取向。正确的价值观能够引导大学生把人生价值追求融入国家和民族事业,始终站在人民大众立场,同人民一道拼搏、同祖国一道前进,服务人民、奉献社会,努力成为中国特色社会主义事业的合格建设者和可靠接班人。

(2)把社会主义核心价值观落细落小落实

对于大学生而言,就是要切实做到勤学、修德、明辨、笃实,使社会主义核心价值观成为一言一行的基本遵循。本题可结合实际分别从勤学、修德、明辨、笃实等4个方面进行阐述。

第五章

(一)单项选择题

1~5. ABBBC　　6~10. DDDAB　　11~15. CDDDA　　16~20. CBCCD
21~25. CBADB　　26~30. ACBBB　　31~35. DDDBB　　36~40. BAABD
41~45. CBBCA　　46~50. DBCAA　　51~55. CDDAC　　56~60. BBBCB
61~65. DAACC　　66~70. CDCCA

(二)多项选择题

1. ABC　　2. ACD　　3. ABD　　4. ABD　　5. AC　　6. ABC　　7. ABC　　8. ABC　　9. BCD
10. ABC　　11. AC　　12. ABCD　　13. ABC　　14. ABD　　15. ABC　　16. ABC　　17. ABC
18. ABCD　　19. ACD　　20. AB　　21. AB　　22. ABC　　23. ABC　　24. ABCD　　25. ABC
26. ACD　　27. ABD　　28. BCD　　29. ABCD　　30. BCD　　31. ABC　　32. AB　　33. ABCD
34. ABCD　　35. ACD　　36. ABCD　　37. ABCD　　38. ABCD　　39. ACD　　40. ABC
41. ABD　　42. ABC　　43. ABCD　　44. ABD　　45. ABCD　　46. ABCD　　47. ABCD
48. ABC　　49. ABCD　　50. ABCD　　51. ABCD　　52. ABCD　　53. BD　　54. ABD
55. ABC　　56. ABCD　　57. ABCD　　58. ABCD　　59. ABCD　　60. ABCD　　61. CD
62. ABCD　　63. ABCD

(三)简答题

1. 答案见重难点解析(一)
2. 答案见重难点解析(二)
3. 答案见重难点解析(三)
4. 答案见重难点解析(四)
5. 答案见重难点解析(五)
6. 答案见重难点解析(七)
7. 答案见重难点解析(八)
8. 答案见重难点解析(十)
9. 答案见重难点解析(十一)
10. 答案见重难点解析(十二)
11. 答案见重难点解析(十三)
12. 答案见重难点解析(十四)
13. 答案见重难点解析(十五)

(四)论述题

1. 答案见重难点解析(六)(七)
2. 答案见重难点解析(九)
3. 答案见重难点解析(十二、十三、十四、十五)
4. 答案见重难点解析(十五)

(五)材料分析题

材料分析题 1

1.答案要点:(1)为人民服务的内涵包括:①毫不利己、专门利人、无私奉献;②顾全大局、先公后私、爱岗敬业、办事公道;③同志间、师生间、同学间互相关心、互相爱护、互相帮助;④热心公益、助人为乐、见义勇为、扶贫帮困、扶残助残;⑤遵纪守法、诚实劳动并获取正当的个人利益。

(2)李保国和钱海军的事迹体现了为人民服务中的无私奉献、爱岗敬业、扶贫帮困的内涵。一个人只要时时处处想到他人、想到社会、想到国家,从而能够推己及人、与人为善,服务他人、奉献社会,使他人能够因自己的所作所为而得到益处,使社会可以因自己的努力而发生积极改变,这就是在践行为人民服务。

2.答案要点:为人民服务不仅是坚持历史唯物主义的必然要求和中国共产党践行的根本宗旨,也是社会主义道德观的集中体现和全体中国人民共同遵循的道德要求。正确理解为人民服务是社会主义道德的核心,需要把握以下几个方面:①为人民服务是社会主义经济基础和人际关系的客观要求;②为人民服务是社会主义市场经济健康发展的要求;③为人民服务是先进性要求和广泛性要求的统一。

材料题分析题 2

1.答案要点:中国传统道德是一个矛盾体,具有鲜明的两重性。属于精华的部分,表现出积极、革新、进步的一面;属于糟粕的部分,则表现出消极、保守、落后的一面。因此,需要对中国传统道德进行去粗取精、去伪存真的工作,提炼出作为其精华部分的中华传统美德,坚持古为今用、推陈出新,努力实现中华传统美德的创造性转化和创新性发展。

2.答案要点:我们要坚定历史自信、文化自信,不忘本来、辩证取舍、古为今用、推陈出新,传承和弘扬中华传统美德。①加强对中华传统美德的挖掘和阐发。②用中华传统美德滋养社会主义道德建设。③在对待传统道德的问题上,要反对"复古论"和"虚无论"两种错误思潮。

材料分析题 3

1.答案要点:(1)始终把革命利益放在首位。例如王进喜"拼命也要拿下大油田"的奋斗事迹。

(2)为实现社会主义和共产主义的理想而奋斗。例如瞿秋白和瞿独伊两代人对共产主义信仰的坚守。

(3)全心全意为人民服务。例如,焦裕禄、孔繁森、黄文秀等一代代中国共产党人以赤子之心守初心的事迹。

2.答案要点:中国革命道德内容丰富、历久弥新,是中国共产党领导全体人民实现民族独立、人民解放的精神支撑,对于我们走好新时代的长征路,实现中华民族伟大复兴仍然具有极其重要的现实意义。①有利于加强和巩固社会主义和共产主义的理想信念;②有利于培育和践行社会主义核心价值观;③有利于引导人们树立正确的道德观;④有利于培育良好的社会道德风尚。

大学生发扬革命道德、传承红色基因,就要深入了解中国社会和中国革命的历史,了解中国共产党人带领广大人民群众进行革命斗争的艰苦实践,真正体会中国革命道德的本质内涵、历史意义和当代价值,自觉同各种歪曲历史、诋毁英雄的历史虚无主义思潮作斗争,努力在坚持和发展中国特色社会主义伟大进程中创造无愧于时代、无愧于人民、无愧于先辈的业绩。

材料分析题 4

1.答案要点:诚实守信在我国思想道德建设中具有特殊重要的作用,它既是中华民族的传统美德,也是我国公民道德建设的重点,还是社会主义核心价值观的一条重要准则。诚实就是真实无欺,既不自欺,也不欺人;守信就是重诺言,讲信誉,守信用。诚实和守信是统一的。就个人而言,诚实守信是高尚的人格力量;就社会而言,诚实守信是正常秩序的基本保证;就国家而言,诚实守信是良好的国际形象。

2.答案要点:从国家社会层面我们应当:①加强诚信宣传教育,用德治荡涤社会风气,推进社会文明,形成全社会诚实守信,重信守诺的良好风尚;②加强社会信用体系建设,形成褒扬诚信、惩戒失信的制度机制,制度机制的刚性确保失信行为无缝可钻。

材料分析题 5

1.答案要点:社会公德的主要内容包括文明礼貌、助人为乐、爱护公物、保护环境、遵纪守法。材料1中乘客与司机争执互殴,高铁和公交上公然"霸座"等不文明行为违背了文明礼貌、遵纪守法的社会公德。

2.答案要点:(1)个人品德在社会道德建设中具有基础性的作用。社会公德、职业道德、家庭美德建设,最终都要落实到个人品德的养成上。现实生活中,规则之所以屡屡被无视和破坏,从主观上讲,就是因为有些人私笃"光着脚",缺乏"社会公德",不能正确处理个人利益与社会利益的关系,为了追求个人利益,不惜损害他人利益、社会利益,甚至无视法律法规。

(2)要为社会公德保驾护航,不仅需要良好社会风气的倡导,而且要以法律和制度的硬约束来确保社会公德的不受挑战。一方面,提升公民的思想道德素质和法治素养,增强公共意识;另一方面要提高破坏规则的代价,通过法律的力量强制人们遵守和敬畏规则。

材料分析题 6

1.答案要点:人类已进入互联网时代,我国已成为网络大国。网络走进千家万户,融入社会生活的方方面面,这既会影响人们的求知途径、思维方式、价值观念,也会影响人们对国家、社会、人生的看法。从本质上说,网络交往仍然是人与人的现实交往,网络生活也是人的真实生活。网络生活中的道德要求,是人们在网络生活中为了维护正常的网络公共秩序需要共同遵守的基本道德准则,是社会公德在网络空间的运用和扩展。

2.答案要点:大学生应当遵守网络生活中的道德要求,成为营造清朗网络空间的正能量。①正确使用网络工具。大学生要提高信息获取能力,加强信息辨识能力,增进信息应用能力,使网络成为开阔视野、提高能力的重要工具。②加强网络文明自律。大学生应当合理安排上网时间,约束上网行为,避免因沉迷网络而耽误学业。③营造良好网络道德环境。大学生一方面要加强网络道德自律,反对网络暴力行为,维护网络道德秩序;另一方面应当带头引导网络舆论,促进网络空间日益清朗。

材料分析题 7

1.答案要点:(1)"执着专注、精益求精、一丝不苟、追求卓越",这16个字生动概括了"工匠精神"的深刻内涵。执着专注,是工匠的本分;精益求精,是工匠的追求;一丝不苟,是工匠的作风;追求卓越,是工匠的使命。

(2)"工匠精神"的实质既是一种敬业精神,又是一种工作态度。具体讲,所谓"工匠精神"就是立足本职工作、热爱本职工作的爱岗敬业精神,是锲而不舍、专心专注、精益求精的严谨工作态度。"工匠精神"是我们世代传承的精神财富,任何领域任何时代都需要,随着时代的发展,工匠的工作或许可以被机器等取代,但"工匠精神"却不可能被代替或被超越。

2.答案要点:职业生活是人类社会生活中最普遍、最基本的活动方式,需要道德规范的指引和约束。"工匠精神"所蕴涵的道德要求,不仅适用于工匠,也适用于一切从业者。从国家层面倡导"工匠精神",也是加强职业道德建设的需要。就是在经济社会快速发展时期,使认真、敬业、执著、创新成为更多人的职业追求;弘扬"工匠精神",就是倡导全社会人人都做"工匠精神"的践行者。

材料分析题 8

1.答案要点:(1)个人理想是由社会理想规定的,个人理想的确立要以社会理想为导向,个人理想的实现依赖于社会理想的指引。社会理想是个人理想的汇聚和升华。社会是个人的联合体,社会理想与个人理想密不可分。社会理想归根到底要靠全体社会成员的共同努力来实现,并具体体现在每个社会成员为实现个人理想而进行的活生生的实践中。

(2)习近平总书记指出,青年的人生目标会有不同,职业选择也有差异,但只有把自己的小我融入祖国的大我、人民的大我之中,与时代同步伐、与人民共命运,才能更好实现人生价值、升华人生境界。离开了祖国需要、人民利益,任何孤芳自赏都会陷入越走越窄的狭小天地。个人只有把人生理想融入国家和民族的事业中,才能最终成就一番事业。大学生对自己未来生活的追求和向往,不能脱离当代中国的社会现实。大学生要在社会理想的指引下,珍惜韶华、奋发有为,勇于追求个人理想,在实现社会理想的过程中努力实现个人理想。

2.答案要点:青年是整个社会力量中最积极、最有生气的力量,树立正确的择业观和创业观,对于大学生顺利走进职业生活具有重要的现实意义。①树立崇高的职业理想。职业活动不仅是人们谋生的手段,也是人们奉献社会、完善自身的必要条件。②服从社会发展的需要。择业和创业固然要考虑个人的兴趣和意愿,同时也要充分考虑社会的需要和现实的可能性,把自己对职业的期望与社会的需要、现实的可能结合起来。③素质是立身之基,技能是立业之本。大学生有了真才实学,才能在未来适应多种岗位。④培养创业的勇气和能力。创业是通过发挥自己的主动性和创造性,开辟新的工作岗位、拓展职业活动范围、创造新业绩的实践过程。

材料分析题 9

1.答案要点:(1)家风是指一个家庭或家族世代相传的风尚、作风,即一个家庭当中的风气。家风是社会风气的重要组成部分。良好的家风,对家庭成员的个人修养产生着重要的作用,也对整个社会道德风尚的形成产生着重要的影响。家风好,就能家道兴盛、和顺美满;家风差,难免殃及子孙、贻害社会,正所谓"积善之家,必有余庆;积不善之家,必有余殃"。

(2)李家三代,从李大钊为革命英勇献身,到李葆华兢兢业业、实事求是的工作作风,再到李宏塔严于律己、服务群众的奉献精神,这就是血脉传承的力量。

2.答案要点:好家风与社会主义核心价值观是息息相通的,是涵养社会主义核心价值观的深厚土壤。材料中艰苦朴素、一心为民、清正廉洁的好家风正是社会主义核心价值观的具体体现。传承好家风,就是要通过延续其优良风尚,摒弃不合时代要求的内容,并进行创新性发展,使好家风成为提高个人素养、增进家庭和睦、培育良好社会风气的重要途径,让弘扬社会主义核心价值观真正落到实处。

材料分析题 10

1.答案要点:(1)个人品德在社会道德建设中具有基础性作用。个人品德是通过社会道德教育和个人自觉的道德修养所形成的稳定的心理状态和行为习惯,它是个体对某种道德要求认同和践履的结果。在现实生活中,社会公德、职业道德和家庭美德的状况,最终都是以每个社会成员的道德品质为基础的。社会公德、职业道德和家庭美德建设,最终都要落实到个人品德的养成上。无论是社会的和谐有序,还是个人的人格健全,都有赖于个人品德的不断提升。

(2)个人品德是公共生活、职业生活、婚姻家庭生活顺利进行的前提和基础。公共生活、职业生活和婚姻家庭生活是个人品德外在表现的主要领域。为了实现社会的有序与和谐,今后无论在国家社会主义精神文明建设层面,还是在公民个人品德修养层面,都应该更加关注公民的个人品德修养。

2.答案要点:道德修养重在践行。

(1)掌握道德修养的正确方法。加强道德修养,提升个人品德,应借鉴历史上思想家们所提出的学思并重、省察克治、慎独自律、知行合一、积善成德等各种积极有效的方法,并结合当今社会发展的需要身体力行,不断提高自己的道德素质和精神境界。只有按照有效的品德修养方法去做,并长期坚持下去,才能使自己不断进步、不断完善,从而成为品德高尚的人。

(2)向道德模范学习。①学习他们助人为乐、关爱他人的高尚情怀,在关心他人、帮助他人的过程中创造人生价值;②学习他们见义勇为、勇于担当的无畏精神,在危难和紧急关头挺身而出;③学习他们以诚待人、守信践诺的崇高品格,老老实实做人、踏踏实实做事;④学习他们敬业奉献、勤勉做事的职业操守,干一行爱一行、爱一行钻一行、钻一行精一行;⑤学习他们孝老爱亲、血脉相依的至美真情,常怀感恩之心、敬爱之情。

(3)参与志愿服务活动。志愿服务的精神是奉献、友爱、互助、进步。其中,奉献精神是精髓。参与志愿服务活动,一方面,帮助了他人、服务了社会,推动了社会道德水平的提高;另一方面,也把为社会和他人的服务看作自己应尽的义务和光荣的职责,从服务社会和帮助他人中获得成就感和幸福感。

材料分析题 11

1.答案要点:志愿服务的精神是奉献、友爱、互助、进步。其中,奉献精神是精髓。雷锋精神的核心是信念的能量、大爱的胸怀、忘我的精神、进取的锐气,志愿服务精神是雷锋精神的重要组成部分,志愿服务精神是雷锋精神的衍生与传承,他们是一脉相承的。志愿服务精神与雷锋精神高度契合。这主要体现在以下方面:①志愿服务精神与雷锋精神具有相同的内涵与特征。②志愿服务精神与雷锋精神具有一致的价值取向。

③志愿服务精神和雷锋精神是社会主义核心价值观的生动体现。总之,志愿服务精神的初衷、内涵、本质与雷锋精神具有高度一致性。

2.答案要点:(1)参与志愿服务活动,一方面,帮助了他人、服务了社会,推动了社会道德水平的提高;另一方面,也把为社会和他人的服务看作自己应尽的义务和光荣的职责,从服务社会和帮助他人中获得成就感和幸福感。

(2)当前,志愿服务已经成为大学生参与社会实践、成长成才的重要舞台,成为大学生关爱他人、传播青春正能量的重要途径。大学生志愿服务活动已经遍及农村扶贫开发、城市社区建设、环境保护、大型活动、抢险救灾、社会公益等领域。

(3)新时代的大学生应结合自身的能力、专业、特长,在最需要的地方提供优质高效的服务,为最需要关爱的群体送温暖、献爱心,并在志愿服务中长知识、强本领、增才干。

(4)互联网为道德实践提供了新的空间、新的载体。大学生可以随时、随地、随手积极参与形式多样的网络公益活动,加强网络公益宣传,形成线上线下踊跃参与公益事业的生动局面,推动形成关爱他人、奉献社会的良好风尚。

第六章

(一)单项选择题

1～5. BDCDB   6～10. DDDAB   11～15. ADBDB   16～20. CBDBD
21～25. CCCDB   26～30. CCDAB   31～35. BDAAD   36～40. CCADD
41～45. CCDDA   46～50. BABCA   51～55. CBDDD   56～60. ABCBC
61～65. CBDAC   66～70. DBDBB   71～75. DDBBC   76～80. ACCDD

(二)多项选择题

1. ABC   2. AB   3. AC   4. ABC   5. ACD   6. ACD   7. ABCD   8. ACD   9. ABCD
10. BCD   11. ACD   12. ABCD   13. ABCD   14. ABD   15. ABD   16. ABC   17ACD
18. AB   19. ABCD   20. CD   21. ABD   22. ABC   23. ABC   24. ABC   25. ABC
26. ABCD   27. ABCD   28. ABCD   29. ABC   30. ACD   31. ABCD   32. ABCD
33. ABCD   34. ABCD   35. ABCD   36. ABCD   37. ABCD   38. ACD   39. ABD
40. ABC   41. ABCD   42. AD   43. ABCD   44. ABC   45. ABD   46. BC   47. ABCD
48. BC   49. BCD   50. ABCD   51. BCD   52. ABCD   53. ABCD   54. ABCD   55. ABC
56. ABCD   57. ABCD   58. BCD   59. ABD   60. ABCD   61. ABCD   62. ABCD
63. ABCD   64. AC   65. ABD   66. ABCD   67. ACD   68. ABCD   69. AC   70. ABCD
71. BCD   72. ABCD   73. ABC   74. ABCD   75. ABCD   76. ABC   77. ABCD
78. ABCD

(三)简答题

1.答案见重难点解析(一)。

2.答案见重难点解析(二)。

3.答案见重难点解析(二)。

4.答案见重难点解析(三)。

5.答案见重难点解析(五)。

6.答案见重难点解析(六)。

7.答案见重难点解析(九)。

8.答案见重难点解析(十一)。

9.答案见重难点解析(十二)。

10.答案见重难点解析(十三)。
11.答案见重难点解析(十五)。
12.答案见重难点解析(十六)。

(四)论述题
1.答案见重难点解析(四)。
2.答案见重难点解析(六)第3部分。
3.答案见重难点解析(六)第4部分。
4.答案见重难点解析(七)。
5.答案见重难点解析(八)。
6.答案见重难点解析(十)。
7.答案见重难点解析(十四)。
8.答案见重难点解析(十七)。
9.答案见重难点解析(十八)。
10.答案见重难点解析(十九)。
11.答案见重难点解析(二十)。

(五)材料分析题
材料分析题 1
1.答案要点:法治是实现国家治理现代化的主要手段,良好的法治有助于维护国家的政治制度、经济制度和社会秩序。不仅如此,法治更关乎百姓福祉。从坚持人民主体地位来讲,法治建设以保障人民根本利益为出发点和落脚点;从法治建设的各方面来讲,无论立法、执法、司法还是守法,都与百姓息息相关;从人的一生福祉来讲,无不需要法治的护航。

2.答案要点:党的领导是中国特色社会主义最本质的特征,是社会主义法治最根本的保证。把党的领导贯彻到依法治国全过程和各方面,是我国社会主义法治建设的一条基本经验。坚持党的领导,是社会主义法治的根本要求,是党和国家的根本所在、命脉所在,是全国各族人民的利益所系、幸福所系,是全面推进依法治国的题中应有之义;党的领导和社会主义法治是一致的,社会主义法治必须坚持党的领导,党的领导必须依靠社会主义法治。

材料分析题 2
1.答案要点:英雄是历史的重要体现,是民族精神的重要来源,是弥足珍贵的精神财富。近代以来,为了争取民族独立和人民解放,实现国家富强和人民幸福,促进世界和平和人类进步而毕生奋斗、英勇献身的英雄烈士,功勋彪炳史册,精神永垂不朽。英雄烈士的事迹和精神是中华民族共同的历史记忆和宝贵的精神财富,是中国共产党领导中国各族人民不懈奋斗伟大历程、可歌可泣英雄史诗的缩影和代表,是实现中华民族伟大复兴的强大精神动力。

2.答案要点:法律以国家强制力为后盾,通过预测作用、惩罚作用、威慑作用和预防作用约束社会成员行为,并对违反法律的行为追究法律责任近年来,恶搞、践踏英雄烈士的行为层出不穷。因此,回应社会关切,回击丑化、诋毁英雄烈士的恶劣行为,加强对英雄烈士立法保护十分必要。制定英雄烈士保护法是建设具有强大凝聚力和引领力的社会主义意识形态,巩固中国共产党执政地位和中国特色社会主义制度的内在要求,是弘扬社会主义核心价值观和爱国主义精神,崇尚捍卫英雄烈士,维护社会公共利益的必要措施。

材料分析题 3
1.答案要点:坚持依法治国和以德治国相结合是坚持中国特色社会主义法治道路必须遵循的原则。法治和德治是治国理政不可或缺的两种方式,如车之两轮或鸟之两翼,忽视其中任何一个,都将难以实现国家的长治久安。两者在地位、作用和实现途径上存在不同。只有让法治和德治共同发挥作用,才能使法律与道德相辅相成,法治与德治相得益彰,做到法安天下,德润人心。

2.答案要点:(1)国家应加大对助人为乐行为的支持力度和完善各方面的制度保障。一是舆论支持,新闻媒体应继续加强对见义勇为、助人为乐行为的宣传;二是制度支持,通过立法完善对见义勇为、助人为乐者的保护和对助人为乐反而被诬陷行为的惩戒,如我国的民法典中的见义勇为救助行为人的责任豁免规则就对重塑社会信任、弘扬正气起到了重要的推动作用;三是物质奖励和精神奖励的支持,对见义勇为和助人为乐者进行精神或物质的奖励。

(2)社会各界应积极弘扬见义勇为、助人为乐精神,为建立见义勇为、助人为乐的良好社会风尚作出积极贡献。

(3)个人应该努力提高自己的精神境界,坚定行善的信念,学习和改进助人的方式方法,作为新时代的大学生也应通过法律维护社会公共利益,帮扶弱者、见义勇为,不仅是一种道德要求,也是一种法律规范,对违法犯罪行为要敢于揭露、勇于抵制,消除袖手旁观、畏缩不前的恐惧心理,抵制遇事回避的惧法现象。

材料分析题 4

1.答案要点:(1)公共生活需要公共秩序,公共秩序需要法律和道德等规范、规则和制度来约束和协调。规则是文明的内化,被普遍遵行的规则和制度就像安全带一样,是社会健康运行的安全保障。

(2)任何一种文明的成长和成熟,都离不开规则和制度的支撑。文明的成长和成熟,既要靠教育,也要靠法制。通过规则和制度加强对社会生活各个方面的管理,制裁和打击危害社会的不法行为,才能规范和养成良好的行为习惯,约束和制止不文明行为,形成扶正祛邪、扬善惩恶的社会风气。

2.答案要点:(1)德治和法治,是维护社会秩序的两种不同方式,法治主要依靠制定和实施法律规范的形式来推进和实施,德治主要依靠培育和弘扬道德等途径来推进和实施。

(2)"君子慎独"指的是依靠个人道德自律,是德治的方式;"制度化约束"是指依靠法律等制度来维护社会秩序,是德治的方式。

(3)法治社会不能仅仅寄希望于"君子慎独",而且有赖于制度化约束。法治社会的形成,需要法治和德治共同发挥作用:通过德润人心,达到"君子慎独";通过"制度化约束",达到法安天下。

材料分析题 5

1.答案要点:(1)"一次不公正的裁判,其恶果甚至超过十次犯罪",强调的是公正司法的重要性。公正是法治的生命线,是司法活动最高的价值追求,公正司法是维护社会公平正义的最后一道防线。

(2)司法公正对社会公正具有重要引领作用,司法不公对社会公正具有致命破坏作用。司法通过对法律的适用,对合法行为予以确认、合法权益予以维护,对违法行为进行追责、犯罪行为予以惩治,对社会行为起着规范指引和导向作用。如果司法是公正的,规范指引和导向就是正确的、正向的,就会对社会公正产生引领、推动作用。反之,如果司法行为是不公的,规范指引和导向就是错误的、负向的,就会对社会公正造成严重破坏。

2.答案要点:(1)我国是人民当家作主的社会主义国家,全面依法治国最广泛、最深厚的基础是人民,必须坚持为了人民、依靠人民。推进全面依法治国,根本目的是依法保障人民权益。随着我国经济社会持续发展和人民生活水平不断提高,人民群众对法治、公平、正义等方面的要求日益增长,要积极回应人民群众新要求新期待,不断增强人民群众获得感、幸福感、安全感,用法治保障人民安居乐业。

(2)"努力让人民群众在每一宗司法案件中都感受到公平正义"是司法工作的目标,促进社会公平正义是司法工作的核心价值追求。公平正义是司法的灵魂和生命,是人民群众感知法治建设的一把尺子,事关人民切身利益,事关社会和谐稳定,坚持司法为民、公正司法,才能为全面建设社会主义现代化国家提供有力司法服务和保障。

材料分析题 6

1.答案要点:"党大还是法大"是一个政治陷阱,是一个伪命题,党的领导和依法治国不是对立的,而是统一的。我国法律充分体现了党和人民意志,党依法办事,这个关系是相互统一的关系。从逻辑上讲,党的本质是政治组织,而法的本质是行为规则,两者不存在谁比谁大的问题,否则就会落入话语陷阱。如果说党比法大,那就是承认法治、依法治国都是虚假的,法就不存在了;如果说法比党大,那党的领导就难以实施了。

因此,在党和法之间不能搞简单的比较。说不存在"党大还是法大"的问题,是把党作为一个执政整体,就党的执政地位和领导地位而言,具体到每个党政组织、每个领导干部,就必须服从和遵守宪法法律。

2.答案要点:历史和现实都告诉我们,没有中国共产党,就没有新中国,就没有中国特色社会主义。习近平总书记明确指出:"中国共产党领导是中国特色社会主义最本质的特征。"这一重大政治论断,是对马克思主义政党建设理论的运用和发展,是对共产党执政规律和社会主义建设规律认识的深化,反映我们对党的领导和中国特色社会主义这一基本关系的认识达到一个前所未有的新高度。

将"中国特色社会主义最本质的特征是中国共产党领导"写入宪法,是通过国家根本大法对党的领导地位予以确证,从而有力地鞭策与激励我们党领导人民执行宪法和法律,强化"社会主义法治必须坚持党的领导,党的领导必须依靠社会主义法治"的内在统一,是党领导全国人民创立和发展中国特色社会主义伟大实践的经验总结,是确保中国特色社会主义不变色、不变质的必然要求,是运用法治思维和法治方式治国理政的重大举措。

材料分析题 7

1.答案要点:(1)法律是治国之重器,立法是法治的龙头环节,"良法是善治之前提",推进国家治理现代化,不仅需要有"法"可依,而且需要有"良法"可依。推进全面依法治国,必须坚持推进科学立法,科学立法是全面依法治国的前提。

(2)科学立法,要完善以宪法为核心的中国特色社会主义法律体系,加强宪法实施为目标,坚持以民为本、立法为民理念,使每一项立法都符合宪法精神,反映人民意志,得到人民拥护;要把公正、公平、公开原则贯穿立法全过程,完善立法体制机制,增强法律法规的及时性、系统性、针对性、有效性等。

2.答案要点:(1)"法治的根基在人民"强调了走中国特色社会主义法治道路必须坚持人民主体地位原则。全面依法治国最广泛、最深厚的基础是人民,必须坚持为了人民、依靠人民。推进全面依法治国,根本目的是依法保障人民权益。

(2)必须始终牢牢把握坚持党的领导、人民当家作主、依法治国有机统一,不断发展社会主义民主政治并使之法治化、制度化。要积极回应人民群众新要求新期待,系统研究谋划和解决法治领域人民群众反映强烈的突出问题,不断增强人民群众获得感、幸福感、安全感,用法治保障人民安居乐业。

材料分析题 8

答案要点:(1)宪法宣誓制度是一个国家政治文明发展的体现,是对宪法的信仰和遵从,是对国家工作人员的要求和约束。习近平总书记就职时依法进行宪法宣誓,为维护宪法权威、捍卫宪法尊严、保证宪法实施作出了表率。

(2)宪法的根基在于人民发自内心的拥护,宪法的伟力在于人民出自真诚的信仰。维护宪法权威,就是维护党和人民共同意志的权威;捍卫宪法尊严,就是捍卫党和人民共同意志的尊严;保证宪法实施,就是保证人民根本利益的实现。

材料分析题 9

1.答案要点:(1)人权包括自由权,也包括生命权、健康权等等,在疫情面临大规模蔓延时,可能对人的生命健康造成威胁时,健康权、生命权就是最基本的人权,也是最大的、最紧迫的人权,中国政府坚持人民至上、生命至上,为保护人民生命健康安全,是中国抗疫斗争最鲜明的底色、最真实的写照。

(2)人权是历史的、发展的,人权是一定历史条件下的产物,也会随着历史条件的发展而发展。各国发展阶段、经济发展水平、文化传统、社会结构不同,所面临的人权发展任务和应采取的人权保障方式也会有所不同。

2.答案要点:法治是人权得以实现的保障,尊重和保障人权是我国宪法的一项基本原则。我国宪法对公民的基本权利和自由作出全面规定,依法保障公民的生存权和发展权。尊重和保障人权原则入宪以来,我国在完善人权保障法律体系、依法行政保障公民合法权益、有效提升人权司法保障水平等方面取得了新进展,推动人权事业不断进步。在宪法的统领下,中国法治建设始终以人民为中心,使法律及其实施充分体现人民意志,不断增强人民群众获得感幸福安全感,用法治保障人民安居乐业。

材料分析题 10

1.答案要点："办事不求人"在于只要是合法的依法的"不用求人"也能办成事儿,应用法治思维去打破权利文化、关系文化,把人情社会、面子社会变成法治社会、诚信社会,"依法办事不求人"既是法治时代全面依法治国、全面从严治党所需,也是社会前行的需要,既需要聚焦不良干部作风顽疾,依规依纪依法严肃整治,持续营造公平公正、公开透明的办事环境,也需要增强群众办事的规则意识,把对法治的尊崇、对法律的敬畏转化成思维方式和行为方式,因此"一个'办事不求人'的社会,必是一个清明、轻松、公平、幸福的社会"。

2.答案要点:(1)增强规则意识、守住法律底线,是作为法治国家公民的基本素养。大学生参与社会活动,实施个人行为,都要以法律为依据,不得违反法律规范。在处理问题、作出决定时,在处理守法与违法的关系时,时刻做到懂规矩、守规则、依规范,坚持依法办事。(2)大学生应牢记法律红线不可逾越,法律底线不可触碰,一切触犯法律底线的行为都要受到追究。坚持从我做起、从身边做起,形成底线思维,严守法律底线,带头遵守法律。

材料分析题 11

1.答案要点:陆勇的行为虽然在一定程度上触及了国家对药品和对信用卡的管理秩序,存在社会危害性,但对陆勇无论主观还是客观都无偿惠及白血病患者的行为认定为犯罪,显然有悖于司法为民的价值观,公检部门精准适用法律,对陆勇案最终不起诉,认定陆勇的行为不构成犯罪。法治思维是一种融法律的价值属性和工具理性于一体的特殊的高级法律意识,其内涵包含正当性思维、规范性思维、逻辑思维、科学思维。

依法决定"不起诉"体现了司法的本质不仅惩恶还有扬善,是法治思维作为正当性思维的体现;检察院在"情"与"法"的冲突中,精准适用法律,坚守法律至上的原则,是法治思维作为规范性思维的体现;检察院以法律手段与法律方法为依托对"陆勇案"进行依法审查后,认为陆勇不构成犯罪、不承担刑事责任,是法治思维是一种逻辑思维的体现;整个案件的审理和判决以事实为依据,以法律为准绳,是一种符合规律、尊重事实的科学思维。

2.答案要点:(1)道德和法律都是调节人们思想行为、协调人际关系、维护社会秩序的重要手段,在我国道德建设和法治建设紧密联系,相互补充、相互促进,为党和国家事业提供坚实的思想基础、精神支撑和制度保障。一方面,道德建设为法治建设提供思想指引和价值基础,另一方面,法治建设为思想道德建设提供制度支撑和法律保障。

(2)坚持依法治国和以德治国相结合是坚持中国特色社会主义法治道路必须遵循的原则。法治和德治是治国理政不可或缺的两种方式,如车之两轮或鸟之两翼,忽视其中任何一个,都将难以实现国家的长治久安。只有让法治和德治共同发挥作用,才能使法律与道德相辅相成,法治与德治相得益彰,做到法安天下,德润人心。

(3)坚持依法治国和以德治国相结合的途径。既要强化道德对法治的支撑作用,重视发挥道德的教化作用,提高全社会文明程度,为全面依法治国创造良好环境;又要把道德要求贯彻到法治建设中,以法治承载道德理念。立法、执法、司法都要体现社会主义道德要求,都要把社会主义核心价值观贯穿其中,使社会主义法治成为良法善治,引导全社会崇德向善。要运用法治手段解决道德领域突出问题,依法加强对群众反映强烈的失德行为的整治。

材料分析题 12

1.答案要点:(1)任何权利的行使都不是绝对的,都有其相应的限度,必须依照法律规定的限度来行使权利。

(2)我国宪法规定,公民在行使自由和权利的时候,不得损害国家的、社会的、集体的利益和其他公民的合法的自由和权利。

(3)公民在电梯里吸烟,危害他人健康,构成侵权,不再是权利。

(4)公民劝阻他人在电梯里吸烟,符合权利行使的正当性。

2.答案要点:依法行使法律权利要求公民行使权利时应严格依据法律进行,以法律的相关规定为界限,超出这个界限就可能侵犯到他人的权利或者损害到国家、社会的利益。

(1)权利行使目的的正当性,行使法律权利要在形式上符合相关法律的规定,也要符合立法意图和精神,不得违反宪法法律确定的基本原则,保障权利行使的正当性。

(2)权利行使的必要限度,任何权利的行使都不是绝对的,都有其相应的限度,必须依照法律规定的限度来行使权利。

(3)权利行使方式的法定性。

(4)权利行使的正当程序。

材料分析题 13

1.答案要点:(1)侵害英雄烈士名誉、荣誉案宣示了捍卫英烈的鲜明道德导向,让英烈精神世代传承。英雄是民族的脊梁,英雄烈士用生命捍卫人民利益和国家安全,他们的事迹和精神是民族记忆和中国精神的重要体现,对于亵渎、诋毁英雄烈士,歪曲、丑化、亵渎、否定英烈事迹和精神的行为,不仅侵害了英雄烈士的名誉和荣誉,也伤害了社会公众的民族情感,损害了社会公共利益,对英雄心存一份敬重,是公民不可触碰的道德底线,它彰显的是一个民族对自身历史的尊重。

(2)在我国法治建设中,高度重视英烈名誉、荣誉等权益保护工作。在颁布的《英雄烈士保护法》《民法典》《刑法修正案》等法案中均对侵害英雄烈士名誉、荣誉的行为作出相应的法律规定,行为人应当承担民事责任、刑事责任和行政处罚等三种法律责任,通过法律形式加大对英雄烈士人格利益保护力度,严厉打击歪曲、丑化、亵渎、否定英烈事迹和精神的言行,保护英雄烈士的人格利益和社会公共利益,旗帜鲜明反对和抵制历史虚无主义等错误思想。

2.答案要点:(1)历史是一个国家、一个民族安身立命的基础,抛弃传统、丢掉根本,就等于割断了自己的精神命脉。历史和现实都表明,一个抛弃了或者背叛了自己历史文化的民族,不仅不可能发展起来,而且很可能上演一场历史悲剧。现实中有些人受历史虚无主义等错误思想影响,以"还原历史""探究细节"等为名发表歪曲历史,诋毁、贬损英雄烈士言论,造成恶劣影响,打着所谓"重评历史"的幌子,否定近现代中国革命历史、中国共产党历史和中华人民共和国历史,抹黑英雄,诋毁革命领袖,企图混淆视听、扰乱人心,从根本上否定马克思主义的指导地位和中国走向社会主义的历史必然性,否定中国共产党的领导。

(2)新时代大学生要旗帜鲜明的反对历史虚无主义,要树立大历史观和正确党史观,准确把握党的历史发展的主题主线、主流本质,深刻领悟中国共产党为什么能、马克思主义为什么行、中国特色社会主义为什么好的历史逻辑、理论逻辑、实践逻辑,以史为镜、以史明志,知史爱党、知史爱国,真正理解历史、把握历史,增强历史自觉和历史自信。

材料分析题 14

1.答案要点:网络空间是公共领域,网络空间虽是虚拟的,但网络空间中的个体是真实的,网络空间是公共领域的延伸;公共领域从事活动需要公共秩序,公共秩序需要法律维护,所以"网络不是法外之地"。我国《宪法》虽赋予公民言论自由权利,公民在互联网上的言论自由受法律保护,可以通过各种形式在网上发表言论,但言论自由不是绝对的,公民在互联网上行使言论自由的权利时,要坚守法律法规的底线,不得损害国家的、社会的、集体的利益和其他公民的合法的自由和权利,网络曝光如超越法律的底线则会侵害他人的肖像权、隐私权、名誉权以及个人信息权益等,甚至衍生出网络谣言、网络暴力等严重问题,所以网络曝光同样不能触碰法律"红线"。

2.答案要点:(1)尊重法律权威。人民的权益要靠法律保障,法律权威要靠人民维护,大学生应信仰法律、遵守法律、服从法律、维护法律。

(2)学习法律知识。大学生应学习和掌握基本的法律法规知识、法律原理方面的知识,尤其是与网络相关的法律知识,并通过多种途径参与法治实践。

(3)养成守法习惯。大学生应增强规则意识,守住法律底线,任何人参与网络社会活动、实施个人活动,都要以法律为依据,不得违反法律规范,牢记网络不是法外之地,网络言论、网络曝光等均不能触碰法律"红线"。

(4)提高用法能力。大学生应通过运用法律,提高解决问题的能力,依法维护自身权利,维护社会利益,在具体生活中,如遇到网络暴力、被网络造谣、网贷欺诈等现象,要善于留存法律证据,通过法律途径解决问题,理性维权,对违法犯罪行为敢于揭露,勇于抵制。

材料分析题 15

1.答案要点:所谓法律权威,法律权威是指法律在社会生活中的作用力、影响力和公信力,是法律应有的尊严和生命。法律通过调整社会关系,规范人的行为,保障社会成员的利益,实现稳定合理的社会秩序,法律的权威源自人民的内心拥护和真诚信仰,人民权益要靠法律保障,法律权威要靠人民维护,人民是国家的主人,是法治国家的建设者和捍卫者,尊重法律权威是其法定义务和必备素质。

2.答案要点:大学生作为新时代的公民和社会主义现代化强国的建设者,都需要在尊重法律权威方面加强砥砺,在学习和生活中积极作为,养成敬畏法律的良好品质,用实际行动维护和尊重法律权威,努力成为尊重法律权威、信仰法律的先锋。

大学生用实际行动维护和尊重法律权威,应做到以下几点:①信仰法律,对法律常怀敬畏之心;②遵守法律,用实际行动捍卫法律尊严,保障法律实施;③服从法律,拥护法律的规定,接受法律的约束,履行法定的义务,服从依法进行的管理,承担相应的法律责任;④维护法律,争当法律权威的守望者、公平正义的守护者、具有良知的护法者。

后 记

本书由中国地质大学(武汉)马克思主义学院思想道德与法治教研室多位教师共同编写完成。全书由张洁、李蔚然、马洪杰、黄少成主编,其中,绪论、第三章、第四章由黄少成完成编写;第一章、第二章由马洪杰完成编写;第五章由张洁完成编写;第六章由李蔚然完成编写。全书由张洁拟定编写框架,最后由张洁、李蔚然负责统稿。本书的编写得到了中国地质大学(武汉)马克思主义学院书记汪再奇、院长阮一帆、副院长孙文沛的鼎力支持,在此表示衷心的感谢!本书在编写过程中参考了大量的文献和专家学者的研究成果,在此一并致谢!

本书的编写出版得到了中国地质大学出版社、中国地质大学(武汉)本科生院、中国地质大学(武汉)马克思主义学院的大力支持,在此表示感谢!参加本书编写的教师长期奋斗在"思想道德与法治"课程教学和研究的第一线,有较好的理论基础和丰富的教学经验,在本书的编写过程中,各位编者认真负责、尽心尽力,但由于时间紧促,加之学识和水平有限,因此书中难免有疏漏之处,欢迎诸位专家、读者不吝批评赐教!

编　者

2023 年 6 月